台湾著名儿童音乐教育专家郑又慧30多年的教育经验汇集

父母
是
孩子最好的
音乐老师

—— 少儿音乐教育指南

郑又慧 / 著

作家出版社

目 录

第三章　就学篇——音乐班及相关问题   / 67

第四章　乐器篇——学习乐器应了解和注意的事项   / 99

第五章　知识篇——有关乐谱及乐感等问题   / 141

父母是孩子最好的音乐老师

再版序

　　从网络得知，上海某音乐教育机构年轻的负责人，在每三个月硬性规定琴童家长都必须参加的读书会中，购买我的著作《父母是孩子最好的音乐老师》，免费送给家长一人一本！更可佩的是，他深知免费送的书，该读的人却不见得会读，因此在每次的读书会之前，他请工作同仁先将全书最重点、精华的部分，以笔清楚地画线，再加上折页，才送到家长手上。由他亲自带领来自各行各业各种阶层的父母研读，目的就是：父母你再没时间、有再多的借口，至少这些重点你也得看。再不看？我强迫你来参加读书会，一人念一段，保证每人都读到重点，然后再讨论心得与问题！

　　和他素昧平生，唯一相通的就是我们都曾经是学校的音乐老师，长期从事第一线的音乐教育工作。

　　某种机缘下和他见到面，他表达了，透过网络读到我的一篇文章，激动了好久，买到了整本书，更是爱不释手，因为我完全说出了他觉得琴童家长都该听到的话，是难得见到的"逆耳之忠言"。

　　我则惊讶于如此有远见的年轻经营者，别家音乐教室的老板忙于向琴童家长推销钢琴之时，他却忙于向家长推销如何当一名成功琴童家长的基本观念。卖乐器是其次，学生多不多是其次，家长能否有正确的教养观念，才是琴童将来能否走得更长远的关键！这才是他最在意的。

　　他用我这本书替他发言，还特别交代家长："家长不看书，如何为自己找到进修的渠道？不进修如何更好地教育孩子？如何为孩子树立读书的榜样？"家长如果还是不看书，又不好沟通，甚至成天只顾着上网玩手机，他索性对家长说：你的孩子就不要学了！因为学了也不会有好结果！

他的做法是对的。他的教室不必做广告，学生总是源源不绝，学习中断率很低！

我借这个故事来建议家长，想要让孩子成功地学习乐器，父母的态度会起到关键作用！只将孩子推向老师，付了学费就等着验收成果？难！

别怀疑，父母绝对可以当一名帮助孩子的"音乐老师"，我书里提供的方法及观念即便你每天读一点，累积了都会起作用。父母自身保持不断学习、成长的习惯与心态，是孩子能否成功学习任何事物的指标！

感谢读者大众，本书得以再版。为了让父母更容易阅读本书，我将篇章重新调整，更新一些内容，并加入几篇新文章。出版社建议将照片以双色印刷，以便让照片本身也能说话。封面也作了一些调整，希望读者能更喜欢。

让我们读一流的书，听一流的音乐，做一流的父母，共同建设真正有文化内涵的一流社会与国家！

序　言

李妲娜

　　老友郑又慧突然打来越洋电话，嘱我为她的《父母是孩子最好的音乐老师》写序。我们第一次见面还是在二十年前，郑老师受邀来京，参加"第四届国民音乐教育改革研讨会"，并作一篇专题报告，她的热情亲切给我留下了深刻印象。一别我们各奔东西，但心中总存挂念。一些人天天在一起却难成朋友，一些人一面之交却一见如故，大概是同道中人的缘故吧！

　　当书稿电子版发来后，我一口气看了几小时不舍停下……说实话，近年来我特别关注少儿音乐教育方面的书籍，买了不少，也看了不少，但像这本书这样吸引人的真的太少了！

　　首先打开目录，题目真是个个吸引家长和老师的眼球，都是一些长期纠结在许多家长和老师心里的问题，实用而切中要害。郑老师不愧是有着三十几年教学经验的专家，在中国台湾、中国内地、欧美一些地区从事教研工作多年，对音乐的"教"与"学"，特别是国人少儿音乐教学中存在的诸多问题有深切的了解，所以我说这本书实用解渴。

　　整本书内容丰富，从暖身（启蒙、入门）、认知、学乐器，到国外少儿音乐教育状况、教学法，真可谓是少儿音乐学习的"小百科"！而最为珍贵的是书中提供了不少信息。须知改革开放几十年出国学音乐的学人有成百上千，学表演、作曲、理论的多，在国外或回国从事少儿音乐教学的也很多。但是，真正在少儿音乐教育方面既懂音乐又懂教育的却少之又少。我们不仅需要培养郎朗这样的大才，更需要培养千千万万身心健康、具有高素质的文明公民！"从娃娃抓起"——怎么抓？尤其人们已经越来越认识到艺术学习有利于智力开发，而少儿正是学习艺术的最佳时期，于是就有了狂热的"学音乐大潮"。

正如许多教育家指出的：少儿不是未成熟的成年人，怎么去学与教，其实是一个很重要而又最易被忽视的问题。需要转变那些陈旧的观念和方法。现在越来越多的家长和老师已经意识到："少儿音乐艺术教育"从根本上讲并不仅是为了学"音乐艺术"，它关系到"人"的成长和发展。脑科学的突破性发展也为此提供了有力证明。

本书在这方面别开生面，提出了很多精辟的观念和方法。感谢郑老师在这一领域的辛勤耕耘！我们需要放眼世界、放眼未来，了解更多少儿艺术教育方面的信息。希望更多的"郑老师"们源源不断地给我们传递更多的资讯。当然信息资讯也必然会"仁者见仁，智者见智"。国情、民情、人情各不相同，更何况每个孩子都不一样。这就需要家长和老师们仔细去观察、去"悟"其中的道理。但听不同的声音总会有好处吧！

最后也要提到，虽然是"教育"，但它是通过一定的载体去进行的。本书讲的是"音乐艺术"这个载体运用中存在的问题。郑老师使用通俗易懂、生动简洁的文字把这其中的术语讲得明明白白。我相信所有关心自己孩子成长的家长、关注少儿成长的教育工作者都会从中受益。这是我十分乐见并为之感动的。

2011 年 9 月于北京

李妲娜，中国音乐家协会奥尔夫专业委员会会长、中国音乐学院校外名师讲座教授、星海音乐学院教授、硕士生导师。

第一章 观念篇

轻松步上学习音乐之路

我的孩子有没有音乐天分？

我的孩子有没有音乐细胞？

音乐细胞可以培养吗？

这类问题，不断地困扰着父母。其实，在这些问题的背后，家长真正想知道的是：

如果孩子没有天分，要不要继续学习音乐？

音乐天分是可以培养的吗？

如果没有音乐细胞就不学音乐了，是否太可惜？

以上这些，可当做同一问题来处理。首先让我们来分析：

您理想中的"音乐天分"到底有多高的标准？只要能自娱自乐即可，还是希望是莫扎特再世？

可能您的孩子已有七分的天分，而您的标准却是九分！孩子达不到理想的高度，所以被判成没有天分？没有天分是您自己认为，还是连老师都有同样的判断？

以上这两点，请您自己先理个清楚，若真有不恰当的想法及标准，请先修正标准再往下看：

您是在孩子几岁时，判定他是否有音乐天分？

孩子有没有音乐天分，非专业人士实在无法正确判断，况且，太急于下论断，常会作出错误的决定，这对于没有"表决权"的孩子来说，是不公平的。

可能家长在孩子的成长过程中，经由观察，根据一些蛛丝马迹来判断他是否有天分，但您是否考虑过，"音乐天分"的形成也是有原因的：

怀胎期、襁褓期、低幼期、儿童期，您是否给孩子创造过音乐环境？

在这段时间里，孩子是否有机会置身于音乐环境中？

父母或每天相处的亲戚朋友中，是否有音乐工作者或是爱好者？

亲戚或家族中，是否有很成功的音乐工作者？

以上问题，如果有至少一项的答案是肯定的，那么，孩子不一定会是天才，但"有些音乐细胞"是毫无疑问的。

根据教育专家和脑神经专家的研究结果，从胚胎着床、胎儿出生一直到两岁，这段时间是孩子接受"声音"（如语言、音乐）影响的黄金期；两岁至五岁属于次黄金期。或许您的孩子已经过了这些时期，别担心，开始总比不开始要好，抓紧时间立即行动起来，任何时候开始"听"音乐都会有进步的希望。

这足以让您醒悟：罗马不是一天建

孩子喜欢亲自探索音乐的各种可能性及多面性。

妙龄小姐踩着音乐的旋律出场啦。　　这段音乐适合扮演谁呢？——女超人？花木兰？

成的！换句话说，音乐细胞与天分，并不一定是与生俱来的。音乐天才有可能是"天生"的，但如果只是一般的学习音乐、享受音乐，则不需要特别的天分，可以靠后天培养。

只要您不是要求孩子成为莫扎特、贝多芬那样的"旷世奇才"，请不要随便说：我的孩子没有音乐天分。应当首先问自己是否给过孩子音乐养分。

如果您不曾给孩子任何音乐环境，光靠孩子每星期到音乐老师面前报到一小时，在这种状况下来论定孩子是否有天分，对孩子是非常不公平的。在这种环境中，还希望孩子有天分，根本就是天方夜谭。

所以，别再受困于这类问题，如果您看过了这篇文章，并确实执行我所提供的"给孩子音乐养分"的方法至少两年以上，以及经过好的老师调教、启发，再加上您正确的辅导态度，发现孩子仍无学习的意愿，像块顽石一样难雕塑，那么也许可以得出结论：您的孩子可能真的没有音乐细胞，让他赶快转往别的领域发展吧！或者，就当一个纯粹的"音乐欣赏者"，也是很好的选择！

培养音乐能力没你想象的那么难

为什么初学乐器的人成千上万，却在每往前走一步就有大量的人败阵退出？开始学琴之前，父母、孩子的脑海中充满着许多梦幻的画面，多希望有朝一日能将乐器轻松自如地弹弄于指间，流淌出醉人的乐章！但是大多数人却败兴而归，什么原因呢？

有关身体的健康，我们常说"预防胜于治疗"，在讨论孩子是否具有音乐能力、该如何培养等问题时，我也同样要说："治本胜于治标！"

现在你一定迫不及待地想问：在学琴的路上，如何治本呢？

网络上有许多音乐学习的文章，帮助父母如何为孩子找名师、买名琴，如何练琴、学会打拍子、学会弹奏乐器的各种技巧，如何陪练、考级，等等，这些文章家长是需要的，但却是我所说的"治标"。若未事先做好"固本培元"的工作，我禁不住要为父母、孩子双方捏一把冷汗！如果父母，甚至老师，都没有搞懂音乐学习的先后程序、没有事前足够的入门暖身运动，贸然直接面对乐器，多半不会有好结果，甚至只会起反效果！

要成为一名成功出色的音乐家，需要许多不同的因素交互作用而成就。想要顺利愉快地学习一种乐器，当然也须具备许多条件！我们从历史上许多杰出音乐家的故事里，可以找一些轨迹，看看是什么样的教育环境能造就出日后的音乐巨人。巴赫，他的家族成员包括他的上一代、上上一代甚至下一代，约有五十几位杰出的音乐家，他的父亲及哥哥都是随时可教他音乐的老师。海登，父母都不会音乐却都很喜欢唱歌，有一名亲戚带领他进入儿童合唱团，因为天分与歌声都很好，八岁就被送入维也纳最大的史帝芬教堂唱圣诗，为他未来的音乐之路打下了根基，他后来成为"交响乐"乐种型态的发明人。莫扎特，他的父亲就是一名杰出的音乐家，在奥地利的皇宫里当乐师，负责指挥、作曲与拉小提琴，母亲很喜欢唱歌，小莫扎特从小就耳濡目染。贝多芬，出生在音乐世家，祖父是职业歌手，父亲服务于宫廷，是杰出的钢琴与小提琴家。勃拉姆斯，虽然出身寒微，父亲只是名在舞厂酒吧拉低音提琴、吹法国号的乐师，但在家里常和一些乐手朋友们合奏各种音乐，勃拉姆斯从小就在这种环境中生长，想不听到音乐都难。古今中外还有太多类似的例子。

我们从这些音乐家的生活过程中，可以发现：在他们从小成长的过程中，父母以乃至整个社会所给与的丰富的音乐环境，让他们"被大量的音乐包围着"！因为从小"多听音乐"，大脑对音乐的旋律、节奏、敏感度慢慢建立起某种架构。这种"音乐脑"能开启每个孩子与生俱来的音乐天分，更能形成未来学习音乐的能力与兴趣！"欣赏大量的音乐"，不只当下享受了音乐之美，更能为孩子奠下未来需要"长期努力练习"的能力与耐力（因为喜欢音乐而产生的）。这是不是更值得父母关注？

由此可见，拥有音乐天赋却没有接受后天良好培养的孩子，很难超过天赋一般却接受大量音乐熏陶、培育的孩子。因为，经由事前大量的欣赏音乐，除了能让孩子的生活及思考变得更丰富、愉快且多彩多姿，还会比开始学习乐器后再讨论如何改正、加强、练习，来得有效且轻松愉快多了！

这也是为什么几乎本书的全部内容，都在指向"如何培养孩子的音乐能力"！本书在后面的许多篇章，会更详细地讨论"欣赏音乐的细节"，另有篇章配上简单的律动游戏范例，让我们从根本来培养孩子的节奏感、音感、律动感等学习音乐的基本能力，仔细阅读会有很大的帮助！

千万别把音乐学习当成一种技巧来反复训练，先把音乐（听音乐）当成一种生活来享受。遵循正确的学习顺序，掌握科学的学习方法，是孩子音乐学习能否成功的关键！

♪ "学琴的孩子不会变坏"吗？

"学琴的孩子不会变坏！"——这在台湾曾是非常流行的一句广告词！北京清华大学的几名学生，在选修了音乐课之后，把它的好处与作用归纳为一个公式：8-1 > 8。意思是：一天上课八小时，其中若有一个小时是学习音乐，那么整体的学习效果，还会大于八小时。

古希腊的斯巴达教育，用音乐鼓舞儿童勇气和培养儿童纪律，更把各种美德的形成都归功于音乐，他们认为，音乐具有一种感召心灵的神奇魔力。雅典

小女儿没有选择乐器为专长，却偏爱中国民间舞，我相信，是音乐为她的舞蹈细胞注入了养分！图为小女儿十五岁时所跳的柔软灵动的傣族舞。

S1-1

我很爱弹琴，但我也爱搞怪，让我换件衣服再来弹琴。

的教育体系更是重视美育，希望通过美育成功地进行德、智、体的教育。因此当时许多喜欢研究"人"的哲学家，几乎都对音乐进行过探讨。

哲学家柏拉图和亚里士多德还深入研究过关于音乐情感和道德之间的影响关系，他们把伤风败俗的音乐同振国兴邦的音乐区分开来，并认为：国家要维护社会道德，就必须对公民进行良好的音乐教育，还制定了使用音乐的规章制度。[1]

因此柏拉图曾说过："很难再找到比用体育锻炼身体、用音乐陶冶心灵的方式更能让人在长期体验中发现美好事物！"

学习音乐的好处说不完，才有了这样一句广告词。**但是并非所有学琴的孩子都不会变坏，不当的时机不当的方式也会适得其反。**

台湾的《民生报》在几年前的彩色新闻版中，曾以"学琴的孩子，也可能变坏"为标题，作为头条新闻。记者采访了我，请我综合多年教音乐的经验及研究心得，并根据台中荣民总医院的两位家庭医师（李孟智、王玉浔医师）在儿童病例中的个案研究分析，发表了这篇新闻。

内容大致是：**父母若有不正确的心态，逼迫子女学琴，或是有不好的学习方式，可能也会造成不良的结果。**例如，他们在临床曾遇到过好几例患了"拒绝

1.《世界艺术》第535页，吴斌著，建宏出版社，1990。

学习""假性躁动症""假性多动症"的案例，经过家庭访谈，才知道都是父母教育不当带来的"后遗症"，故称之为"假性"。

有一个初中男孩，从十岁起便无法安静坐下超过二十分钟，这一问题越来越严重，他能安静坐下的时间越来越短，作业越来越不愿意完成，有时甚至还会攻击别人。不得已，妈妈带他去看青少年身心诊疗的家庭医师。经过跟他谈话，医生了解到，男孩的母亲是位全职妈妈，极爱孩子的她要求孩子学习小提琴，并且十分关注孩子学习的情况，要求孩子每天练琴两个小时，如果男孩做不到就会被她唠叨。男孩在妈妈的紧盯之下每天都要无奈地熬两个小时！放下、被迫拿起、再放下、再被迫拿起……这样的经历重复了两年多，男孩就出现了以上的行为偏差。

李医师找我商量，我建议孩子父母，立刻停止他的小提琴课的学习和练习，这两个小时由父母带他出去活动：打球、散步等，哪怕是闲话家常或心无旁骛地吃顿饭，也请妈妈不要再紧盯儿子的一举一动，只要不是错误的行为，就还给他自由的空间。历经一年多的沟通、疏导后，男孩与人相处时躁动的症状减轻且趋于好转。

10.

父母真是难为！又说学音乐很好，又说学音乐方法若不对，也可能产生不好的结果！

让我们先理智地衡量孩子与家庭的条件，如时间是否充裕，孩子与父母的体力、精神能否负荷，孩子各方面的发育是否成熟，等等。

而幼儿来到训练课的教室，在短短的一小时之内，能否立即表现出合作的态度？授课的老师是否具有招架学生的能力？因此大多数的人不敢太早轻易尝试。如果真的有意让孩子上音乐培训班，四五岁再开始，应该是目前社会环境下较理想的年龄。而在音乐团体班里上过至少两年课，大约六周岁再开始学乐器，也还不算晚。如此年龄的安排，自然不容易折损孩子的学习兴趣！

其实，大部分的父母都做得很好！每次见到那些父母无怨无悔、高高兴兴地长期接送孩子来上音乐课，我除了认真教学，更想给他们来些"掌声鼓励"。出问题的家长和孩子，毕竟只占极少数。父母心中有爱，老师心中有爱，不管孩子进步快或慢，都是一种幸福！都能让孩子"不会变坏"！

分寸的拿捏，可能只是反掌之间。因此，年轻的父母，你们一定要有好的心态，选择恰当的时机和正确的方式开始孩子的音乐教育！

音乐教育目前存在的问题

（一）教学观念的老旧

过去在台湾，许多音乐教学仍沿袭日本统治时期的刻板、无聊模式，并且观念根深蒂固，以致被许多人认为是理所当然，导致一般人漠视音乐教育，上级的辅导也不够积极，因此，音乐美好的一面，只剩少数人在坚持。从上世纪60年代开始，虽然稍有转变，但对西方音乐的引进也只停留在表面，其他部分则留给人民大众"瞎子摸象"。

上一代的错误观念传给下一代，于是"音乐教育"及"西方音乐在中国"出现了许多扭曲、错误的走向，外行这么做，内行也跟着这么做。因为外行人常是出钱的"顾客"，"顾客至上"使得外行领导内行，错误也就被大众理所当然地代代相传了。

内地音乐教育历经某些年代事件的破坏，到现在的改革开放，似乎与台湾的音乐教育发展有着相同的轨迹！民间的音乐教学、公办的中小学音乐实验班以及学校音乐课程的教学内容设计，都需要检讨与改进。

（二）课程设计的偏差

当我们进行"早教"或"幼教"时，绝非只是将小学生或成年人的教材简化成细小的步骤就能成为幼儿的教材。我们必须针对幼儿喜爱游戏与吟唱的特点，从他们的角度出发，去设计他们的课程。有时候，**幼儿与玩伴之间从游戏中学到的远胜于成人所能教给他们的，不要低估幼儿学习音乐的能力。**

这方面，欧美国家的研究成果比亚洲国家先进许多。因此，可与国外的音乐教育大量交流，解决现存的问题。

（三）艺术教育不够普及

因为"艺术教育"普及不够，"艺术品位及学习"在这种情况下似乎就成为有钱人或达官贵人子女的专利，一般人似乎可望而不可即。其实，艺术教育的花费未必一定很高，这取决于你如何教如何学。我在书中曾多次提及不用花太多钱的教与学的省钱法，例如，在家多听音乐，出外可多欣赏舞蹈演出、音乐会等，这就是最廉价的教与学！学校教育、家庭教育都可以轻而易举地做到。孩子像是一张白纸或一块海绵，你给他什么，他就吸收什么，而且开始学习的年龄越小，对他一生的影响也越大，艺术教育尤为如此。

（四）成人观念的偏差

1. 认为"学音乐"就是学五线谱 Do、Re、Mi，四分音符、八分音符等。以自身过去上音乐课所得的模糊、刻板的印象，认为"音乐"便是这些"具体"的事物。

许多人在第一关"五线谱"上，就打了败仗，认为学五线谱很难（很多时候，可能是老师的教法需要改进），又认为五线谱等于音乐，从而对音乐产生排斥感，一谈到音乐就觉得好难！于是，与古典音乐有关的各种音乐会、有声资料也不愿意接触，古典音乐爱好者仍为少数。令人无法理解的是，近些年，每年约有成千上万的幼儿学习乐器，加上他们的父母，应该有数以万计的人们加入古典音乐爱好者的行列。事实则不然，许多音乐会，除非是媒体的宣传非常频繁，否则常常只有两三成的上座率。

父母、琴童、音乐老师需要走出象牙塔，多听各类的音乐会，打开禁锢于琴房小天地里的牢笼，快乐地吸收各方的音乐养分，不再拘泥于乐谱前方！

2. 认为"学音乐"就是"学乐器"。如钢琴、小提琴的学习等。跟音乐老师"学乐器"才觉得有收获，如果在音乐教室跳个舞、玩个音乐游戏，似乎太不搭调了。

3. 认为看得见的"学乐器"重于看不见的"学音乐"。学乐器直接看得到效果，而"学音乐"似乎让人抓不到硬件！

殊不知，学习乐器所需的基本音乐能力是需要慢慢培养的，如对固定拍子的感应、对音量强弱的感应、对音色明暗的感应、对声音高低的感应、对速度快慢的感应、对力度大小的感应，等等。这些能力如同盖房子的地基，从表面看不到，但却深深影响房子将来的稳固性。特别是当儿童在进行音乐的认知活动（如认识音符、认识节奏、弹奏乐器等）时，也必须让他们从中体验到更多的乐趣，因为这样可以帮助他们建立对音乐更长久的理解与兴趣，并明白音乐的真正价值。这样学习才能持久。

以上对音乐教育不利的错误做法和观念，一直是普遍且长久存在的。期待整个社会教育体制的改变，需要相当长的一段时间，孩子等不了那么久。因此，家长们何不立刻采用正确的观念和做法，从自身做起？

13.

作者为台湾中部五县市的幼儿园老师讲课。

"别让孩子输在起跑线上"

——正确吗？

孩子何时可以接受音乐训练呢？出现了两派说法：一、越早越好；二、等孩子一切发展已进入某一阶段——较成熟、适于教导时，再施教。

然而不知从何时起，借着媒体的宣传，"别让孩子输在起跑线上""提前学习"等这样的观念已悄悄地走进了大部分现代父母的心里。

上一代的父母，忙着解决基本温饱问题，孩子只要没有落后太多，他在人生的跑场上如何跑、何时开始跑，家长们干涉得较少。现代的父母不但挂心孩子如何跑，还希望他早跑，因此"零岁教育""早期教育"开始流行。为什么比例越来越高的家长忙着趁早送孩子出去上课？

一、典型的商业社会，群众受到商业广告的影响较多。许多"早期教育"观念之形成，并非来自教育，而是来自广告词。父母缺乏足够的教育理念，缺少独立思考的能力，只好听信广告及"人云亦云"了。

二、父母觉得自身的文化素养不足以应付，求助他人是较安心的方式。

三、为了考上好的重点初中。升学主义的阴影，在小学就已铺天盖地降临，许多父母给孩子暗中的规划是：四年级之前学习才艺，五年级之后就要专攻学科了。学习音乐的生命只到十一岁左右，不提早，未免就太晚了！而西方社会，虽开始得晚，但其年限可以一直延伸至青少年期甚至成人期，所以不急于一时。

四、学校音乐课程设计不良（幼儿园、小学、中学），无法提供完整的基础音乐教育，有的学校甚至没有音乐课，音乐社团或乐队更是少，又缺乏足够的师资、良好的设备。关心孩子音乐学习的家长，只好提早自己花钱，找寻心目中理想的老师。

五、音乐教育发展畸形。民间私人音乐教学如火如荼，不断求新求变，学校却可以按几十年前编排的音乐课本"保持优良传统"地沿用至今。"没有竞争、没有进步"是学校音乐教育的最好写照，家长自己想办法也不是没有原因的，提早开始学习也是没办法的事。

六、认为"赢在起跑点"，或许就能"一路不落人后"。我不知道"不输在起跑线上"的小孩，是否会一生都顺利，一路上都遥遥领先。但我想，这样的提早竞争，无论是家长或孩子，一定都相当辛苦、紧张。试想，不希望输在起跑线上的人，一路上都是不想输的，那就要比别人多付出几倍的心血，其辛苦是可以想象的！

其实，这句话我并不完全反对，尤其是现在还提倡"胎教""零岁教育""早教"，等等，不过当这句话针对的是儿童学习技能（音乐、美术、语言等）项目

大女儿对音乐虽然也很有兴趣，但是高三那年，多次获得全加州及全美科学研究大奖后，她的目光转移到科学研究的领域，音乐就只是她的兴趣而不是专业了。

来讨论时，应该是有更多讲究的：

1. 何时起跑是恰当的？
2. 哪些学习项目是需要"不输在起跑线上"的？
3. 哪些学习项目是可以"早起跑"的？
4. 起跑线上输了，就意味着一路的赛程都会输吗？
5. 比别人"慢起跑"的家长，错了吗？
6. "早起跑"的学习，会不会对孩子造成反效果？

以音乐的学习来说，许多人都知道莫扎特四岁就会弹琴，五岁就能上台表演。咱们的天才儿童郎朗也是三岁开始学钢琴，十一岁就获得德国青少年国际钢琴比赛第一名。于是许多家长都想依样画葫芦，更早的甚至希望孩子两三岁就开始学钢琴。其实我们理性地想一想，从莫扎特出生至今三百多年间，几百亿的人口在流转，一共出现过多少个莫扎特？中国十几亿的人口，又出现过几个郎朗这样的音乐"神童"？说他是"神童"，就是因为他太特别了，所以他能做的，一般人不见得能做到。纵观整个历史，总共出现过多少这样的音乐"神童"？几十亿分之一比例的可能性，要发生在你我身上，几率实在是低。因此，若过于迷信莫扎特、贝多芬等特例，希望"早跑早赢"者，需要慎重思考！这里举几个个案以供参考：

案例A：维玲（以下均为化名）被带到我的四岁幼儿音乐教室时，只有两岁半。父母一起陪同她前来，可见态度的慎重。我劝她的父母，两岁半来上四岁班的课，年龄上相差太远了。但她的父母坚持认为维玲的发展比一般的孩子好，维玲又聪明又懂事，没事的时候还能自编自唱，显露出对音乐的高度兴趣。他们希望能早点发掘并栽培她，认为她的程度应该可以上四岁班的课程。在我坚持"不适合"的原则下，他们带着失望的表情离去。两周后，三人又同时出现在我的教室门口，"郑老师，请给我们一个机会，我们还是认为她实在非常有音乐天分。"因为我的教室没有两岁半的班别，再说我也认为这个年龄不需要家庭以外的音乐教育，但既然他们坚持要上"四岁班"，我只有让维玲试试看。

起初没有什么状况，三分钟过后，她开始试探性地移动身体。"维玲，注意听！"在旁观察的父亲说话了。"小朋友，现在每人来拿一个音砖。"在我的

钢琴，好大的大玩具呀！我最喜欢在上面敲敲打打。

————————

看我的姿势就知道只是摆个样子，我是很想学的，只是小提琴好像比钢琴难，所以最后还是放弃了。

要求下，每位小朋友鱼贯地来拿乐器，而维玲显然不懂什么是排队，也不想要我给她的乐器。她拿到手后，却不停地乱敲（虽然动作很轻）。她不知道"老师"是何人物，那么对她来说，"要听老师的话"也就无法照办。她可能是很有天分，但由于年龄太小，她还无法接受任何形式的训练。当然那堂课给我制造了相当多的困扰，她的父母也看得一清二楚。虽然老师很有耐心，也用了很多方法，但四岁班的课程毕竟不适合她。课后我建议这对很有心的父母："在家多听音乐吧，过一阵子再说。"

案例B：柏康四周岁时，来到我的教室。他看起来眉清目秀，身材也发育得挺好，只是稚嫩的小脸蛋透露出他十足幼小的年纪。他妈妈说柏康看起来很喜欢钢琴，每当经过琴行，他就趴在玻璃橱窗上看着乐器行的钢琴。听到有人弹琴，他也会露出很羡慕的神情驻足欣赏，直到别人弹完，他才会移动脚步。是否该为他买一架钢琴，并且开始学琴？

我为柏康的妈妈分析：

第一，这种表现，其实在很多孩子的身上都可以发现，那只是因为钢琴这个庞然大物的造型和声音是他们前所未见的，因而他们产生了强烈的好奇心。你可以继续观察，看看他这样的表现能持续多久，三个月？四个月？半年？……

第二，你们家是否有过任何音乐环境？除了一些流行歌曲，有没有人弹奏乐器？有没有人听古典音乐？如果都没有，现在就开始学琴，其实非常不适合，因为他还完全没有做过"暖身运动"。

第三，四岁的男孩子大多好动、没耐心，对许多事物都感到好奇，但注意力非常短暂，同时还有许多肢体发育上的问题，并不适合在此时学习钢琴。

他的妈妈觉得很有道理，接受了"暂时不学"的建议。

可是没过多久，他妈妈又改变主意，因为有钢琴老师告诉她：四岁再不学就太迟了！于是她很快地花了十万元台币（约合人民币两万元）买了一架钢琴，并向这位老师学琴。不幸的是，柏康的学习兴趣维持了不到一个月，就再也不肯靠近钢琴，而且还说："我要拿斧头把钢琴砸掉！"这些事，是后来在路上偶遇柏康的妈妈时，她告诉我的，并表示为当初没有接受我的建议而后悔不已。

这些例子告诉我们，**父母如果太早给孩子一些不必要的学习活动，对孩子的发展过程只是一种干扰。**

想想看，孩子肢体的发展及协调性的形成是有规律的，比如先学会翻身、爬行，然后才会走路、跑步；手部活动也是先从大肌肉展开，然后才是小肌肉的操作；语言的发展也是如此。如果破坏了这个简单的发展规律，或强制孩子去做他们不能理解也无法达成的工作，特别是弹琴这种需要手指小肌肉操作性强的学习，对他们的心理将造成很大的伤害。

其实在西方社会，一般大众并未受惑于"越早开始越好"。记不记得在《婴儿炸弹》这部美国电影中，当女主角带着她的婴儿到公园"例行公事"地玩耍时，镜头讽刺地指向旁边三位爱炫耀的母亲："你的孩子去上过纽约的……课吗？我的宝贝已经去上了半年了！"女主角张着嘴、瞪着眼，看着地上三个坐在沙堆中玩耍的未足一周岁的婴儿！

这种镜头，在西方家庭中其实是非常少见的，因此这个电影的片段其实是在挖苦部分纽约都会的富有母亲。绝大多数的父母认为：孩子学校的音乐教育及

父母是孩子最好的音乐老师

在基督教教会里接触到的音乐节目，对孩子来说就绰绰有余了，不需再额外加课。

在美国和加拿大等音乐发展已相当蓬勃的国家，大多数人仍是顺其自然，到学校（幼儿园或小学）才接受学校的音乐课程。而在欧洲，一般国家在孩子七岁左右（小学一年级以上）才有一对一的乐器课程。我曾多次到这些国家考察，广泛收集他们的学校音乐课本（从幼儿园到初中三年级），发现美、加、德、奥、英、法等国，他们以国家的力量，集中人力、物力，将音乐教科书编得尽善尽美，只要是一名好老师，照着课本教授课程，学生就会有丰盛的收获，甚至即使没有老师教，学生光是翻一翻音乐课本，就可以读到非常详细完整的有关各个年代、国家的音乐故事、历史和歌曲。或许这可以让他们的家长很放心，即便等学生到学校再接受国家提供的音乐教育都不嫌迟。而且客观地来说，西方学生们所具备的音乐基本知识的确比咱们中国人更丰富、更均衡。（当然，这也牵涉到这些年间各个国家的发展背景。）

你也许会说，中国目前就有上千名的天才小儿童，不信你看，郎朗、李云迪、殷承宗、王羽佳等人，也都是很早就开始学习，不是都很成功吗？在此我想提醒您：您知道还有更多的人是失败在"太早开始"吗？

许多人都以为"学习"只限于学生时代，那么过了学生时代，就意味着学习活动就此停止？如果真是这样，就如同"跑百米"，起跑及冲刺当然都是非常重要的。可是您觉得人生是跑马拉松，还是跑百米呢？

其实，人生的赛程很长，学习年限也很长。究竟是养精蓄锐，培养健康的体魄，以便有足够的体力跑完全部赛程；还是一开始就冲刺，全然不顾旅途的漫长，到最后精疲力竭呢？相信您的心中已有答案。

最重要的，别忘了，"父母是孩子最好的老师，家庭是最好的学习场所。"如果家长可以自己给予孩子音乐熏陶，在任何年龄开始都不嫌早，家长也不必外求他人！

千万别让孩子非但没有赢，反而跌倒在起跑线上！

做"顾问"还是"监工"

我在台湾居所的邻居、五岁的孩子多多，父亲为了让她提前认字读书，每天晚上都逼她学写字，经常听到多多不耐烦地抵抗。直到有天她和父亲起了冲突，多多一把将书扯破说："我再也不要写字了！"

现在的孩子，大多为独生子女，父母在孩子的成长和发展上倾注了更多的心血。唯恐"管"少了没有尽到父母的责任，唯恐"管"少了导致孩子无法成龙成凤。我们丝毫不怀疑，家长"管"孩子，出发点是好的。但是，"管"一定能带来好的结果吗？

曾在报纸上看到一则消息：2012 年 1 月，广西贵港市一对卖水产的夫妇被发现死于家中，警方在网吧抓到作案凶手——他们的儿子袁某。袁某在交代作案动机时说："父母从小就对我管教特别严，后来我长大了和朋友一起去网吧玩、晚归都要受他们控制，在朋友面前一点都不给我留面子……"父母的"管"居然让孩子产生如此深刻的仇恨！

当然这样的例子比较极端。家长说我不过是限制孩子弹半个小时一个小时的琴，这还不是为了他能更快地掌握一门技能？但结果往往事与愿违。有些孩子害怕家长的责骂，为了取悦父母，违心地练了半个小时的琴，却因为不用心而没有任何收获；长此以往，孩子的个性会变得越来越怯懦，事事听从父母的安排，没有一点主见和判断力。而个性暴躁一些的孩子，会千方百计地抵制父母的管教，在家长的逼迫当中，弹琴的兴趣丧失殆尽，有些孩子甚至把乐器都砸了。这样的孩子，出现上述违法犯罪的事情也就不足为奇了。

我在美国的白人钢琴学生安吉拉，八岁的时候开始跟我学琴。她父母的态度是：安吉拉自己要求学琴，我们也很乐意成全她！她每次上课由妈妈送来我的教室，然后妈妈带着一本书，远远地坐着读书等待。害羞的她会先和我聊几句日常生活，然后开始这堂课。曲子给多了，她会说："我想，今天的功课已经足够了，可以吗？"给少了，她会说："我这星期会有更多的时间，所以可以多给一点曲子练习！"嗯，这是很典型的美国小孩，不论什么年龄，大都可以清楚地告诉你她的想法和要求。我知道，这是因为在学校和家里，他们被赋予绝对的权利去表达自己的看法，并且也被周围的人给予绝对的尊重。

下了课，妈妈会问：我需要在家做什么事帮助她吗？我回答：联络簿上都写出了我要她做的事，如果她一个人无法完成才需要父母的帮忙，例如带她去听某场音乐会，买一张新的 CD 听，买新的乐谱等，其他的小女孩都会说：我自己可以处理！

安吉拉的父母几乎从不干涉她的学琴进度，尊重我的安排也尊重女儿处理事情的态度。安吉拉学得很愉快，也会和我讨论如何安排练习的方法和时间才能更有效。她的音乐天赋非常高，再加上她处事的个性及家庭、学校的教育环境，她的学习又快又顺利，不需要父母的鞭策念叨，她的表现越来越突出。

弹琴是我最快乐的事情。

我有好几个情况类似的白人学生，父母都对孩子采取极度尊重的态度，偶尔有几个天资较平凡的，也都是开开心心地继续学习。因为只要是不喜欢学的，早就不再来上课了，父母既不勉强，也无法勉强。

我观察到，西方的孩子比较能发自内心地热爱音乐，并学习掌握一种乐器，甚至把对音乐的追求当成毕生的梦想。而国人，即便是很有音乐天赋的孩童，对音乐的兴趣也极有可能在家长的不当"管教"下被扼杀，甚至极度厌恶音乐！

我的大女儿和小女儿发展不太一样。姐姐三岁就能轻松地认识二十六个英文字母，妹妹到七岁了，对英文字母却毫无兴趣；姐姐七个月大时就能很清楚地说"再见"，一岁半时就能清楚地和大人沟通，妹妹到一岁半才开始说简短的单字；姐姐在幼儿园大班下学期时，很快地学会了中文的注音符号，并且能准确地分辨很相似的发音，妹妹却明摆着"我不想学"的态度，到小学开学时，全班只有她一个人不会ㄅ、ㄆ、ㄇ（台湾所使用的注音符号，ㄅ即b、ㄆ即p、ㄇ即m），大字更是识不了几个，连老师都一再地警告我："您的孩子注音符号需要加强！""请家长回家多多注意注音符号！"

老师的电话和姐妹俩的差异，让我不由得有些担心小女儿。作为同一个家庭的两姐妹，她们的成长环境、遗传基因及智商条件类似，理论上不应该有太大的能力差异出现。而小女儿现在的状况对她将来的发展会有影响吗？我是否要强迫她做某些事？

反思我初为人母时在处理长女遇到问题时的紧张、生涩、严肃的状况，那时给她的正确指导较少，不合理的要求较多，给她带来很多不愉快的经验。我静下心来仔细分析小女儿的问题，结论是小女儿各方面的发育都很正常，虽然她在语言和注音符号认知等方面不如姐姐，但在耐心、拼图、学乐器等方面却优于姐姐。关键是，虽然她学习不好，却每天都自信满满、快快乐乐的，老师和同学都很喜欢她！

于是，我决定不干涉她的现状。每天还是很开心地和她看图画书、儿童书，睡前还是花很长的时间讲故事念故事给两姐妹听……有一天，她的老师打电话来说："小女儿好像突然开窍了！"ㄅㄆㄇ她都会了，拼音也会了，识字也配合得很好，自己用看注音符号的方式，书一本接一本地看，汉字也在短短的时间内识了一大堆。从完全不会到会一点但跟不上别人，再到可以考试考满

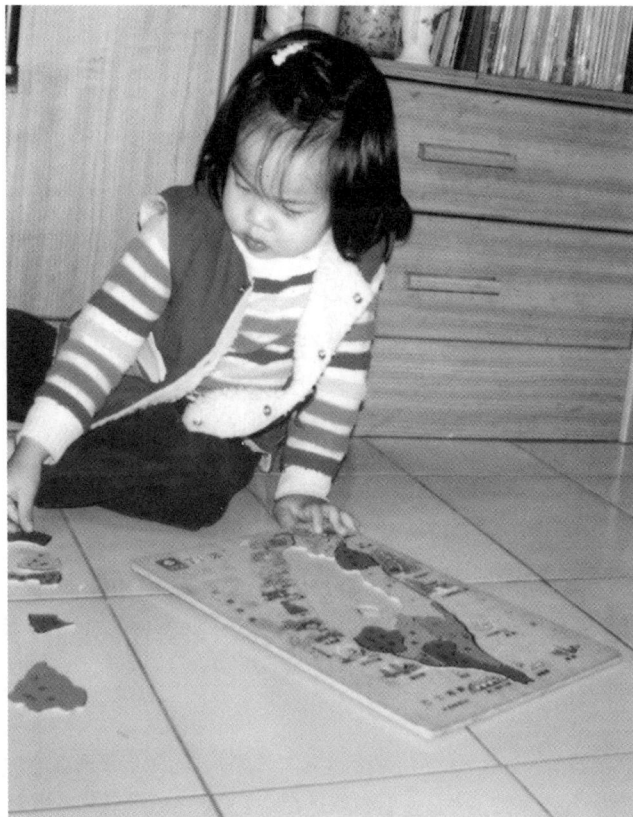

小女儿两岁就能拼这种不规则的拼图，并且速度很快，这对她日后学习其他功课或艺术项目的专注力有很大助益。

———————

分的过程，她在短短两个月内完成了！积累的时间很长，但爆发的速度很快。

我很庆幸自己并没有在她学习很慢的状况下责备她、逼她，"学习进度慢"没有带给她丝毫的心理伤害。相反，在这种宽松的环境下，她在一年级下学期，竟成为全校唯一考中资赋优异班的学生！

不过分干涉孩子，不苛责孩子，父母适度地提供给孩子他所该认知的教育，并给其自由宽松的成长环境，充分发挥孩子自身的积极性，他取得的成绩会超乎你的想象！"管"未必有好的结果，"不管"也有可能带给你意外的惊喜！

当然孩子不如大人那么有自律性，放任其发展，也可能浪费了他的时间。无论是学音乐还是其他艺术或技能，我们反对的是家长过分干涉，提倡的是科学的"管"。所谓有所为有所不为，做"顾问"而不做"监工"。

如何做一个好的"顾问"呢？

1. 与孩子共情。家长喜欢给孩子设计台阶，让孩子一步步去爬，长久以来，孩子很难冲出牢笼。殊不知，儿童的内在是有秩序的，应该放手让孩子自己去搭建阶梯。蹲下身子，不以自己的好恶左右孩子，不以自己的标准要求孩子；感受他感受的，体会他想象的；从孩子的角度出发，给其自由宽松的成长环境。

2. 保持距离。父母要尊重孩子，与孩子保持一定的距离，不要过度介入孩子的学习，允许孩子犯个小错。儿童的成长，不管是生理上还是思想上，都是一个趋向独立的过程。为了实现这个目标，他会进行各种探索和冒险。

3. 多鼓励少批评。当孩子的尝试失败时，他自己本来就已经很内疚、沮丧了，如果家长这时再对他进行严厉的批评，结果就扼杀了孩子探索的欲望、打击了他的自信心。相反，对孩子进行热情的鼓励，会调动他更多探索和尝试的积极性，为他的人生开拓更大的空间。当孩子尝试弹一首新曲子时，聪明的家长不会挑他有哪些音符没弹准，而会说："好，能自己尝试弹新曲子了！"

4. 在背后给他们一点助力。在大女儿和小女儿读小学时，我为她们买了一套"儿童大百科全书"，我将这些书放在一个小书架上，只告诉姐妹俩，看书的时候，一定要开灯。因为忙，我也忘了去检查姐妹两人究竟有没有读这些书。

弹琴练习了一阵子，孩子也会觉得枯燥，看看他们（我的女儿与邻居）自己颇会找乐子，自制一些道具，放上一段音乐，就玩起"海盗游戏"了，他们正在给自己上好玩的音乐戏剧课，真是创意十足！

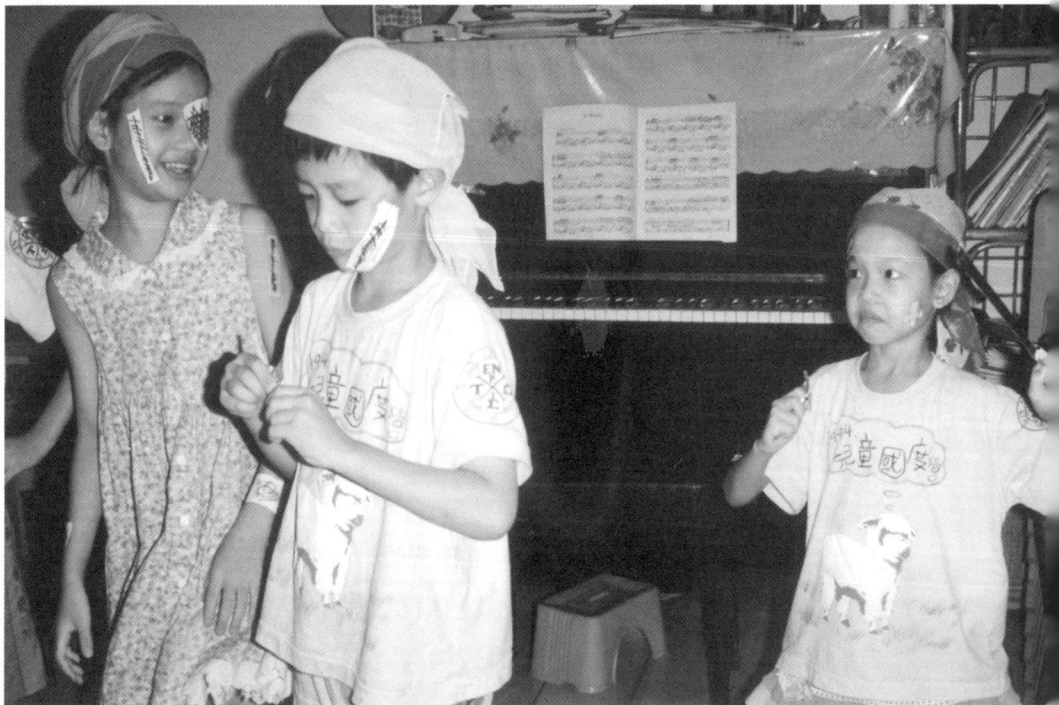

某天带她们在郊外散步时，姐妹俩七嘴八舌地告诉我很多大自然的"常识"，原来这些知识都来自于她们阅读的大百科全书！

孩子开始对任何技能、知识表现出兴趣时，给他们一点点助力就够了。不对他们的行为指手画脚，帮助他而不打扰他；支持他，给他时间消化积累，到了一定的时间，效果自然会显现出来。

5. 最好的"管"，是"润物细无声"。管孩子，不是以家长的身份去命令他、强迫他，而是言传身教，在生活的细节处去影响孩子、改变孩子。出身于书香世家的孩子，即便他不能成为大文豪，但是他的文字素养肯定不差；出身于音乐世家的孩子，即便他不能成为钢琴家、指挥家，他的音乐素养也不会差……家长想要孩子学习乐器，不妨自己先尝试弹一段，或让孩子听一些别人弹奏的优美乐曲，给孩子一个好的榜样，相信聪明的孩子很快就会效仿！

6. 最高明的"管"是让孩子自己管自己。充分调动孩子的积极性，激发其责任心。当一个孩子发自内心地想做一件事时，需要您做的就只是信任他！

比如练琴，对成人而言，这种每天的例行公事都是一种磨炼，何况对自制力较弱的孩子呢？家长要想办法调动孩子内心对练琴的兴趣，这样才能将学习持久地进行下去。大女儿和小女儿在学琴两年之后，也一度出现了"厌恶"期，我冷静地考虑后，果断地将她们的乐器课暂停。这期间，我继续带她们去听各种音乐会。三个月之后，她们不约而同地要求："妈妈，可不可以再教我弹琴？"

一个好的"顾问"，不干涉，不批评；多鼓励，多帮助。这样的父母对孩子而言是一种多么大的幸福！

家有琴童，父母应注意的事项

如果家中有学音乐的孩子，做父母的一定很担心自己会不会犯些无心之过。该如何调整呢？希望下面的文字会对您有所启发和帮助。

别对孩子期望太高。如果能事先了解孩子各种能力的发展是有其时间性的，急也急不来，就不会太急躁，也不会有不当的期望。

别对孩子有错误的幻想。不当的期望就会带来错误的幻想，例如，看见朋友的孩子学得很好，就理所当然地认为自己的孩子也要学得好。

不能只是为孩子找老师、买乐器。父母总认为找到了理想的老师，花钱买了乐器之后，该做的事也就结束了，接下来就靠孩子你自己啦！却没有为孩子"制造"学习音乐的环境！

在台中文化中心，为父母演讲"让音乐陪伴儿童成长"。

使用一些轻简的音乐小作品，可以一面欣赏一面玩游戏。

我和姐姐轮流当老师，有时指挥，有时跳舞，家中的任何乐器都可以成为我们的道具。

我和妹妹们假期间的"家庭大团聚"，甥女们彼此打扮一番，由大人演奏乐器伴奏跳舞，颇有"寓教于乐"的效果。

要陪着孩子一起成长。要"以孩子的心为心"，家长是与孩子站在同一个起点，陪他一起开始学习？还是站在马路对面（成人的立场），招手对孩子说：快！跑！当孩子学习新的事物，如识谱、弹琴或拉琴时，您是否也坐在旁边一起学习，体会一下个中滋味，看看有多难？还是花了钱，就等着验收成果？

妥当安排学习时间、程序。是否衡量过孩子各方面的发展，在孩子适当的时候，开始适当的学习？找到了适当的时机开始学习，还要有适当的学习程序。例如，如果没有任何热身运动，就直接开始学乐器，对于较小的孩子来说，会有不愉快的结果出现。因此，先经过暖身活动，再开始乐器的学习，这样的安排较合理。

在家中就能帮助孩子。我鼓励父母，并不一定需要你们是专业或业余的音乐人士，才能引导或是教育你们的孩子开发有关音乐的能力。想想看，我们在教一个牙牙学语的孩子说话时，我们不需要是语言学家；教上小学的孩子写作文时，我们也不必是一位作家；教他们加减乘除，我们更不需要是数学家。那么，为什么当我们想到要教小孩子音乐时，却如此害怕自己没能力呢？

　　别想得太难，即便您不会演奏任何乐器，只要您能用正确的音准，唱任何种类的歌曲（别怕，这点大部分人都能胜任，您就大胆地哼哼唱唱吧），上至京剧、地方戏曲，下至中外民谣小调，甚至是少数民族的山歌小调，再加上自由、有韵律地摆动身体，就足以达到开发孩子音乐能力的基本要求了！如此说来，家中的爷爷奶奶也都帮得上这个相当有意义的忙了。

快乐的乐器合奏　　　　　　　　　　　　小女儿／七岁画

我的孩子为什么坐不住？

　　妈妈、幼儿园的老师或是保姆等人，一定都能察觉到一件事：婴幼儿的生理、心理发展几乎每天、每周都会发生变化。例如：三岁和三岁半的幼儿，虽然只相差半岁，但在许多的能力、表现力上，都有相当大的差距。因此，我们需要了解这些差距，才不至于从成人的角度去要求孩子，从而造成与孩子之间的紧张关系。

　　根据我多年的教学经验以及专家学者对各年龄段儿童的观察与研究，小学一年级之前的孩子在各方面所具备的综合条件如下，供希望孩子学习乐器的父母参考：

生理和心理上的不足

1. 在一种乐器前，只能短暂地集中精力。

2. 眼中、耳中只有"我"的世界。

3. 不太能分辨对错。

4. 不太能接受挫折，不太愿意被纠正、指责。

5. 只具备大肌肉的活动力（上肢的肩部、肘部、腕部较灵活）。小肌肉（手指的运作）

一双六岁小女孩的手，稍不注意，就很容易"变形"弹奏。

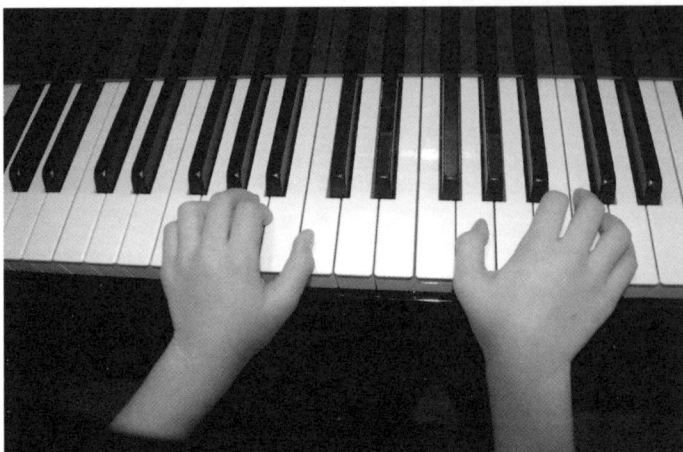

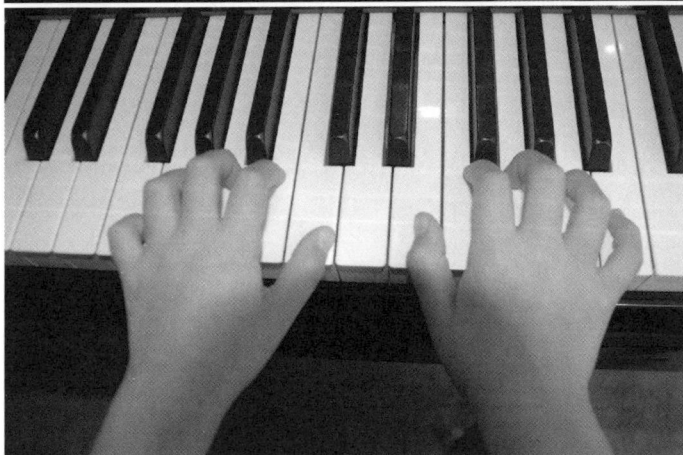

孩子太小，手部很难长期维持图中正确的弹奏方式。

尚无法灵活、独立地活动。

6. 视觉上，空间观念薄弱，无法辨别过于复杂的线条。

7. 时间观念、计算能力、判断推理能力薄弱。

所拥有的优势

1. 无限的创造能力——但需要得到适当的启发。

2. 无限的音乐潜能——等待被开启、激发。

3. 即兴力——但需要加以适当的规范及引导。

4. 模仿力——但需要有好的模仿对象（技巧性的模仿则需视条件判断是否具备）。

5. 节奏感——不是坐下来数一拍、两拍的打拍子的能力，而是全身随着音乐节奏而起舞的体态律动感。

　　了解上述特性，您就可以顺着孩子的生理、心理发展为孩子选择学习项目了。正所谓："有所为有所不为""知己知彼，百战不殆"。此时，要为孩子选择适合发展全身性的活动，而非细小动作的才艺学习、如弹奏乐器这类技巧性的活动。此外，孩子此时不具有以数学概念学习五线谱的能力，就不要强求其记谱、数拍子。如果选错时间、选错项目，如何要求孩子长时间坐得住？

　　例如，一个好动坐不住的四岁女孩小丽和一个安静的五岁男孩小强相比，很明显，小丽就非常不适合学习乐器，虽然她是女孩，但因为年幼，且浮躁好动，静坐很难超过五分钟，这怎能让她学乐器？其实她更需要的是父母带她去公园、去郊外玩耍，多亲近大自然，享受长辈的关怀与爱，为她制造更多美好的回忆，直至她较为成熟。有些父母会误以为孩子这么好动，就该让他们学习乐器，看他能不能变得安静。以我这么多年的经验，通过这种方法能够成功扭转孩子个性的几率几乎为零。

　　父母自身需要静下心来，多询问正确的资讯，并作全面评估后再决定也不

迟。如果贸然行事，钱花了不说，还带来了相反的效果，与孩子之间的关系也变得紧张，得不偿失。只有多了解孩子，在适当的时间做适当的引导，才能事半功倍！

小女儿两岁时，把钢琴当玩具，很认真地相学习，但是，手指实在太嫩、太没力量了，所以只能玩玩而已。

男孩和女孩学习乐器时的差异

许多谈论儿童身心发展的书告诉我们，学龄前的男孩在许多方面的发展，都比同龄女孩来得慢，比如语言的发展、情绪的控制、大小肌肉的运作、身体形象掌握、听觉发展、声带发育，等等。从多年的教学经验中，我发觉的确如此。

父母很担忧地提出：我的儿子特别好动、顽皮，唱歌五音不全，虽然很聪明，但学什么东西都不专心。提出这种问题者，程度有轻有重，且百分之九十五是男孩子的家长。

事实上，老师心里早已有数。在音乐课上，男孩子通常比女孩子不容易受教，并且在各方面的反应也不像女孩子那样理想。我们常可以看到以下状况：唱歌时，可能是听觉、声带发展较迟

一般来说，儿童期面对乐器的学习，男孩比女孩较没有耐心。

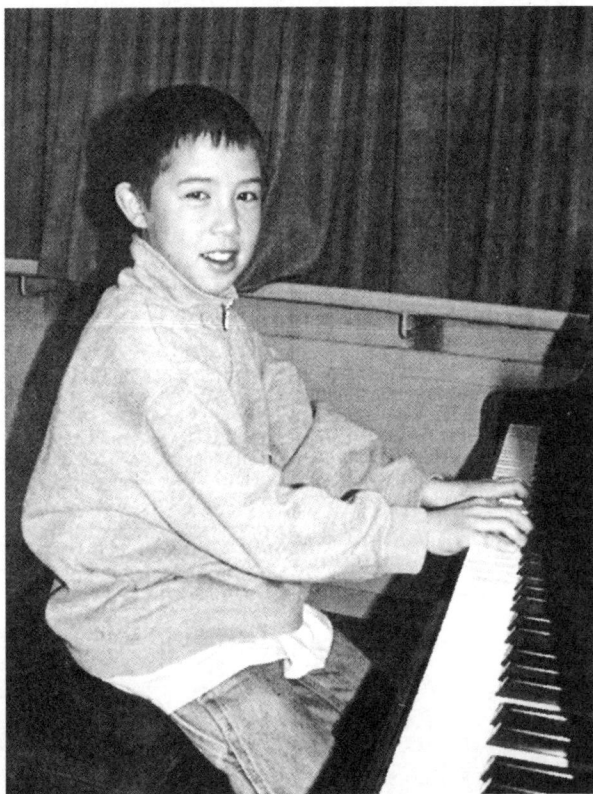

男孩和女孩学习乐器，会在不同的年龄段出现不同的差异。父母要特别留意。

缓，大多数的男孩子无法唱出正确的音高，大多偏低；操作敲击乐器时，男孩子由于对自身及大小肌肉的运作欠缺协调能力，大多动作僵硬、粗鲁，无法准确敲击在正确的位置上，且制造出来的声音较粗糙、随便；课程活动进行时，通常男孩子的控制力较差，搞不清状况，和女孩子相比，就显得横冲直撞、容易亢奋，常常自行发展出自己的游戏行为，将老师的话当成耳旁风；认知教学活动时，因为男孩子视知觉所牵涉的空间、层次感较差，小肌肉发育较慢，在认谱写谱时，反应通常不如女孩子来得清晰、快速。如果音乐班的课程有键盘弹奏，对男孩来说更是考验，因为它需要细密的小肌肉运作及对键盘有正确的距离感、方位感，需要同时识别乐谱、乐谱与键盘间的关系，还有除音乐之外所需的安静的态度与心情、服从教师命令及教室规则等"繁文缛节"，这些对女孩子来说尚感困难，更何况是男孩。"中途而废"的男孩子比例相当大。所以，对于键盘弹奏课程，我并不鼓励学龄前儿童尤其是男孩子学习。

以上所提，并非所有男孩均如此，也有极少数的例外，而女孩子中也有极少数会有上述状况。

那身为男孩子的父母岂不是会很着急？通常，我们会告诉父母，男孩子有一些不理想的状况是很正常的，只要家长有心理准备，不要期望太高，不要给孩子和老师太多压力及干扰，老师自会处理男孩在学习音乐上所发生的状况。

值得欣慰的是，我们所提的状况，男孩子大约到了小学三年级就能逐渐改善。换句话说，九岁以后，许多男孩发展较缓的状况，会在此时突然改善，渐渐地和女孩不相上下。十一岁以后，有些男孩子开始超越女孩子。因此，男孩子的父母在认清孩子学习音乐的能力后，有心理准备，就不致对孩子失望，不会影响男孩子的自信心及人格的发展，亲子间也就不至于太紧张。

以"四岁音乐班"的课程为例，通常要求四周岁的孩子才能参加；如果是女孩子，早个两三个月还不会太困难。男孩子呢？我则鼓励足四岁半后再参加也不迟。这样，上起课来才不至于给自己及老师、同学造成困扰。当然，如果幼儿园的老师或是朋友中懂幼儿教育的人，能确认您的学龄前男孩子发展不会输给同龄女孩，要提早学习也无妨，只是必须确认，以免造成反效果。

老大和老二学习乐器时的差异

老大和老二在学习任何才艺时，如果两人成长环境、遗传的基因及智商等条件类似，理论上不可能有太大的能力差异出现。但实际上，老二的成效在初期通常会优于老大，尤以音乐的学习更明显。原因如下：

一、学习相同的才艺项目，父母在处理老大的问题时通常态度较紧张、生涩、严肃、陌生，给予孩子正确的指导较少，不合理的要求较多，会给孩子带来较多不愉快的经验。面对再来的老二时，则态度较随意、轻松，无形中会带给孩子较多愉快的回忆。

二、通常老大学习任何才艺，老二不论有没有在旁观看上课情形，多少都受到一些熏陶、影响。将来自己学习时，

至少会比毫无任何基础的老大进步快些。

三、学习音乐牵涉到声音，如果老大唱歌、唱谱、练习节奏、敲击乐器、弹奏乐器及欣赏音乐，等等，这些声音一定都会让每天在一起相处的老二也听到、感受到。无形中所累积的影响，会在老二学习音乐时流露出来。因此学习音乐时，会比老大轻松，表现也较佳。

当您了解这些差异形成的原因，就不会责怪为什么在学习时，老大显得较缓慢，老二则较灵活。不要因老二的表现而得意，才不致对孩子造成无谓的伤害。

不过，这些差异指的是初学阶段，学习时间越久，受孩子智力、耐力、恒心、毅力、领悟力等天赋差异的影响越多，老大、老二的早期差异也就无关紧要了。

目前内地多为"一胎"政策，这篇文章或许您觉得"不适用"，但是否可以给您另一种角度的启示？那就是：不管学习什么才艺，一定要有（学前的）准备，多给孩子那项才艺的熏陶（如多听音乐，多看舞展、画展等）与经验，对日后的各种学习，都会有相当好的影响！

姐妹四手联弹多有默契——两岁的妹妹很羡慕姐姐会弹琴，姐姐一弹她就要过来凑热闹。

音乐天分与成就

当您确实已经给孩子提供了良好的音乐环境，并且也发现孩子真的具有音乐天分，是否就能保证孩子从此一路顺利、学习成功？

有一句话我们很熟悉：成功是靠三分的天分及七分的努力。天分是天生的，但需要后天的努力练习，不断地战胜自己的惰性，才能达到成功的境界，这是大部分人做不到的。所以，有天分并不代表日后一定能成功。

有音乐天分的人，在学习乐器的初期，的确比别人容易上手。但随着难度的增加，每天练习的时间也必须加长，从每天半小时到一小时、两小时、三小时……能否克服困难，会因孩子的个性不同而产生差异：具有同样天分的人，有人毫无跨越困难的勇气，有人无畏于障碍的存在，仍有强烈的克服动力。相形之下后续的发展也就截然不同。

好友玛格丽特生了两个儿子，两人都从七岁开始学习小提琴。哥哥学得非常好，但在学了四年之后，难度加大许多、需要更多时间练习时，他退缩下来；但弟弟乔纳森则不然。或许有哥哥在前的铺垫，他一开始学习就亮眼无比，学习也快，背谱也快。经过了几年，再大的技巧难度都不能使他退却，常替他上台钢琴伴奏的我，及他的小提琴老师都不约而同地说：这是个将来会大有前途的小天才！何以见得？

1. 他很快就能学会一首曲子。
2. 只是通过单纯的听，就能很完整地哼唱出长段的旋律。

3. 很容易就能察觉出一首曲子中细微的特点或差异。

4. 总是不断地重复哼唱某些旋律或节奏。

5. 能够自行创作或模仿所听到的复杂节奏。

面对困难和技巧他总是态度从容地说：让我试一试！许多人上台表演或参加比赛时，会因为紧张使技巧大打折扣；而乔纳森却一点儿也不怯场。台下练习了九分，上台仍有九分的表现！为此，老师帮他安排了一些大大小小的比赛与演出，他都能全力配合参与，也取得了好的结果与成绩。

天分，加上不畏艰难的勤练、不怯场的表现，现在十二岁的他，已考上纽约竞争相当激烈且知名的茱莉亚音乐学院先修班（Juilliard Pre-college）——一所世界公认培养明日之星的音乐摇篮学校。每星期六上一整天的密集课，晚上还有音乐会的欣赏或参与演出，其余的日子，每天还要练习四小时左右的小提琴。这些磨炼，都难不倒乔纳森。天才，还要经得起雕琢，才能发出光芒！

还有些孩子音乐学得好，学校的功课也非常突出，于是，只把音乐当做课余活动；或是非常有音乐天分（如台湾的一些原住民，及美国的一些非裔子弟），但由于父母完全不重视，也没有经济能力，就只能遗憾地看着他们与音乐渐行渐远。

另外一个极端是，父母连哄带骗地强迫孩子好好学习，孩子也很配合，非常认真地练习，但有限的天分限制了他们的发展，于是怎么练也不见成效。但这又何妨？没有天分的孩子，如果碰到良师，在循循善诱之下，虽不可能有惊人的成功，却仍可以达到某一程度的学习效果。

有天分的孩子，若遇到不善教导的老师，再加上容易被击倒的个性，大概也不会有什么好的学习效果。龟兔赛跑的故事我们都很熟悉，这时需要家长、老师有极大的耐心，把学习的脚步放慢，学习成效终究会显出的。

天分和成就不一定会成正比，您说是吗？如果您恰巧遇到有天分、有斗志、又对音乐有浓厚兴趣的孩子，那真是恭喜您了！

第二章　暖身篇

学习乐器前应做的准备

随时随地听音乐

　　想要培养孩子的音乐能力、调动他对音乐学习的兴趣，最好的办法是随时随地听音乐，这绝对是个捷径！没有音乐的人生，就好像炒菜时不放盐——虽然菜色看起来没有什么两样，但品尝起来就是少了点味道。在当今社会里，视听技术、电脑设备如此发达，每个人每天都有机会听到各式各样的音乐，或者参与音乐活动。如果自小就能有幸具备了音乐欣赏的基本能力，他便能够通过对音乐艺术的感受，拥有更加多彩的人生。

　　谈到"接触音乐"，许多父母会认为：接触音乐就是如何"学习乐器"！是由孩子进入幼儿园或小学以后的老师或才艺老师来完成的。其实，正确的观念应该是：

开启儿童的音乐潜能应当从"听"开始

　　儿童期或更早的低幼期的音乐教育，其主要目的并不是音乐技术的获得，而是以"启发儿童的音乐潜能"与"培养儿童的音乐基本能力"为主。"音乐技术"指的是对乐理的认知及乐器弹奏的技巧，学习的适当时机是在学龄期（指六周岁以后）；而学龄前的儿童（指六周岁以前），音乐学习活动则应根据幼儿的生理发展，着重于"听"音乐的活动，并配上一些创造性的肢体律动。

　　因此，"听"应该成为幼儿音乐教育过程中的第一步，且是最重要的一步！一定要先于学习"乐器"！"听"音乐的教育做得好，在往后学音乐的过程中，孩子、老师、家长都会轻松许多，也较容易踏上成功之途！

回想一下我们学习语言的过程：幼儿四周充满了说话的人（幼儿在听）→幼儿开始学说话（幼儿在说）→开始阅读（幼儿在读）→会读之后开始写（幼儿在写）。如此听→说→读→写的过程，就是人类学习语言的过程，音乐的学习过程也是如此。

对于孩子，尤其是婴幼儿来说，妈妈的歌声是最好听的音乐！妈妈的声音是孩子听得最多、最方便、最喜欢的声音。所以，并不需要"歌声优美"才能唱歌给孩子听。想想看，从怀孕到孩子出生、婴儿期及至幼儿期、儿童期，妈妈每天要陪孩子玩耍、散步、吃饭、睡觉，给孩子换尿布、喂奶、讲故事，每天有这么多的时间和孩子相处，可以顺便唱唱歌给孩子听，让孩子经由最熟悉的歌声来刺激听觉，并感受到母亲的爱。这是个甜美方便又有用的方法，不需要花钱，也不需要带着孩子奔波各地并假手他人，当母亲的您可要好好把握哦！

与孩子相处时，轻声地哼着儿歌、童谣、催眠曲，在上学的路上，与孩子手牵着手，念段唐诗、《三字经》，几趟路来回，孩子就可以背下来了。我的两个女儿，从两三岁起就会背《三字经》、唐诗和《圣经》的许多篇章，我从来没有"坐下来"教她们这些，只是利用走路或者等车、坐车、候机的当儿，利用"零碎"的时间完成的！近两年，有位来自河南

只要我一放音乐，姐妹俩就有"舞"不完的点子，顺手再抓一些"行头"装扮，"舞之蹈之"，乐在其中。

省的小女孩张欣怡，受到大量关注。原因是她刚刚两岁，就能非常熟练、有模有样地唱《花木兰》《夫妻双双把家还》《穆桂英挂帅》等一出出戏剧，而且一点都不做作、不匠器。原来她父亲因车祸过世后，单亲妈妈带着她与姥姥同住。姥姥爱听戏、唱戏，欣怡两个月大时，姥姥就经常带她去公园听戏。公园有很多老先生老太太唱戏、拉琴，每天耳濡目染，成就了她的音乐天分。姥姥之前一定不知道，她的无心插柳造就了一个音乐奇迹！作为家长，特别是母亲，您所做的，或没做到的，都将对孩子产生终生的影响。

最好的场地就是家

"家庭是一生中最重要的学习场所，家长是子女一生中最重要的老师。"幼儿期的音乐教育，随时都可以开始，而且最好的老师就是父母！最好的场地就是"家"！想想看：总不能从孩子出生后，就抱着他四处上课吧？浪费掉的交通时间与金钱，足够让您陪他聆听上百首的音乐呢！所以别推卸责任，别说我没有音乐细胞，所以我没办法"教"孩子音乐。这样的观念，是有待修正的。

抬头低头都是音乐

我有一位开专业音响器材公司的好友，常常带孩子彬彬到音响器材公司。孩子在公司里，从小就能熟练地操作音响开关，生活中也因此大量环绕着音乐。五岁时，彬彬来上我们的音乐班，初期表现平平，经过大约两年的基本音乐能力培养，他对音乐的喜好、能力，便渐渐显露出来。他从小学二年级开始学钢琴，每天自发地练琴一小时以上，还告诉家人：每天没有弹琴，就无法做其他的事情。

看着他陶醉在钢琴乐声中，回想他的成长历程，我对他的音乐基础教育固然功不可没，他从小所处的"音乐环境"对他的熏陶更是起到了重要的作用。想到许多父母，错过随手可得的教育方式（听音乐），一心只想着等到孩子四五岁后，送孩子去学钢琴、小提琴，这对孩子来说，是既不经济又残忍的教育方式，很容易使孩子产生学习上的障碍甚至半途而废！

另一对热心并富有的父母，将他们就读小学一、二、四年级的三个孩子一并送来找我学钢琴。从一开始，我就发现他们三兄妹有些共同的毛病：从来不仔细看谱，每小节都有错音出现；和弦若弹错，发出刺耳不和谐的音，他们仍可以毫无感觉地继续弹奏，旋律是否优美他们丝毫不在意；音乐完全无法感动他们。

对他们来说，不论是生理还是心理上，钢琴所弹奏出来的都不是优美的乐声，却和敲打字机、电脑没有任何分别，毫无愉悦之感。虽经过我一年多的努力纠正，他们的"进步状况"仍是我教学史上最糟糕的一次。后来，不得已，我必须到他们家做家访，他们家的情景真让我大吃一惊：没有隔音设备的客厅，墙边摆着一架钢琴，隔墙外面是一个占地宽广的工厂，十几部大机器，从早到晚同时不停地响着，父母成天忙着在这个工厂里制造成品出售；孩子每天活在噪音里，不但没有音乐可听，就连自己的钢琴声都听不到。我看了之后非常痛心，他们的父母为了培养孩子，不惜花费辛苦赚得的钱，却忘记了给孩子一个"好的学习环境"，殊不知，这也是一项重要的教育因素。这真是个特殊的个案。但由此可看出听觉教育的重要性及其影响力。

学习音乐之前，若能欣赏足够的音乐，就像具备了学习音乐的隐形的、内在的"基本装备"，日后一旦接触到音乐学习活动，便能很快地进入状态并理解、喜爱音乐。例如：西方许多伟大的作曲家、音乐家，如帕莱斯特里那、蒙特威尔第、亨德尔、巴赫、海顿、莫扎特等，在参加教会活动中，从开始担任唱诗班的小歌手到后来成为教会风琴师、指挥、作曲者，在教会的崇拜、赞美歌声中，儿童期的他们受到了许多潜移默化的音乐教育，为日后的音乐成就奠定了极佳的基础。

再举一例，说说世界知名的钢琴家郎朗的一段历史。郎朗的父亲是沈阳空军文工团的专业二胡演奏员，母亲是一名普通的公务员。就像许多望子成龙的家长一样，为了即将出生的孩子，他的爸爸常常深更半夜带着挺着大肚子的妻子，去抢占沈阳空军司令部大院里那条被称为"音乐走廊"的宿舍。郎朗就在那里出生！

"在这栋宿舍里，几乎家家户户的孩子都练琴，要不就练唱歌，是个充满了艺术气息的大楼。在那里，每天都跟比赛似的，听谁家的琴声响得比别人早了，哪家的孩子进步快了。那个时候感觉弹钢琴挺正常的，因为大家都弹，要是有谁不弹，倒好像有点怪了。后来，我们搬出了那栋大楼，我才知道，还有人不弹琴、不唱歌的！"这是郎朗于2006年接受《北京青年周刊》访问时说的一

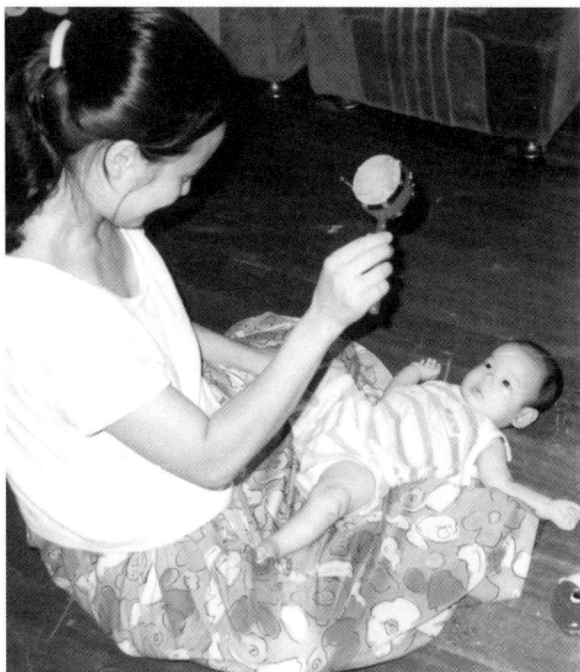

和婴儿玩一些会发出声响的乐器及音乐。

段话。

您注意到了吗？他打在"娘胎"里，就每天听见邻居们不是唱、就是弹，出生后更是如此。这样的环境，加上他与生俱来的音乐天分，使得他在日后的学习生涯中，起步就比别人快。

人们也许认为是他爸爸逼得紧，他才容易成功。但您知道吗？日后，他虽然遇到了许多内在、外在的挫折，但仍然有很乐观的心态和强烈的学习欲望：我要弹下去！我就是要弹！然后，他从十一岁开始就不断地参加国际钢琴比赛，而且每次都表现卓越。

是什么因素和动力使他能如此执着地坚持下来呢？看完他所讲述的在沈阳大院里的故事，我个人觉得：从出生直到和父亲离开沈阳，搬到北京，在他童年那段可塑性最高的八年多时间里，沈阳大院的音乐环境，从听觉上给了他相当充足的音乐养分，那是看不清、说不明，却极其珍贵的"音乐熏陶"！

学习音乐的第一步，其实就这么简单，花费不多，却影响深远！你可以不学乐器，但是不能不听好音乐！

如何欣赏音乐

同样是"欣赏"音乐，在做法上，仍该有所讲究，给您的建议如下：

除了睡眠时间外，可以随时、随地放音乐给孩子听。孩子起床、吃饭、看书、画图、做美劳、玩游戏等，任何时候都可以听。

不必要求孩子"坐着"安静欣赏。要孩子安静片刻，是很难的，年纪越小越是如此。要他们安静坐着听音乐，对他们来说简直是"刑罚"，下次再要放音乐给他们听，一定会得到"不要"的回答。所以，孩子处于各种状态时都可以给他们听音乐，除非他们正在打闹。

听音乐时，音量不要太大。有些父母认为孩子不"专心听音乐"（特别是孩子正在玩耍时），便将音量调得很大，想盖过孩子的玩闹声，以便"强迫"孩子吸收。这样的做法是错误的，再好的音乐，如果音量过大，便成为噪音。所

姐姐和我最喜欢拿妈妈的丝巾来打扮，一面放音乐，一面跳舞。邻居的小孩来做客，就当我们的临时观众。

听音乐不一定要正襟危坐，随着音乐舞一舞，编一段剧，任孩子飞翔于创意的空间，孩子会超级喜爱。

以，轻柔的音量，在不知不觉中流淌出来，是最令人愉悦的。如果住在闹市区，或家中有许多人正在走动、讲话、看电视，此时最好不要放音乐，以免成为噪音之一，起到相反的效果。居住环境周边的噪音最不利于孩子的听觉、感官及情绪的安定，最好研究改进之道。

音乐器材（录音机、CD 播放机等）不需要非常高级昂贵，但也不可太粗糙。 劣质的音乐硬件只会带来反效果。

同首曲子可以反复地听。 同一张 CD，可以让孩子反复地听一阵子，之后再换另一张。这样"重质不重量"，不但迎合孩子的心理，且有更好的音乐教育效果。**大部分的孩子喜欢重复地听同样的故事、同样的音乐，这样似乎可以给他们带来更多的安全感。** 我的两个女儿从小跟着我和先生听古典音乐，我们大人是"天南海北、古今中外"都听，但只要女儿在场，我就会特别挑选比较适合她们的音乐，例如：我最爱随手在餐厅放维瓦尔第的小提琴协奏曲《四季》，在卧室播放舒伯特的艺术歌曲《小夜曲》，在客厅播放老约翰·施特劳斯的《圆舞曲》，车上播放斯美塔那的交响诗《我的祖国》，并且是长期的重复，却从来不曾被她们拒绝。当她们读高中时，她们自己发现，可以和音乐专业人士侃侃而谈一些古典音乐作品，才知道从小听音乐，让她们在与别人交往时，多了许多令人羡慕的话题！

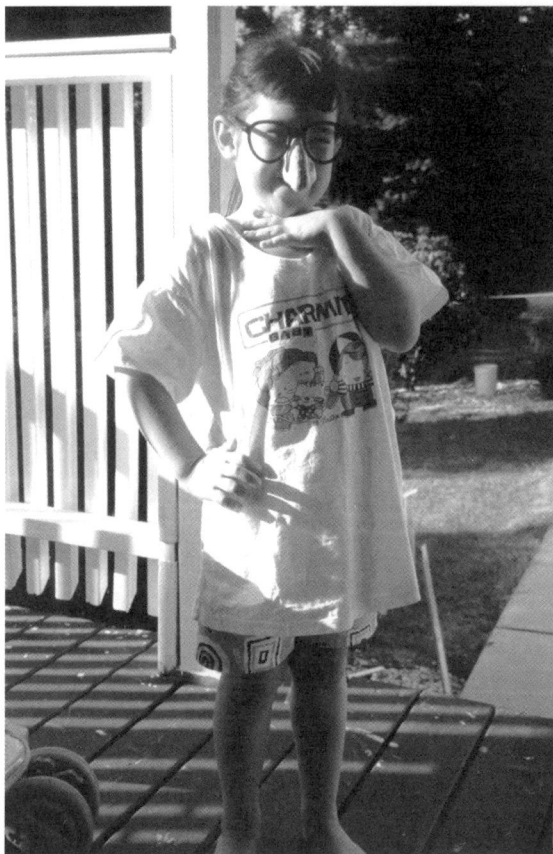

我就是爱搞怪，加上一段活泼的音乐，我开始走秀了！

听到可爱的音乐，我就从玩具堆里拿出东西来打扮自己，你感受到了吗？

我先生儿时家境普通，没有多余的钱让他买许多的唱片，他的哥哥成天放着德沃夏克的《新世界交响曲》、贝多芬的《第九交响曲》、苏佩的轻歌剧《轻骑兵》与《诗人与农夫》序曲、比才的《阿莱城姑娘》……就这几首音乐，伴随他们兄弟三人将近六七年的时光，却造就了他们兄弟三人都有极为灵敏的耳朵及对音乐极高品位的鉴赏力！极其微薄的金钱，却起了令人惊讶的效果！

婴幼儿期，可以选定几首音乐做特定音乐。如睡眠（安静的）、吃饭（优美的）、起床（节奏清新的）、游戏（明朗愉快的）时的特定音乐，借此培养幼儿规律的生活习惯。

目前市面上充满了相当多的录像带、DVD等，我个人认为，**孩子在小学三**

年级之前，音乐尽量用**"听"**的而不是**"看"**的。因为他们还有"电脑""电动玩具""电视节目""手机"……太多的荧幕要"看"，如果连"音乐"都要看，他们稚嫩的眼睛太辛苦了，千万不要受到"商品广告"的影响，买太多的 DVD 给他们看。用"听"的方法欣赏音乐，既省钱又安全！

如果你们是有车族，可以在车上多准备适合儿童欣赏的音乐 CD，这样他们可以有效地利用行车的时间。并且我的经验是：这是使孩子保持安静的最好方法！否则行车时间稍长，他们一旦感到无聊就会开始躁动、吵闹。

正在读书做功课时，也可以听音乐。这并不会让他们"一心二用"。请记住，轻柔的音乐会像一件质地舒服的外衣，或像是躺在一片柔软的草地上，只会增加他们的安全感，并使情绪稳定，反而可以有更好的读书效果。只是要注意两方面的问题：这时最好选择"只有旋律"而没有歌词的音乐。因为歌曲的"歌词"多少都会打扰读书时的思绪，选择乐器独奏、重奏、室内乐或强弱起伏不是太大的交响乐、协奏曲都可以，音量一定要小。音响效果好、音量又小的音乐，能让人仿佛置身于清晨的山岚中，压力烦恼都会随着飘动的云雾而消散。但是粗糙而过响的音量，则像倾盆大雨从天而降，反而会增加压力，带来反效果。

我在三十多年的教学生涯中做过粗略的统计，小学三年级（大约九岁）是个分界线！在这之前，曾经大量欣赏音乐（不论是有意识或是无意识）的学生，在接受音乐课程（或乐器学习）时，非常容易受教；而那些在早期与音乐擦身而过的学生，过了九岁要从头学起，就会遇到较多的困难。原因很简单：一个人在年幼时期，周围音乐环境的熏陶对他的音乐学习起到了相当程度的影响，这甚至会影响他对未来人生方向的选择。

身为父母，我们要知道在孩子能力形成过程中，尤其是学龄前的孩子，大人对他们的音乐意识灌输、培养得越多，越能增强他们天赋的强度，这项责任意义重大。这是在子女的一生中，我们所能送给他们最持久、最有价值的礼物！

选择适合孩子欣赏的音乐

古希腊人认为，音乐会影响人的道德，更有人进一步研究，某种调试的音乐，会带给人情绪及人格上的影响。所以听好的音乐，可以给人好的影响，应该是不可否认的事实。如今流行在青少年间的音乐如果是"靡靡之音"，那么导致的一些道德问题，某些流行音乐实在是难辞其咎。父母如果在孩子小时候让他们习惯接受好的音乐，"先入为主"，将来在他们的成长阶段自然就懂得该如何选择音乐。

一般来说，只要是好的音乐都可以听，有些原则可供参考：

一、以古典音乐为主，尤其当你自认为不会选择音乐时。

二、早期应避免强弱变化太大、太激动的交响乐、协奏曲，以免造成情绪紧张。

三、选择古典音乐中结构单纯的、旋律明显的乐器独奏、重奏、室内乐曲、合唱曲及声乐曲等，这类乐曲较适合孩子心理发展，并有助于安定情绪。在诸多作品当中，我推荐莫扎特及巴赫的音乐。

四、选择单一的器乐曲，以便熟悉每种乐器的声音（例如：小提琴、钢琴、大提琴、法国号、直笛、低音管等独奏曲）。有这样的基础，再去听编制较复杂（如室内乐、交响乐、协奏曲等）的曲目，才不会"不知所云"。

五、听各国、各地区、各个时代的民俗音乐。让孩子接触不同民族的旋律、歌词、乐器、配器法、作曲法，可以开阔视野。例如非洲音乐、南美洲音乐、俄罗斯民谣、德国音乐、奥地利传统的阿尔卑斯音乐等。如果从小就有机会听种类和形式不同的音乐，对儿童大脑的生长发育、对丰富多元的"文化背景"的适应能力[1]，都会起到关键性的作用。

六、儿童歌谣。欣赏世界各国的歌谣，顺便让孩子听听不同语言的歌词唱法，先期开启他们学习外语的脑部语言区。例如轻快的美国歌谣，它们活泼有趣，孩子百听不厌。有一套由美国出版的《欧美经典儿歌》（Wee Sing）在内地也可以买到，很适合十二岁之前的儿童。

七、部分流行歌曲。如果孩子要求，可偶尔听，常听就可能会破坏孩子将来欣赏古典音乐的胃口，就像零食，大多数人都爱吃，但吃多了，正餐就可能吃不下。当然流行音乐也有些在旋律的安排、乐器的编制都处理得很好的曲调，只要懂得选择，听听也无妨。

八、中国音乐也有许多值得欣赏的，特别是一些民间音乐、边疆音乐、传统戏曲、打击器乐等，它们有完全不同于西方的唱腔、旋律、编曲法，甚至是中国特有的器乐。它们让我这从小习惯于西方音乐、乐器的耳朵和精神都为之一振。

由于民间音乐、民俗小调在各省之间有相当庞大的数量，需要您自己去挖掘出适合自己家人的。还有一些中国打击乐曲，很容易引起人们的共鸣，如：

---

1. "文化背景"的适应能力或说是"文化适应"，是由英国音乐心理学家约翰·史洛博德针对"早期音乐教育目的"提出的。他认为早期音乐教育可以开发孩子的音乐潜能，最终可以提高音乐天赋。最有效的方式就是通过"文化适应"与"音乐训练"，前者是指长期不知不觉地受到周围音乐环境的影响、熏陶而产生与音乐的密切关联和音乐能力；后者指主动接受与音乐有关的教育，例如学习一种乐器或是舞蹈训练。

我们在户外表演中国鼓乐《滚核桃》。

《黄河鼓韵》《山里汉子》《牛斗虎》《滚核桃》《鸭子拌嘴》《秦王点兵》《老虎磨牙》《西域驼铃》《喜庆锣鼓》等。

演出这些曲目最多的团体可能是西安的绛州鼓乐团（就我的浅见）。我特别敬佩安志顺、李民雄、李真贵、王宝燦等演奏家。因国家级演奏家老师的多年耕耘，我们才有如此丰富的作品可享！

如何选购音乐产品

欣赏音乐，每个人有不同的爱好及不同的认定，别人的最爱不一定合你的口味。介绍给您一些大原则：

参考上述所提的原则，到音像店询问。一般来说，在规模较大的 CD 店，才买得到古典音乐曲目，小 CD 店，多数只提供流行音乐，大概是听古典音乐的人较少。如果你运气好，在大一点的音像店，可以找到一些对古典音乐内行的店员或老板，由他们介绍，能更好地掌握进口、出版商的最新资讯，甚至提供代购服务。多阅读介绍古典音乐 CD 的书籍或杂志，及一些"CD 解读"的书籍，里面有概略性的文字介绍和"看喜欢了再买"的资料。

每当我到内地旅行，都会找机会去逛当地的 CD 店。但令人失望的是，只有那些"盗版"自国外有名的古典音乐，以及少数有国外大厂版权的原版唱片，才有较好或很好的效果，其他各类中外童谣、儿歌、歌谣等，效果大半都很差。首先，录音效果很差，一听就知道是水准一般的录音器材制造出来的；其次，CD 或录音带的音色（Tone）过于尖锐，这种偏尖锐的声音，听了会令人情绪急躁、浑身不舒服，没有听音乐该有的放松感。由于电子乐器取得容易，买一台廉价的手提电子琴，按一键"伴奏键"，再按一个"乐器种类"，加上简单的旋律，就可以制造出大量成本低廉的儿歌、童谣，好一点的再找一些孩子唱一段、念一段，虽然歌声都很好，节奏也弄对了，但是这么简单的配器法，太单调乏味了，毫无艺术性，十分可惜。还有就是选曲、配器、演奏方式千篇一律，多听无益。

最后寄望于出版制造商，眼光一定要放长远。制作商品时，要着力于生产高质量的产品，宁可多花一些制作费，千万别"急功近利"。社会在飞跃性地进步，文化的软、硬件也需要不断地更新、进步！

音乐的种类、曲目相当多，多听自然会听出门道。

选购音乐 CD 也有两种方式：

一是针对一般欣赏音乐的大众。你只要指出音乐家的名字及你想要听的曲目便可购买，不需有其他指定，就如我以上所介绍的音乐曲目，未附有任何出版公司的编号，只要有曲目就可以。

二是针对一些"乐迷"。对于同一作曲者的曲目，会指定某些自己特别喜欢的演奏者、指挥家甚至特别的录音公司及特别的出版公司，以满足自己越来越挑剔的听觉。但"指定品牌"有时候需要付出很多的精力来寻找！

推荐的曲目

值得推荐的曲目相当多，在众多曲目中，我约略提供一些供大家参考：

（1）施特劳斯父子的圆舞曲、波尔卡及进行曲

（2）莫扎特：G 大调弦乐小夜曲、C 大调长笛与竖琴协奏曲、A 大调单簧管协奏曲、歌剧序曲

（3）莫扎特：D 小调第 20 号钢琴协奏曲、C 大调第 21 号钢琴协奏曲、降 E 大调第 22 号钢琴协奏曲、A 大调第 23 号钢琴协奏曲

（4）莫扎特：歌剧《魔笛》

（5）莫扎特：歌剧《费加罗的婚礼》

（6）贝多芬：D 大调庄严弥撒曲、C 小调合唱幻想曲

（7）贝多芬：F 大调第六交响曲"田园"

（8）贝多芬：D 小调第九交响曲"合唱"

（9）贝多芬：D 大调小提琴协奏曲、浪漫曲第 1 号及第 3 号

（10）舒伯特：D 大调第三交响曲、B 小调第八交响曲"未完成"

（11）舒伯特：A 大调《"鳟鱼"五重奏》、D 小调弦乐四重奏

（12）舒伯特：降 B 大调钢琴奏鸣曲

（13）舒伯特：艺术歌曲《冬之旅》

（14）舒伯特：联篇歌曲《美丽的磨坊女》

（15）舒伯特：钢琴奏鸣曲

（16）巴赫：前奏曲与赋格

（17）勃拉姆斯：F 大调交响曲第 3 号、E 小调大提琴协奏曲

（18）舒曼：A 小调钢琴协奏曲

（19）马勒：《大地之歌》

（20）马勒：第六交响曲

（21）理查·施特劳斯：降 E 大调圆号（法国号）协奏曲

（22）布鲁克纳：B 大调第五交响曲、A 大调第六交响曲

（23）海顿：交响曲全集

（24）海顿：清唱剧《四季》

（25）瓦格纳歌剧：《尼伯龙根的指环》

（26）柏辽兹：幻想交响曲

（27）老约翰·施特劳斯：拉德茨基进行曲

（28）门德尔松：《仲夏夜之梦》、E 小调小提琴协奏曲

（29）肖邦：第 1 号钢琴协奏曲、第 3 号钢琴协奏曲

（30）肖邦：玛祖卡舞曲、圆舞曲、革命练习曲、夜曲、波罗乃兹舞曲

（31）李斯特：匈牙利狂想曲、D 小调奏鸣曲

（32）威尔第：歌剧《茶花女》《弄臣》

（33）苏佩：轻歌剧《轻骑兵》《诗人与农夫》

（34）斯美塔那：交响诗《我的祖国》

（35）小约翰·施特劳斯：《蓝色多瑙河》《春之声》

（36）穆索尔斯基：钢琴组曲《展览会上的图画》

（37）柴可夫斯基：音乐舞剧《天鹅湖》《睡美人》

（38）柴可夫斯基：降 B 小调钢琴协奏曲

（39）德沃夏克：新世界交响曲

（40）普契尼：歌剧《图兰朵》《波西米亚人》《蝴蝶夫人》《托斯卡》

值得欣赏的音乐还有许多，有古典有现代，有大作品有小作品，有长篇幅有短篇幅，有安静有热闹。个人的喜好及当时的需要与情境，都会影响到你选择音乐的种类。以上所介绍的只是一般人最容易接受的一些作品中的一小部分，入门之后，您就会懂得如何在浩瀚的音乐大海中自己去选择了。

祝您选购愉快并尽情享受美妙的音乐！

学习乐器前的暖身运动

孩子在经历了听音乐的启蒙阶段后，接下来进入乐器学习阶段时，将有越来越多的问题等待他去克服，如：手指无力、手指无法放松、手指无法各自独立或无法同时弹奏两个音符；左右手无法同时做不同的动作，比如一只手弹连音、一只手弹跳音，或一只手拿弓、一只手按弦等等，这足以说明孩子学习乐器的生理条件是否成熟。因此，学习任何乐器之前，家长不妨以游戏的方式，与孩子先做一些暖身运动，来帮助孩子巩固身体条件，以便日后能更轻松地学习乐器。

全身性的运动

在蹦床上弹跳——体会用力与放松的感觉。

将自己想象成木偶或气球——在被操作、休息、吹气或放气间，体会绷紧

在幼儿园的运动会上，我和妈妈一起滚大球，老师说这可以练习我的大肌肉和灵活力。不管大人说什么我只知道我玩得挺开心。

"呼啦圈"不论在家里或在幼儿园、音乐教室里都是非常好用的道具，看看孩子脸上的表情，就知道他们有多享受，用它来玩音乐游戏可以增加许多乐趣。大呼啦圈、小呼啦圈还有不同的玩法，快动动脑筋，设计一些音乐游戏！

看我们这么专注地捏黏土，这是我的最爱，妈妈说还可以顺便锻炼我的手指小肌肉，怪不得老师说我弹琴的小手还蛮有力度的。动动小指头，是创意，也是手指运动。

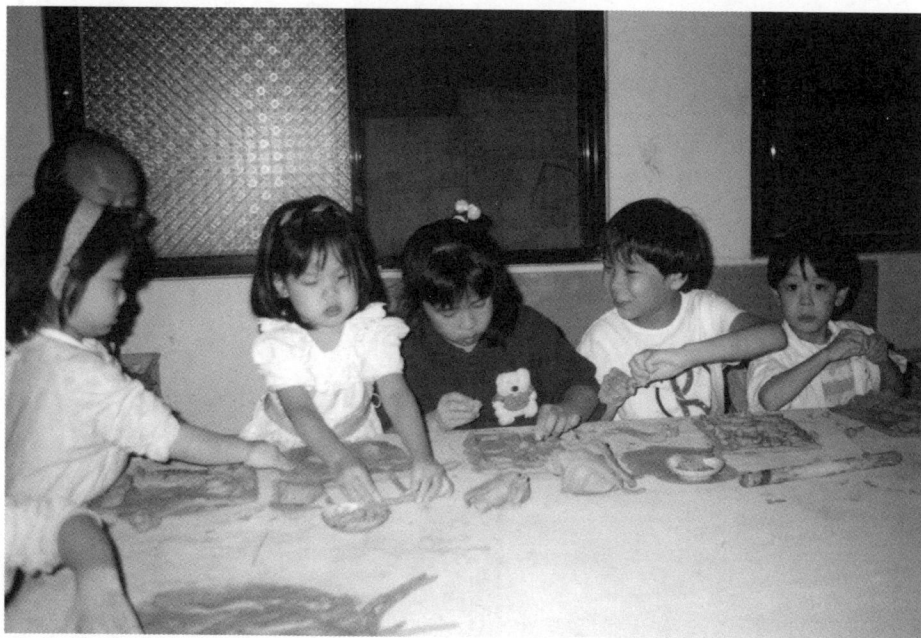

与放松的感觉。

跑步——增进四肢的协调性与独立性。

公园里各类健身游乐器材——可训练儿童肢体的灵活性、认识肢体的构造及力度、增进双手的协调性、训练双手的独立性。

局部性的运动

（一）手臂部分

亲子簸箕车——家长抓着儿童的双脚，儿童以双手着地走路，训练手臂的力量。

（二）手腕部分

拍皮球——左右手互换，以练习放松手腕，并可加强训练力量比较弱的手。

对墙托球——对着墙壁丢球或亲子间相互丢接球，在丢球、接球之间，练习控制手掌、手腕的能力。

两手做不同的动作——左手拍大腿，右手揉大腿，然后互换。

（三）手指部分

使用晒衣夹——手指拿晒衣夹，夹在厚纸板上，取下、再夹上、再取下，双手手指都要练习。夹上、取下之间，增强手指的力量。

在美国的芝麻街乐园，我们比赛在网子上谁爬得更快，训练"手脚并用"。不玩了！什么训练"手脚并用"，大人当然爬得比较快。

最喜欢外公带我到公园玩，走平衡木、溜滑梯、吊单杠、爬竹竿，只要外公在，我们什么都不怕。我的跳舞细胞不知道是不是这样培养来的。

在社区活动中，我正努力地教会这些孩子们如何跳东方的竹竿舞。

多做户外运动，可以增强学习乐器者的肢体力度和反应力。

揉捏陶土、黏土——揉，可练习手指的大动作；捏各种物品，可训练小动作。而儿童通常对本项目十分感兴趣。

吊单杠、吊过天桥——训练手指、手腕和手臂的力量。

还有许多活动，家长可从有关的书籍中自己寻找，以适合不同孩子的各类需要或不同年龄段所遇到的各种问题。总之，多多陪孩子运动，或者做户外活动，对他们生理、心理上的发育绝对好过整天待在房间里。

孩子小的时候，我常常带她们到公园做各类的运动以及上述活动。我若没空，就请爷爷、奶奶、外公、外婆或者爸爸带她们出去，结果皆大欢喜。这对她们在成长过程中不论学习舞蹈还是音乐，甚至课业学习或良好人际关系的养成，都起到了极大的作用。

需要为幼儿购买乐器吗？

在幼儿的眼里，各种乐器无论大小或贵重与否，都只是"会发声的玩具"。因此，并不需要急着为他们准备什么特别的、昂贵的乐器，如钢琴、小提琴、胡琴、古筝等。先通过 CD、录音带去"听"些好的音乐，会比花钱给他们买乐器更有意义。而且家长还可以带孩子自制乐器。

自制环保乐器

其实许多敲打乐器在孩子的玩具堆里、家庭用品中很容易就可以找到替代品，如将装冰淇淋的保丽龙空盒、各种大小的塑料盒、垃圾筒、饮水桶等容器翻转过来，就可成为大大小小不同的鼓。为了增加美观，还可用一些彩色的胶带或纸张点缀。拿个小棒子敲敲，不同的容器就会发出不同的声音。这样，父母与小孩，甚至与爷爷奶奶，全家还可以来个合奏呢！

自制摇晃乐器

另外，将一些大小、厚薄、颜色、形状、材料不一的饮料罐洗干净，沥干水分后，分别加入大小不同的豆类、米、小石头等，然后用胶带将口封牢，摇晃之下可制造出各种各样的声音，就如同各种乐器，还可让孩子听猜罐子里装的是什么东西，是大豆，还是米？有些豆类与米的声音非常相似，将罐口封住，就只能听到声音而看不到内容物，这是训练听力非常好用又只花小钱的"教具"，

妹妹和纽约环保局的同事们同心协力创造出环保乐器。这是一架仿低音铁琴，将钢管以特制、试验过的长度，反在空的保丽龙箱子上，可敲奏出音乐。

善用材料自制乐器，这是用塑料桶制成的鼓。

材料随手可得。

寓教于乐

全家人的乐器合奏。将环保乐器与摇晃乐器一同使用，同样可以来个全家大合奏：拿较大容器的人，敲较慢速度的节奏（如同乐队中的大鼓）；拿中等大小乐器的人就敲中等速度的节奏；而拿小饮料罐的人就敲轻快的节奏（如同乐队中的铃鼓、沙铃和小鼓）。每个人可持续敲奏自己的节奏一段时间，再改变节奏或者更换"乐器"（可将同样的乐器设定固定的节奏，回到同样的乐器就敲奏所设定的固定节奏，以便调整练习的难易程度）。

另外还可以玩个听声音的猜谜游戏：将家庭成员中的一人蒙上眼睛，其余的人敲着大小容器制成的"乐器"，由蒙着眼睛的人来猜，爷爷敲的是大垃圾桶？奶奶敲的是某塑料盒？小强敲的是某冰淇淋空盒？……然后换人、换乐器继续猜。这是一个让全家其乐融融的训练听力的游戏，但又不需要使用真正的乐器，既环保又节省了许多的预算，并为孩子提供许多想象、创意的空间。

这些乐器的制作过程，从准备材料开始直到作品完成都可以让孩子参与其中，寓教于乐，既是玩具又可以当乐器，且是很好的手工艺品。在动手的同时激发他们的想象力、创造力与执行力，还可培养他们爱物、惜物的环保观念，一举数得。

适合购买的乐器

如果一定要买些乐器给他们，可选择以敲击为主的简单乐器，如：鼓类（曼波鼓、康加鼓、手鼓等）、木琴、高低木鱼、沙铃等，市面上的小玩具钢琴也可以，但必须确定它的音高是准确的才可以，以免影响孩子的音准感。而一些由金属材料做成的"钟琴"，我认为非常不适合幼儿，因为孩童通常是毫无节制的，用最大的力量去敲打金属做成的琴键，这种状况下所制造的音量，无异于八十分贝以上的噪音，反而是有害耳膜的。

目前科技如此发达，也有许多的电脑合成乐器，选择操作越简单、越自然的为好。有些电脑乐器，如果是需要眼睛一直盯着屏幕看才能操作的，从孩子身心发展的角度来说，我个人非常不赞成在孩子幼儿期使用。

用麻布袋装满木屑，上面放置铜盖，就能当大鼓使用。

玩具乐器可以代替正式的乐器吗？

不论什么年龄的孩子，对"声音"都会表现出很大的兴趣。如果能自己制造千变万化、千奇百怪的声音，他们会相当兴奋，而"乐器"最能满足这种需求。

许多父母因为尚不知道儿童的兴趣所在，不敢贸然购买较昂贵的乐器，于是便想到代替的方法：买些玩具乐器，既可满足他们敲敲打打、制造声音的欲望，又可试探孩子的兴趣所在。与此同时，也点燃了他们对音乐的兴趣与感受。市面上也有很多这类的乐器，但是父母也会存有一些疑虑：这样的做法正确吗？会不会有不良效果？

要回答这个问题，我们首先来将玩具乐器分类：

A类：无音高变化的敲击类玩具乐器，如玩具鼓、拨浪鼓、小猴子打鼓及玩具钹等。

B类：有音高变化的敲击玩具乐器，如小钢琴、玩具钟琴，等等。

C类：高科技的产物，如电子键盘玩具乐器、电子玩具吉他、玩具卡拉OK、电子玩具套鼓（Drum Set）等。

琳琅满目、为数还不少的玩具乐器，该如何选择，才能对孩子有正面的意义而非负面的影响？这就要看它是属于何类乐器及其品质如何了！

A类无音高变化的乐器，最能满足孩子敲打的欲望，因为不牵涉到音高的变化，购买时较简单。

小侄子、侄女们聚在一起，把一堆能发出声音的玩具放在一块儿，来个"声音之旅"。

如果购买 B 类乐器，必须确定其音准是否正确，以免不准确的音高影响孩子的音感。而材质如果是粗糙的，更会在孩子的强力敲打下，伤及听力。

C 类乐器同样须注意其设定的音高是否准确。不要以为有 IC 晶片的玩具乐器就可全盘接受，必须确认其音准是否正确。

代替性的玩具乐器是暂时的，等到孩子长大，例如上了幼儿园大班之后，玩具乐器就已无法满足他们了！

过渡期如何处理

在孩子还没决定学什么乐器时，会有一个过渡期，这个过渡期如何处理，家长们常常很困惑。**给您的建议是：如果您不想贸然地替孩子决定学习何种乐器，不妨先带孩子多欣赏一些免费的音乐会（如社区音乐会等），或到当地大一**

点的琴行参观他们陈列的乐器，让孩子多听、多看。或是在孩子上幼儿园大班之后，找个理想的乐器老师，先带孩子到琴行，以租琴的方式，先学习一段时间，再决定是否购买乐器。此外，对于小学生，最好的方式是父母陪同孩子欣赏音乐 CD，或看交响乐团 DVD 等，让他多接触音乐，从乐器的声音、乐器的吹法、拉法和形状上，自己来决定想学哪种乐器！

乐器和玩具对小孩子来说似乎没什么区别，都是"玩具"。

任何能发出声音的物品，都会引起幼儿的兴趣。如何提供好音质的乐器（或物品），是值得成人关注的。

第三章　就学篇

音乐班及相关问题

如果学校也是才艺教室

如果学校也是才艺教室，我们的音乐教育完全可以在校园内完成。

回想我自己小学的时候，只要多缴一点点钱，甚至免费，就可以在课后留在学校，学到许多才艺。我的兄弟姐妹，小时候珠算、合唱、乐队、游泳，都是这样学来的。就凭着这些学习，大妹后来参加"大专杯"游泳比赛，得了全省冠军！而小妹珠算的程度在她到美国读书、工作后，在老美同事的眼中，仍被称为"神算"，速度胜过计算机，令大伙儿非常惊讶。其实这些都是在学校的课后活动中学的。

以前的父母似乎没有接送孩子的困扰，因为大家都在学校学完了才回家，所以空余的时间，就可以从容地用来学乐器。

遗憾的是，这种好方法、好老师，不知从何时却悄悄地消失了，使得才艺的学习全走向了街头。"艺术教育"进步的脚步，似乎成为"生病的蜗牛"。

在台湾，前阵子，有些小学、初中为让"艺术进驻校园"，花了不少钱买些巨大的"雕像"放在学校里。这笔庞大的经费如果用来增添一些设备，可以轻易地使全校的艺术教学改观，使学童成为直接的最大受益者，但却被如此"附庸风雅"地消耗掉，学校仍然唱着"没有经费、没有办法"的老调。

想想那些买雕像的钱（据说有数十万元以上呢！）可以买多少台好的音响？多少音乐、舞蹈的 CD、DVD？多少乐器？如果这些设备都进驻校园，将给学生增加多少学习的好环境？课后也不必让父母、孩子那么辛苦地奔波了！

现代的父母，在孩子下课后，匆匆地接他们出来，开半个小时的车送到甲

这是一所小学的乐器成果发表课，有各式各样的乐器还有合唱配合，真是难为老师们了。悦耳的音乐声，真令人陶醉！

班学珠算，隔天开一个小时车到乙班唱合唱……父母辛苦，孩子也多吃了不少脏空气。为什么课后在校内可以学到的，现在都移到校外了呢？回想当年小学学习才艺技能的方式，不免遗憾为什么现在的小学不再这样做？

在参观过内地一线大城市如上海、北京、厦门等地的幼儿园后，我发现由于经济腾飞的因素，许多幼儿园在每间教室都配备有一台大钢琴，可是却有许多老师似乎不知如何适当地运用钢琴来为孩子进行音乐素质的培养，另一方面又将钢琴当成音乐课程的唯一工具与内容。

应当如何适当地运用乐器呢？一般来说，幼儿园的老师是通才，我们就从这样的程度出发，开展一些基本的音乐课程（非弹奏乐器课程），如：儿歌的教唱（节奏明确并简单重复的乐曲，是最有帮助的）、和着歌曲或音乐做动作（固定设计好的，可由孩子们自行设计或由孩子们集体自由发挥创造的）、配合一些简单的打击乐器、念诵简单并重复的儿歌、使用身体乐器伴奏、使用并自制环保乐器等，这些都是幼儿园教师可信手拈来的材料。（还有许多活动，本书其他许多篇章也曾提到。）总之，此时期，孩子对音乐有越多的概念越好。请别以电脑、写字来填满孩子的幼儿园时光，艺术熏陶的课程可以让幼儿更自在、快乐地学习及成长！至于小学、中学呢？如果乐器的学习都能在学校进行，再加上弦乐队、管乐队、合唱团的设立，持赞成态度的父母一定可以"排成长龙"。

以美国的幼儿园、小学为例，政府制定了明确的教育规划蓝图：**"每一位学生都要学习音乐，音乐要为每一位学生服务。"**小学音乐教学有三大项目：**音乐总论、器乐学习、合唱音乐**。每人必须上"音乐总论"的课程，低年级每次约半小时，中、高年级每次约一小时，每周约二至三次。而在大部分经费充足的学校里，学生们从四年级（大多数）或五年级就可以开始选择器乐学习，一两年后还可以选择进入管弦乐合奏团，或可于五年级时选择加入合唱团。这些在校内的课程，既可在上课时间进行，也可利用课前、课后或午休时间进行。这些课程当然都是免费的，请参考本书的另一篇文章——《音乐活动巴士》。

音乐观摩课之分组表演，我正和孩子们探讨纱巾和音乐可能延伸出来的创意。

这种教学目标与方式，对学生具有相当大的意义，许多学生从中得到很大帮助，甚至一辈子都受用无穷。这很值得教育界在规划未来的教学蓝图时借鉴。

如今，这些音响、钢琴、乐器、音乐带，全化成了雕像，默默地伫立在校园的一角。学生们是否欣赏了呢？家长们却把目光纷纷转向了校外的音乐班。

要不要参加音乐班？

当孩子在婴儿期，父母注意的是奶粉广告。一旦进入儿童期，父母则忙于寻找另一项资讯：才艺的学习。面对多样化的招生广告，要选择哪一项？音乐？舞蹈？美术？其实它们都属于美育教育，这类感性教育的开始时间大约在孩子四至五岁时最恰当（此处指的是团体教学，而非一对一的方式）。教学设计良好的音乐班，它能提供给孩子的教育功能有以下几项：

73.

美感熏陶

长期听音乐或学习音乐的孩子，他们的容貌形象确实会有所改变。日本魅力学派所提倡的音乐浴——长久浸身于音乐当中，能改变气质，使人变美。好的

小女孩喜欢拿妈妈的丝巾、衣服、帽子等来玩家家酒，此时不妨为她们点上蜡烛，选一段适合的音乐，让她们能"闻乐起舞"。边玩边欣赏音乐，对她们的气质培养、音乐素养的形成都能起到极大的作用。

音乐班会常常设计音乐欣赏的活动。以我自己的许多学生为例，经过长期学习，和学校其他同龄的同学相比，总是显得更加美丽大方。是学音乐的孩子大多来自高级的家庭吗？或是音乐改变了他们的容貌？这或许无法断言，但却是一项非常有趣的观察结果。五官虽然无法改变，气质却可以塑造。

创造力的培养

良好的音乐课程，还能培养孩子的许多能力：创造力、领导力、表现力和团队中的默契能力（通过合奏训练）等，这些能力，无论孩子将来做的是哪一行，都是需要的。举例来说：教授、医生、律师等，如果有不同于别人的创造力、表现力，就更容易为自己开创新的局面，而不会在经过漫长的学习之后，仍无法发挥所学。所谓"井底之蛙"，除了指一个人世面见得少，更表示这个人所受的教育是僵硬的、非启发式而是灌输式的。中国的教育方式常被认为过分僵化，因此如何帮助孩子建立具有创意的思考方式，是非常重要的。经过调查，在我的音乐班上过课的孩子们，在学校担任班长或班干部以及考上资优班的比例相当高。我并不鼓吹孩子上资优班，但能考上说明他们有这个能力。这不知是巧合，还是音乐班的功劳？

听力的培养

大女儿振宁在读小学一年级时，已经在我的音乐班里"混"到第四个年头，音乐班里共有十个小朋友，分散于各校的一年级，某次上课时有位小朋友说："我昨天代表班级参加注音听音比赛。"另一人说："我也是。"大家七嘴八舌地抢着说。统计一下，居然有七个孩子被选为代表参加注音符号比赛，比例不小。这里说明一下，"注音符号"是在台湾所使用的中文拼音法，除了读之外，还牵涉到"听"。这班孩子在我的音乐班上了近三年课，各方面表现都不错，在听注音方面，也得到了很大的帮助。

现在流行学习英语，其实如同学习中文一样，语言除了说、读、写之外，"听"占了很大的比例。"听"得好，就能"说"得好、"读"得好。把孩子放在四周都是说英语的环境，不出三个月，他也能说得一样好，并不需要刻意地

六岁以下以及好动的小孩子，选择一对一学习乐器，能够顺利并愿意继续学习的几率并不高，因此选择在团体班学习敲击乐器，孩子的压力较小，也较经济。

老师吹泡泡，让孩子看泡泡胀大、破灭；让孩子听泡泡的无声无息，直至"叭"的细微声息；让孩子摸泡泡的形状　　没有孩子不爱追着泡泡跑，这是音乐课程中的一个片段。

去教他。这就是"听"的重要性。没有为孩子做好"暖身运动"——给他们一副好耳朵，就贸然去学习外语，只会损害孩子的兴趣，事倍功半。而好耳朵该如何训练？除了自己在家常给孩子听英语录音带（假如你自己不会说），参加音乐课程学习也是训练孩子听力的好方法。在听音乐、接受音乐训练的同时，练就一副好耳朵，听语言就会有额外的收获。听力好，孩子学习任何语言都能既快又准，而不至于说一口既不标准又带着土腔调的蹩脚英文。

记得在大女儿上幼儿园小班时，有一天家里来了个外国客人，我们招待他们吃晚餐后便送走他们。随后，大女儿带着困惑的眼神问我们："爸爸，今天的外国人讲的英文和上次来的外国人讲得不一样！"哇！这小孩子听语言的耳朵真是不错。原来，上次来做客的是美国朋友，而这次则是从澳大利亚来的！同样讲的是英语，在不同国家，甚至一个国家的不同地区（例如住在美国加州的人和住在纽约的人），讲起英文来腔调都有所不同。就像中文，不同省份的人也会有不同的腔调。我和先生在家里，常常和孩子玩这种"猜猜是谁在说话"的游戏，这很有趣。平常给女儿的音乐训练，让她有一副敏锐的耳朵。这灵敏的耳朵也让她在日后学习语言时，无论是英语、法语还是日语都学得又快又准，甚至说起中国的传统相声来也是有板有眼，且轻松愉快！

在我们刚移民来美国时，老大读高中二年级（十年级），老二读初中三年级（八年级）。姐姐在隔年选修的法语 AP 课程[1] 的学期末考试中，拿到了全校最高分，之后参加了全国 AP 法文考试，又取得了全国前百分之七的好成绩。以我们刚刚移民来美国的程度，她能有如此小小成就，当和以前的音乐训练有关，我们也为她感到高兴。

为将来学习乐器奠定基础

如何"在正确的时段做正确的事情"是很重要的认知！家长通常会心急地希望在孩子很小的时候，就让他学习超过他能力所及的乐器。然而有许多小孩，只熬了一年，甚至短短几个月，就再也不碰任何乐器了，这是非常常见的情况。

1.AP课程（Advanced Placement）是美国的一种可以在高中学习的大学课程，在高中，学完一年的AP课后，即可参加AP考试。如果成绩优秀，那么大学学分和高中学分就可同时获得。

如果先在音乐班"暖身"两年左右，再进行较难乐器的学习，会收到意想不到的效果。因为，在音乐班中，孩子逐渐熟悉了音乐的面貌，对较难的乐器才不会有排斥感。学习乐器的"蜜月期"可拉长。就如同结婚有蜜月期一样，乐器的学习也有蜜月期，时间有长有短。如果直接进入乐器的学习，未经过音乐团体课的"学前暖身"，则"厌倦期"很快就会来到；而上过音乐团体课的孩子，因为对音乐已经建立了一个综合的基本概念，因此基础又稳又广，比较容易领略音乐的趣味。

如果父母希望孩子早点学习乐器，不妨试试从团体音乐课开始。

张南容（9岁）画

儿童音乐班现状及其教学法

儿童音乐班，在中国台湾发展得相当蓬勃：大企业方式经营的连锁店、私人独家的教室、分布在各大小乡镇的音乐教室、如雨后春笋般出现的音乐老师，种种现象，都可以感受到它的蓬勃发展。现在，同样的状况在内地也开始发生。它们也都面临着一些困境。

经营者的困难

经营者努力地经营，老师努力地进修，都希望将下一代教育得更好。但是除了大企业的连锁教室和有附加产品的教室（顺便卖乐器），其实大家都经营得很辛苦：不算低的成本——教师的钟点费、广告费、教室装潢及设备费、乐器的损耗、水电费、行政费等等，及与家长的沟通、教学内容的设计、师资的找寻、训练……许多琐碎的事，想要经营得好、教得好，又有足够的盈余，不付出大量的心血，实在难以做到。

有些教室有了很好的宣传、很好的广告，学生的来源也不缺乏，却缺乏有经验、足以胜任教职、愿意长期教学的专业老师，或是良好的教学内容；有些则是有很好的老师、很好的教学内容，却没有足够的经费进行宣传，以招收到足够维持开销的学生。总之，想要兼顾行政与教务两大类工作，实在是相当困难。怪不得我那学商业经营管理的先生，常常笑我及我的伙伴：照你们那么辛苦的经营方式，摆地摊都要赚得比你们多！他不是"金钱至上主义者"，但他会观察、分析，也对我们有深入的了解：

——懂得教学的人，常常不善于经营管理，尤其是学音乐的人。

——懂得经营管理的人，则没耐心去研究教学之道。

这样的分析非常中肯，因为，要找到两全其美的音乐教室经营方式及相关人才的确很难，而家长想要找到这两者兼具的教室也很难。在国内，我看过某家连锁店，外观极亮眼，乐器设备也到位，宣传也佳，然而载体——老师的教学内容——却很贫乏，这令我低头无语。

教案设计者的困难

说起教学（儿童音乐班），这其中有相当大的学问。想要设计一套完善且完全从儿童角度出发的音乐教学内容，所花的心血（我想大概可以让我拿到两个博士学位吧）实在是无法想象的！

况且，完全没有任何政府机构支持或从事这样的教学研究，甚至连可以咨询的教授或书籍都非常欠缺，只有靠教学策划者自行摸索。

于是，不断出国参加许多欧美国际性的儿童音乐教学研习会，并参加各种国际性的音乐书籍展售会，就成为我获取资料的主要方法，费财费力自不在话下，支出与收入根本无法平衡，依凭的大概就是一股"兴趣"吧！这些课程的探讨、建立，本应该像欧美那样，由政府来研究进行的，而中国却以每个教室给你一台钢琴呗——这种最不花大脑的方式来完成，不禁令人摇头叹息。

课程内容设计的不妥

目前大多数音乐班在课程内容及教案的设计上都有不妥之处。

（一）错误的量比关系走向　　　（二）合理的量比关系走向

传统的音乐课程内容，模仿的部分占了多数，并占用了过长的时间。

模仿是必要的，但必须很快跳过去，进入探索期，让孩子带着模仿时所依稀记得的材料，发挥自己的创造力，从而进入创作期。

若一直以模仿的方式进行课程训练，孩子的思考模式僵化，要想带领他们进入探索期，就会遇到许多心理上的阻碍，创作期对他们来说就更遥不可及了！

理想化的课程内容应该如何设计？

据我多年的经验而言，目前被欧美社会使用最多的儿童音乐教学法，当属德国作曲家、音乐教育家奥尔夫（Carl Orff）的教学法，其他还有匈牙利的柯达伊（Zoltan Kodaly）教学法、美国的爱德威·戈登（Edwin E. Gordon）的戈登教学法，及曾经带给奥尔夫很大影响的瑞士音乐教育家达尔克洛兹（E. J. Dalcroze）的教学法。

我个人对这四种教学法的理念及教学方式都非常喜爱，并多次参加这种类型的研习会、年会。感想如下：

一、此四种教学法各有特色——尽管它们的内容都相当丰富，却并非各自皆能形成完整、独立的教学体系。

二、既然各自不能达成完整的教学方式，那么将之整合，各取所长，以达到完整的形式，便可以更完美地教育幼儿。

三、除了"达尔克洛兹教学法"——它着重"身体律动"的教学，较少用到如童谣、歌曲的语言文化，其他如奥尔夫教学法、柯达伊教学法，都需要使用许多歌曲、童谣。在引进中国时，这个部分，需要将它转化成为本土性的、本国语言的，才能适用。其他均属"国际性"的，应没有文化差异上的问题。

综合四种教学法的方式，我有以下的建议：

1. 以戈登先生的教学法为基础，音乐熏陶越早开始越好，但是提供音乐环境是从家庭、父母开始！

2. 以奥尔夫教学法中创造、即兴、游戏式的精神，并融合各种艺术（音乐、美术、戏剧、文学）教学为经。

3. 以柯达伊教学法中手势辨认音高法、首调唱名法、视节奏谱法及特殊、基本的曲式、和声、首调记谱法等教学方式为纬。

对年幼、初学的孩子来说，同时看谱又要演奏乐器是很吃力的。如果以柯达伊的手势法让孩子"看音符"，学起来就会轻松许多，老师也比较好掌握孩子们的注意力。

4. 辅以达尔克洛兹教学法中的体态律动教学，以全身性的节奏律动来贯穿并强化在这些教学法中都可见到的节奏教学。

将以上四种内容，设计在您已经定好的教学大纲中，再配合各种知性学习项目，如节奏学习、音高学习、旋律学习、歌唱学习、基本音乐符号的学习等，肯定地说，它要比传统那种纯讲解、死记、填鸭式的方式，来得更加有效又有趣！

而在设计六周岁之前的儿童音乐课程内容时，要十分注意"音乐感性学习"与"音乐知性学习"的比例（8：2左右是较为合适的），即：越年幼的儿童，乐理等知性学习的内容要越少（甚至消于无形），这才是真正从儿童角度出发的课程。

虽然这可能要花掉您好长好长的时间来设计教案，但是，丰富的内容可以让您举一反三，信手拈来，随处都是教学材料，您的学生也会有同样的收获！

如何选择儿童音乐班?

现在,我们已经对音乐班的现状和基本教学法有了一定的了解。令家长高兴的是,无论如何,大多数的经营者及老师都非常认真地经营着自己的教室,儿童可以从这里得到许多帮助。但是面对不同类型的音乐班,家长还有困扰:该如何选择呢?

除了师资、设备,家长还关心:我的孩子该上哪种音乐班?弹琴视谱的?奥尔夫式的?

目前内地大致有两大类型的儿童音乐班,我们姑且以他们所依据的教学理念,分类为传统式与非传统式的。

传统式

依照传统上课的方式,学生坐在电子琴椅子上,必要时电子琴还可以当桌子用。一人使用一台电子琴,家长可坐在孩子身旁陪伴。授课的内容由于限制于教室不甚宽敞的空间,学习较偏重于"知性"的认知,如识谱、弹奏乐器、听音、认识和弦、节奏拍奏,等等。

特点:课程内容设计很系统,学生只要按部就班,短时间内就能学会简单的看谱、弹奏。或者有不使用电子琴者,但偏重知性的传输,都可以归为此类。

非传统式

所谓"非传统式",是就学习形态而区分。这类教室,设计宽敞,学生人数大约在十二人左右,光着脚进入没有桌椅的地板教室,教室大多数有一架钢琴,及一大堆大大小小的敲击乐器及木琴类。学生可以自由自在或躺或坐地进行课程，学习内容不强调知性的认知，较多通过各种游戏、说白节奏、敲击乐器、身体动作等感性的熏陶来学习一些音乐的基本功。

特点：课程设计弹性较大，老师可自由调配、增减内容。由于强调教、学双方都以即兴、创作的方式进行，学生除了能主动参与，并常有机会处于主导地位，教师此时则成为观察者及课程背后的主导者。市面上的奥尔夫教学则属于此类。

父母可从以上的分类简介中，获得选择时需要的信息。如果您想知道我的选择，我建议，依照儿童的年龄、个性及他们自己的喜好来决定。

一、年龄。学龄前的儿童，视知觉尚未发育完全，对于细微的视谱教学会感到困难，手指肌肉也无法胜任弹奏键盘的精细动作，此时选择视觉上不需要太吃力去辨认五线谱并避开手指需要弹奏琴键的学习，比较符合此阶段孩子的身心需求。

如果二年级以后才开始参加民间音乐班，孩子各方面的发育已成熟许多，相对来说不太需要在意他们的发育是否能配合。此时传统视谱、弹奏的教学，将能很有效地带领孩子进入状态。当然，别忘了父母本身的配合工作：让孩子多听音乐！这样"双管齐下"，才能更理想地帮助孩子。

二、个性。如果孩子各方面的发育很"早熟"，个性也非常稳重，不怕困难，那么传统、非传统的音乐班他都能选择。

而如果孩子非常好动，静不下来，用传统的上课方式不只他自己受苦，对老师及家长都是一大考验。

至于个性较畏缩、胆小者，如果碰到好的老师，采用非传统式的上课方式，可以引导他们更开朗，也是较适合他们的上课方式。

三、问问孩子的意见。父母事先多阅读相关资料，带孩子参观这类的教学，给他们一些心理准备及概念并和他们讨论也很重要。或许这么小的孩子，他们的回答不一定准确，那么就要靠父母综合以上两项再下判断了！

这当中最重要的因素就是师资。内地儿童音乐教育尚处于刚起步的阶段，师资水平尚需要一段长时间的培养与沉淀。良与莠，需要家长们仔细甄别判断。如果暂时找不到合适的老师，不妨家长先带孩子（和邻居或亲友的孩子）做一些书中提及的音乐游戏，也是大有裨益的！

如何选择正确的"奥尔夫"？

　　类似的问题，近几年被询问的次数越来越多。撰写此文，我内心喜忧参半：喜的是作为奥尔夫协会的会员，至今已从事了三十多年的奥尔夫教学，我伴着它在台湾和内地一起经历了从不被重视到逐步受人追捧的整个过程。作为这一教学法的传播人，我曾经辛苦地南北奔波讲学，开办国际大师研习班，到如今，看着我的很多学生们在奥尔夫音乐教育的道路上卓然有成，我由衷地感到欣慰！忧的是面对大街小巷突然之间冒出的众多挂着"奥尔夫"招牌的幼儿园、音乐班，不免深感忧虑：这么多的奥尔夫音乐课开班，师资从哪里来？很多仅仅接受了几小时奥尔夫音乐培训的人，就纵身跃下海成为老师，他们是否真的能够成为一名称职的老师？究竟有多少是"货真价实"，又有多少是"挂羊头卖狗肉"？很担心有人在商业利益的诱惑下，把奥尔夫的"经"念偏了。

　　奥尔夫教学法提供的只是一种理念，它没有固定的教材、没有统一的课本，所以很多老师都可以说自己"懂得"奥尔夫教学、可以教"奥尔夫"，然而他实践的是"真正"的奥尔夫教学法吗？家长们很难判断。

　　虽然奥尔夫教学没有标准的课程设计，但它的学习方式却是有迹可循的，家长们或许可以通过对它的学习过程的了解，来判断孩子接受的是否是"真正"的奥尔夫教学法。

　　奥尔夫教学法的主要学习过程，如图所示，以"模仿"入门，经由"探索"，最后实现"创造"。"模仿"的时间要短，而"探索""创造"则需占用比较大量的时间。其中"创造"所占用的时间又远远超过"探索"。由此不难发现，奥尔夫音乐教育的真正目的是为了开发孩子对艺术的"自主力"与"创造力"。

以 **说白节奏 歌唱 乐器演奏 律动** 的方式呈现

过程三　创造

过程二　探索

过程一　模仿

材料来源

歌曲
诗词
舞蹈　本土化的
乐器
游戏
故事

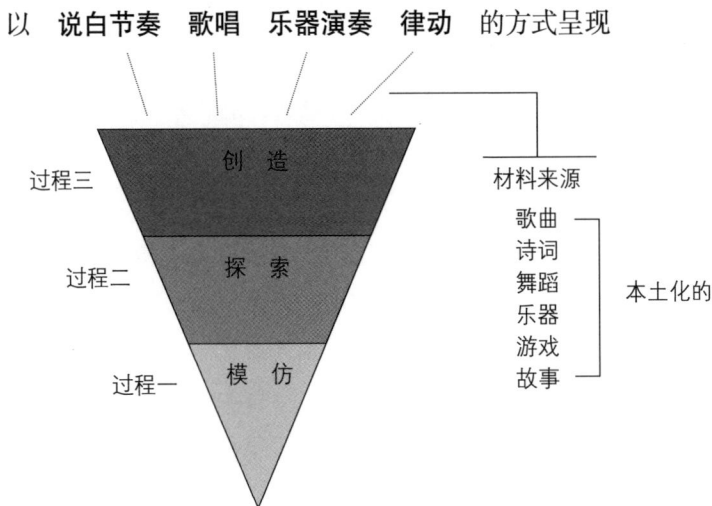

奥尔夫教学法主要的学习过程。

　　为了能够让家长们明辨什么是奥尔夫教学，我以一堂手鼓游戏课为例，来谈谈奥尔夫音乐教育。

　　孩子们穿着轻便的裤装，或躺或坐在没有桌椅的木板教室里，他们想怎么待着就怎么待着，然后由老师开始热情地轻声召唤大家，注意，是召唤而不是命令："孩子们，老师这里有一件好玩的宝贝，谁愿意过来看一看呢？"通常情况下，绝大多数的孩子会"应声而来"，因为新奇的事物永远对孩子充满了诱惑。

　　等孩子们自动聚集过来之后，老师从一个袋子里拿出一面手鼓（边上不带铃铛的纯手鼓），开始用手抚摸它，让它发出微弱神秘的响声，然后问大家，想不想认识这个叫做手鼓的"大玩具"？它可能发出什么样的声音？

　　接下来，老师开始演示：以手掌用力敲鼓会发出什么声音？用拳头轻轻敲鼓会发出什么声音？用手指在鼓面缓慢弹动会发出什么声音？用掌心与鼓面摩擦会发出什么声音？

　　面对老师手里可以变化出"各种声响"的手鼓，孩子们羡慕极了，他们带着迫不及待的眼神，拿起老师所发给每人一面的手鼓，在老师的示意下，开始"探索"起不同的声音，一边敲打，一边"研究"，脸上尽是一片发现新大陆的喜悦，然后还开始相互交流并且分享经验。

　　这时老师可安静地看着孩子们"玩耍"，别出声也别动作。家长不要以为老师是在偷懒，适当的"偷懒"是一种高度的教学智慧！因为孩子们一点都不需要被自以为是的成人干扰。老师此时的职责就是做好"旁观者"，就算有比较害羞的小孩子坐着不玩，也请不要去催促他，也许他是个"出手谨慎"的孩子，正在观察别人呢！

　　老师要拿捏适当的进场时间，因为幼儿的好奇心持续得并不长，他们很快就会觉得无聊了！接下来，让孩子们围个圈圈坐着，现在我们可请他们一个一个秀出他是如何"玩"出手鼓的声音，仍然坚持不肯秀的人也不要勉强他，给他一个台阶下：爱爱今天不想玩，下次玩给我们看好吗？鼓励而不伤害其参与感。然后，让小朋友把手鼓都交还给老师，只留一个手鼓轮流使用，免得哪个小朋友"手痒"，干扰其他人的分享。这也是上奥尔夫课非常重要的一个环节：每位小朋友都要学会安静地欣赏别人的表现，哪怕只是几秒钟的"小小作品"！

我正在为孩子们上音乐课。

这会让表演者觉得自己被尊重，从小朋友脸上露出的满足又害羞的表情上，我们知道他的自信心得到了极大的肯定！

类似如此，孩子们在轻松愉快的过程中，悄悄地度过了一段时间。没有"看出门道"的家长们，此时一定无比着急，心想，自己白白花了学费，孩子什么都没有学到，俨然就是在这里"瞎胡闹"。

别急！如果您这样想，那可就冤枉奥尔夫教学了，因为它就是让孩子们在玩的过程中，在轻松愉快的状态下，以这种感性的方式，让孩子们学会"探索"和"创造"的能力。

当孩子对手鼓声音的产生过程有了一定的想象与了解之后，老师可继续带着孩子们进行"手鼓探索之旅"。趁着孩子们兴趣高昂之际，老师开始询问："小朋友们，谁能告诉我，这样敲出来的声音像什么？"这时老师可变换不同的手势，用不同的力度来让手鼓发出不同的声音。

"像雷声！"

"像雨声！"

"像爆竹声！"

"像跑步声！"

"像气球爆炸的声音！"

......

当孩子想象力的闸门被打开的时候，他们会冒出太多出人意料的奇思妙想，这时，就任由他们去发挥、去想象，说对说错都不要打扰他们，让他们完全沉浸在"制造音乐"所带给他们的乐趣中……

等他们想累的时候，发还他们每人一面手鼓，老师开始给大家讲故事，故事由孩子喜欢和熟悉的题材讲起，例如：今天，乐乐和妈妈一起回家，路上突然响起了雷声（这时老师开始用拳头用力敲鼓，让手鼓发出"雷"一样的响声，然后邀请小朋友们一起合奏），雷声过后，全场安静片刻，突然又下起了暴雨，暴雨伴随着大风……（老师讲到暴雨处，可用手掌连续快速地击打鼓面，让小朋友们感受到"暴雨"的强度与变化。同时，老师用嘴发出"呜呜"的声响，再用拳头不停摩擦鼓面，让小朋友们感受"风雨交加"），小朋友们完全被故事吸引，并且参与其中了！

这不，几个活跃的小朋友，已经配合老师一起，一边用嘴巴模仿声音，一边敲打手鼓。激情一点的，甚至还站起来以肢体舞动、跳跃来加强情绪的表达与宣泄。老师继续讲：暴雨渐渐变小，变成了淅淅沥沥的小雨，微风吹过来，小树轻轻地随风起舞……

当老师讲到"小雨"时，可以用手指轻轻地在鼓面弹动，嘴里同时发出"滴答、滴答"的声音，让小朋友们仿佛置身于"小雨"中，并且邀请孩子们一起，把自己想象成"小树"，或站或坐，在微风中翩翩起舞……乐乐和妈妈在小雨中漫步回到了温暖的家。

小男孩的舞动，往往带着憨憨的笨拙，小女孩则显得轻柔，这时候，老师不失时机地展示一下"大树狂野"的舞姿，来和小树做个对比。

接下来，老师找出更多的乐器，例如沙铃、三角铁、响鼓、铃鼓、高音木琴、低音木琴等等，与孩子们一起讨论，如何用这些不同的乐器来演奏大自然不同的声音？大自然的声音怎样才能通过这些乐器得到最有趣的表达？这时候，孩子们再次开启想象力闸门，把他们在生活中积累的认知全部翻出来。他们会告诉你，木琴和三角铁配在一起，仿佛小鸡在地上追逐玩耍；沙铃和手鼓配在一

这是一堂认识澳洲山区吹管子乐器的课程，父母被准许陪同上课，亲子同乐。

起，仿佛是蓝精灵和泰迪熊在赛跑；低音木琴和响鼓配在一起，仿佛大象在天上飞……老师千万不要较真儿孩子们的"创作"是否符合逻辑，不要用自己理性的观念去给孩子设定框架。要给孩子充分的尊重。因为孩子的想象力本来就是感性和天马行空的。在他们的世界里，天空可以是粉红的，河流可以是绿色的；狮子没有什么可怕，老虎也可以是最好的朋友；树叶会哭泣，花朵会微笑……这时候他需要做的就是放开了想，随心所欲地表达……不知不觉中时间又偷偷地走掉了……

继续讲故事，把小雨换成毛毛细雨，毛毛细雨换成电闪雷鸣；乐乐换成美美，美美换成小猫、小狗……孩子们喜欢重复听故事，只是故事中已然添加了更多的"声音角色"和乐器，更重要的是，接下来讲故事的人真的变成了"乐乐""美美"和小朋友们自己……老师已成了配角，甚至也退居为学生。

小朋友们陶醉在"自编自导"里面，手鼓被他们"驾轻就熟"地使用（利用）着，他们信马由缰地"创造"着，他们的故事越讲越精彩，他们可能会说："下雨了，很冷，我和奶奶在回家的路上遇到一只孤单的迷路小狗，我抱起狗狗，要给小狗狗穿件衣裳……"他们可能会说："雨好大，我要快回家帮妈妈把窗子关起来，免得积木给雨淋湿了……"

孩子们的故事经常让我感动，也经常感动着他们自己。就在这美妙的感动之中，几节课又悄悄地不见了。而如果这时候宣布：下课了！通常孩子们会赖在我的身边，不肯离去，甚至央求：妈妈，哦不，老师，我还要玩！

这时候的家长们，恐怕真的要急坏了，这么多堂课过去了，我的孩子仍然"不务正业"，别的教室里的孩子，连曲调都弹得有模有样了！个别性急的家长，通常会找班主任退费，理由是："我的孩子是来上课的，不是来玩的！"

可是，接下来，仍然不打算教他们弹奏或认识乐谱。不过，我准备给他们听一首肖邦的钢琴独奏曲《雨滴》。我让孩子们闭上眼睛，静静地听，然后让孩子们来告诉我，他们听到了什么？

"老师，我听到狗狗哭了！"

"老师，我看到下雨的时候有人在跳舞！"

"老师，我觉得妈妈在讲故事给我听！"

……

读到这里，您是否和孩子一样拥有一颗感动的心？孩子们逐渐深沉安静下来，此时，如能让孩子们把他听到的感受，用笔挥洒出来，我还能和孩子讨论更多的精彩……

或是来一首德彪西的钢琴曲《黑娃娃的步态舞》，随同乐曲特别的节奏感觉，大家一起设计一个肢体动作或想象并模仿顽皮猫咪跑动的体态来配合音乐舞动身体。

当然肖邦是谁，贝多芬、德彪西是谁并不重要，重要的是他们听觉的"小精灵"是否被唤醒。

听了我讲述的游戏课程，相信家长朋友们已经看到了奥尔夫教学的精髓和本质所在：

（一）以感受音乐来代替"学习"音乐。幼儿阶段是孩子探索世界最重要的时期，把音乐当成一种机械的"学习"项目，对孩子而言，太过沉重。透过音乐游戏来感受音乐的乐趣，而不是造成学习的压力，这样才能培养并维持孩子对音乐的"好感"。

（二）在"感受"音乐的具体方法上，奥尔夫选择的是"多元感官学习"。通过视觉、听觉、触觉、嗅觉、味觉的多元感官的交叉使用，来达到更有趣更有效的教学结果。这绝不是传统填鸭式教学、只透过单一渠道学习所能达到的多元效果。

多元感官学习的观念早在二十世纪初开始即由许多西方著名的教育家如蒙台梭利（Montessori）、布鲁纳（Bruner）、皮亚杰（Piaget）等人所提出。而音乐教育家如奥尔夫、达尔克洛兹、高大宜等人虽未提出这一名词，却早将这些观念大量地运用在其所提倡的各种著名音乐教学法中。当我在教学中以多元感官的教学取代传统的单向教学时，很快就发现它能非常有效地减少儿童在学习时的压力与困难，并在过程中发现许多过去从未有过的乐趣！表面上看是一种"慢学式"的音乐学习方式，却可培养儿童对音乐的长期热爱，且能让其在后期的学习中厚积薄发！

现在，相信您应该能轻易地判断出何为真正的奥尔夫教学法。

如果老师授课时只单一地使用听觉或视觉，那这种方式无疑是呆板僵硬的。而这种呆板僵硬的教学模式，很容易让我们联想起刻板填鸭式的音乐教学法。

创意的音乐课。

有些"假奥尔夫"为了有别于传统的教学法，会刻意地放入貌似多种感官的教学，事实上，换汤不换药，本质仍然是单一感官的教学，就算加了些肢体的律动，引入了些游戏教学，也只是象征性地摆摆花架势而已，无法达到寓教于乐的目的。这样的教学，谈不上是真的奥尔夫教学。

事实上，当孩子处于依靠感觉认知世界的年龄时，你用语言、认知和符号去跟他"讲音乐"，往往收效甚微，甚至会招到抵制；相反，如果顺应了他的天性，让他去听、去感受、去想象和创造，则会激发出他的无限潜能。真正的奥尔夫教学法表面看上去好像"不知道在干什么"，甚至有点"瞎胡闹"的意味，然而它遵循的是孩子的天性。无论是认识乐器，如前所述的手鼓，或是教唱一首儿歌，它都融合了孩子的触觉（孩子可亲手操作、触摸）、视觉（孩子可观察老师或同学的表现）、听觉（孩子可制造并聆听各种声响的效果）、动觉（以身体的动作，诸如跑、跳、移位以及手、脚等身体各个部位的舞动，来表达所感应到的音乐情绪）。

虽然这种教学法无法在短期内看到成效，也无法满足家长们立竿见影的学习要求。但经过奥尔夫教学熏陶的孩子，对音乐，对人生，对感情，都有着更为细腻的理解。这样的孩子，当他学习乐器时，怎么能不"乐由心生"地深刻喜欢并享受音乐的动人之处？而当一个孩子发自内心地喜欢音乐，渴望掌握一门乐器时，他内心孕育和积蓄的能量是巨大无比的！

奥尔夫音乐教育让孩子从小学会了思考、习惯了创新，这不光是音乐学习所需要的，美术、体育、文化、科学哪样学习离得了创意？

曾经有一位国企的高管，是我学生的父亲，当他观摩过我的奥尔夫课程之后，颇为感慨："奥尔夫真的太棒了，他让我发现自己的孩子居然可以如此富有'才华'！我现在明白了，我们的孩子从小就缺少独立探索、独立创造的机会，家长和老师希望他们少走弯路，因此，凡事要求他们按照'标准'来行事及思考。试想，这样环境下成长起来的孩子，如何能不拘一格地大胆创新？"

没错，我赞同他的结论，尽管中国经济日渐强大，屡获国际认可，但是"只会模仿而缺乏创新"的"血液"，常常让我们在国际上遭人诟病，在创意的领域仍居于落后。

"郑老师，我的孩子在别处也上过奥尔夫课程，课堂上也有游戏，但游戏的目的仅仅是为了'玩耍'和'活跃气氛'，因为他们的讲课内容几乎全是乐理知识、考级知识，离开游戏，枯燥得孩子们没办法听下去……"

"我的孩子也学习过奥尔夫，可他们根本没有什么'探索'和'创造'的过程，直接奔着'打鼓表演'就去了……"

"我接触过的奥尔夫，倒是让孩子们'自由创作'了，可那看来是为了走个形式，孩子根本学不到'真精神'，我看他们就是'假'的奥尔夫……"

"我四岁孩子上的课，用到了所谓的奥尔夫乐器，但那些木琴音却不准，而且整堂课就用来敲一些为了应付表演的'节奏'，孩子只是在被动地参与。"

……

家长们的抱怨，的确反映了目前奥尔夫音乐教育市场中存在的问题。事实上，奥尔夫教学法对师资的要求很高，老师必须懂幼教、懂肢体律动、懂音乐、懂得游戏设计，有爱心、有耐心，同时具备"即兴调教"学生的能力，缺少哪一样，都无法带给孩子完美的奥尔夫体验！

多年来，不同国家、不同地域的教学经验，让我发现：与国外的孩子比起来，中国的小孩更需要奥尔夫教学。凡是真正接受过奥尔夫音乐教育训练的孩子，大多从内心深处热爱音乐。他们很少在学习乐器的道路上半途而废。而在家长"高压"下学习乐器的孩子，往往厌恶音乐、讨厌弹奏，甚至永远不愿意拿起乐器！

因此，愿以此文，抛砖引玉，与老师们共勉！愿以此文，"借家长一双慧眼"，让您明了如何选择一个正确的奥尔夫教学音乐班！

孩子为什么不想上音乐课?

如果您已确定所选择的音乐班不错,教学内容及老师都很适合孩子,可是,在过了一阵子之后,孩子仍说:"妈妈,我不想去上音乐课!"这是怎么回事?家长该如何辅导?

其实,人都有惰性,也有周期性,在孩子身上更是明显。因为比成人缺乏自制力及缺乏对未来成功的幻想力,孩子们很容易就放弃手边的学习,尤其是必须一而再、再而三地去重复内容的学习方式。家长要正确对待这一现象,找出原因。

电视时钟的影响

注意一下,是不是他上课的时间正是动画片上演或连续剧播放时间?假设他每天看动画片、连续剧,是下午五点到六点或晚上七点以后,他的电视时钟会告诉他,现在是看电视的时候,如果将他带去上音乐课,几次还能忍受,等新鲜劲儿过去后,他就会拒绝了。解决之道最好是别让孩子养成在每天固定时间看电视的习惯,尤其连续剧更是别碰,它很容易让孩子在这一时段对连续剧之外的事丝毫提不起劲。如果刚好碰到一档同学们几乎都在看的连续剧,可以将它录下来,上课的隔天或之后再看。

身体不适

孩子是否睡眠不足、饥饿、头痛、肚子痛,等等。有时当天课堂上的不舒服，会给他留下不好的联想及印象，觉得进到这间教室，就想起上次的不舒服。这需要家长坐下来，慢慢帮他厘清错觉，并积极地建立他对课堂的快乐印象。

低潮期

如果没有任何原因，孩子就是不想去，可能是进入学习的低潮期。同样的，家长也可用积极、欢乐的气氛，半强迫、半鼓励地帮助孩子。譬如上完课后带他去哪里走走，吃吃他最爱吃的东西，制造一些课后欢乐的联想，只要几次，就能度过。

年龄不足

年龄不足的孩子越龄参加音乐课程，除了极少数能适应外，大多适应不良。尤以男孩子更明显，因为他们的许多发展，在此时比女孩子来得慢些。因此，我不赞成男孩子不足龄就提前上课。这个年龄的孩子，身心各方面的发展是"每个月"的变化，而非"每年"的变化。换句话说，可能只相差一个月的时间，各方面的发展就会有很大的不同。因此，别迫不及待地想"提早学习"，这只会带来不良后果。

社会性适应不良

如果孩子从未上过幼儿园，也从未有过团体生活的经验，一下子被放在一个团体中，他必须适应：

1. 与别人分享用具、物品。
2. 与别人合作。
3. 服从"老师"的指示。
4. 身处于密闭室内，不能自由行动一小时等等。

这些都有可能让他无法适应，这样的孩子，有可能会很喜欢音乐课，也可能非常排斥，家长只有耐心地陪伴一阵子，情况也许有可能改善。但通常会比别的小朋友需要更多的时间来适应。

兴趣不合

如果孩子不断地表现出不想上课，上述原因也都不成立，就要考虑可能是兴趣不合。那么就别再勉强，长大一点再试或试试孩子感兴趣的项目也是不错的选择。

孩子来到音乐课堂会有心情上的高潮、低潮期。如何激发他们的兴趣，并帮助他们克服心理上、身体上的障碍，是对父母耐心、毅力与智慧的考验。

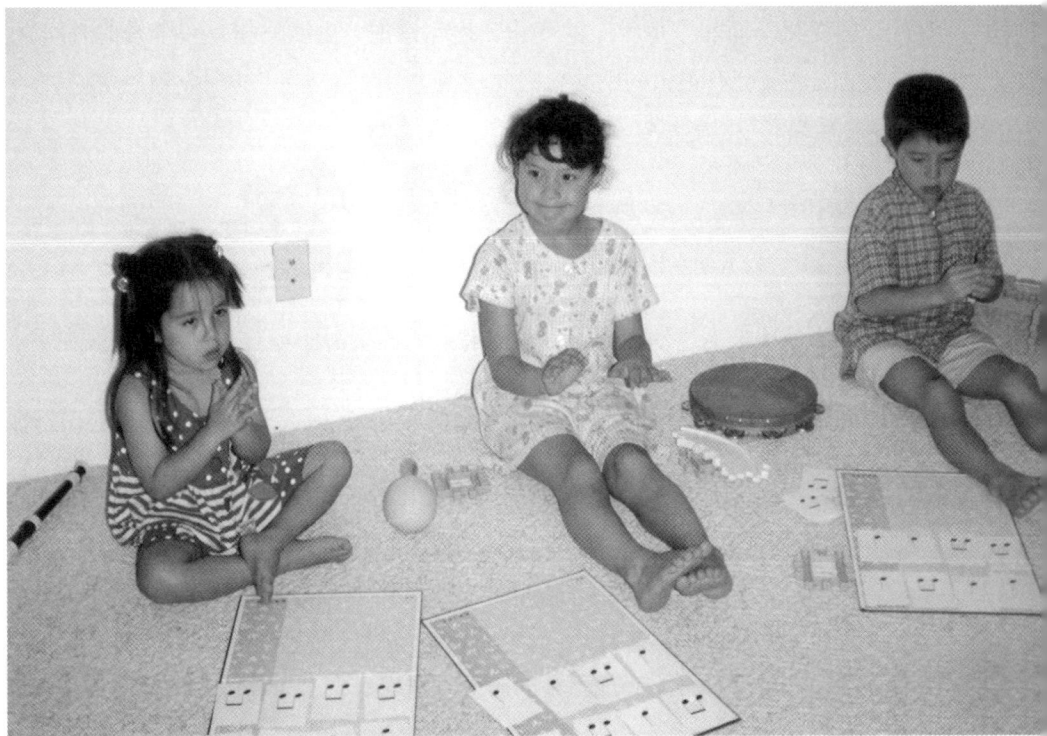

爱孩子，就陪他走一段

孩子不愿上音乐课，最好的办法，是陪他走一段！

在家长选定一种才艺及教室后，将孩子带进教室，交给老师，在那一刹那，他们大致上觉得：松了一口气，终于暂时找到一个地方可以让孩子学习！心想如果孩子能顺顺当当地学下去，自己的责任就了了大半……

大概很少有人会想到：陪他一起学一段！

当然，碍于大部分的教室设施并未考虑到这一点，如设备、场地、桌椅不够，有时家长很难一起学，但家长还是可以想办法，或要求老师。当然我还要再叮咛：请家长在旁边安静地观摩，绝不可唧唧喳喳在一旁聊天或干涉老师教学，那样吃亏的首先是你的孩子。

例如，在我的直笛班，我会为家长多准备椅子，当孩子初学时，家长坐在教室后面，不是帮助孩子学，而是自己也学。当我教任何技巧性的知识时，家长可同时知道其难度或窍门，不至于在旁观看并说："很简单啊！就是这样……就是那样……做啊！"一起学习，回家可以一起切磋、练习，同享甘苦。此时领先，彼时落后，起起落落间，亲子交换心得。这种"有自己人做伴"的感觉，孩子学起来会更轻松愉快。

过了几个月后，家长常因时间及反应较慢等因素，越来越跟不上孩子，而不得不暂停，此时孩子的学习情绪较稳定，比较能掌握学习状况，家长陪不陪也就无所谓了。

有些状况或许实在不适合亲子同上，例如：场地不够大，或家长会干扰孩子的学习，使得老师不希望家长在场。那么家长在家为他们制造一些环境，对他们的学习也会很有帮助。

　　常常看到在英语班上课的孩子，回到家父母一句英文也不说（有的是不会，有的是不习惯说），想想看，孩子一星期只上两三小时课，平常没有练习的机会，怎么可能学得正确、学得好？如果家长能讲，或是同学间都会，再不然父母、孩子常常听英语CD，在这样的环境中，孩子有了更多听、说的机会，效果自然更好，学习乐器也是这样。

　　千万别把孩子推进赛场，让他一人独自奋斗，做家长的只在场边摇旗呐喊："宝贝，加油啊！不要输给别人！"或索性走到终点等着验收成果！不妨自己也进场跑跑看，体会其中滋味，可以让您更好地理解孩子的甘苦！

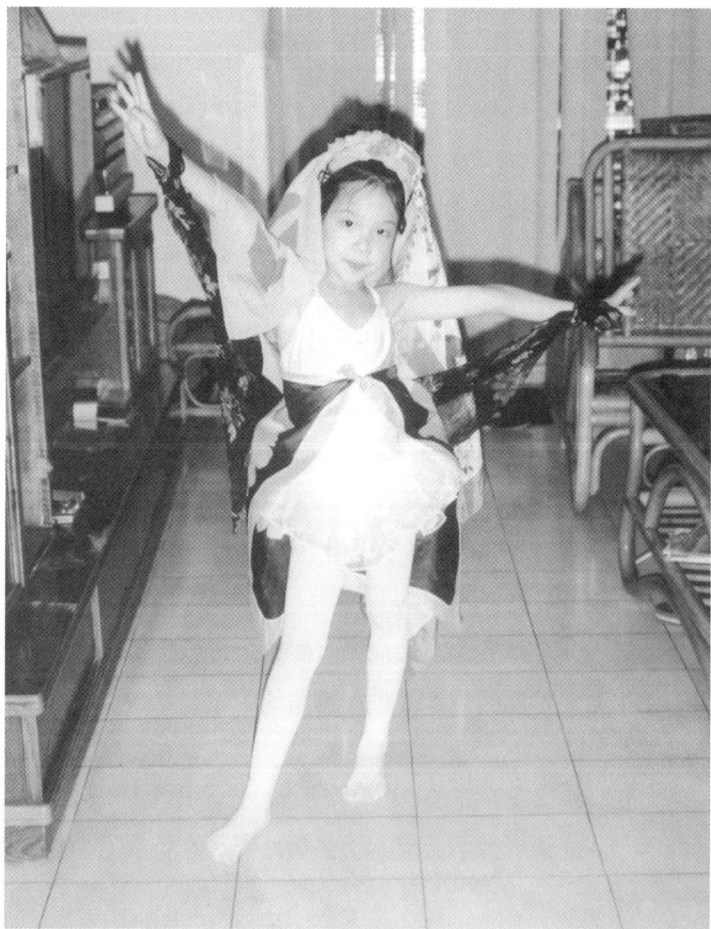

陪孩子一起听音乐、玩音乐，是我们最快乐美好的家庭活动。

第四章　乐器篇

学习乐器应了解和注意的事项

学乐器会不会影响孩子的学习成绩？

学习乐器会不会影响学习成绩？也许只有中国的父母有这种忧虑吧！一来我们学生的课业的确相当重，二来中国人喜欢将学习成绩摆第一的心理，更使持此疑问的家长不在少数。

在台湾教钢琴多年，我发现，跟我学琴的学生中，遇月考便希望请假的比率有逐年升高的趋势，甚至小学一年级便开始有此现象，这不免让人怀疑，是不是"升学压力"越来越重了？

在美国，不少大学或研究所在博士生入学口试时，口试教授常会问学生："你参加过什么社团？"或问："你喜欢打哪类球？我们来聊聊它的打法好吗？"我的侄子，毕业于美国的医学院，在参加激烈的医院实习分配面试时，担任医院院长的考官与他聊了一阵子后，问他："你平常的休闲活动是什么？"答："钓鱼，踢足球。"考官说："那我希望能挖个鱼池将你留下来，可以吗？"他被这家很有名的大医院录取了！没有参加任何社团、不懂任何球类者，甚至会被某些教授判定为"生活态度不够成熟""尚不足以应付本校的要求"，而被拒入学。

这在中国当然不可能发生，只要考试分数高，就是很不错的学生了。这种模式决定了小学、中学的学习目标，大部分的学生只埋首书堆，对音乐、运动、美术等课外活动都不关心。

事实上，学习乐器真的如一些家长所认为的那样"耽误功课"吗？举几个例子：我的一群学生中，大多数在小学六年级上学期就终止了乐器课，接下来，父母为他们安排"补习初中英语、数学……"，从此初中三年、高中三年，当然就不可能再回到音乐教室。其中，也有几个不被这种潮流所困、继续"急流勇进者"。她们直到初三联考前（考一般的学校，而非音乐实验班），仍然不停止钢琴课。

我也曾问其中一名学生："明天就要模拟考，练琴会不会耽误你念书？""不会的！""你想不想暂停？课业没问题吧？""老师，我想我可以应付，我在学校的功课还不错。"如此自信的学生真叫人感动，因为现在几乎没有这样的学生了。果真，她联考以高分考取台中女中（台湾中部最高分录取的女子高中），高中三年还继续跟我学琴，直到大学联考，又以高分考取台湾大学（大学联考的最高分大学），目前已经在美国攻读博士学位。

我曾经指导台中一中（台湾中部录取分数线最高的男子高中）的合唱团，他们在高二下学期时，报名要参加"行政院新闻局"与中华电视台办的合唱比赛，这场比赛从他们高二下学期开始，直到高三上学期（经过初赛、复赛、决赛）。为了增加他们的肺活量，我规定全团在每天早自修时，跑大操场两圈。他

在瑞典某城市，老师带着学生们利用上课时间，参加社区的小型音乐会。学校很鼓励学生多参加音乐活动。

我所带领的台中一中合唱团同学。如今这些学生中，有多名医生，以及律师、设计师、会计师、企业家等。

们自己还另外规定，每天中午不午睡，自觉到合唱教室练唱。

眼看高三的学期模拟考大考就要到了，但他们一点也不紧张，我只能由着他们自行调配练习时间，我配合之。比赛的结果是，面对众多竞争对手，居然从初赛、复赛到决赛都得到冠军。大学联考过后，这四十五人中，有四十三人考上大学，且大多数是他们心目中理想的校系，第一志愿考上医科的至少有十二人，这实在是个很鼓舞人心的例子。

我的先生当年也读台中一中，高中三年都参加乐队，还参加过乐器独奏及合奏比赛，并自己私下找老师学习乐器，我们还在同一位老师门下受教。高三下学期的五月，台中青年管弦乐团和美国马礼逊学校合办了一连五天的夏令营，他还去参加。7月1日和2日是大学联考日。之后大学联考发榜了，当时我想，看他每天忙着"玩乐器"，那么他不是在榜外、就是考上最后最低的志愿。没想到，他却考上了第一志愿。后来才知道他高三的全校模拟考大考常考全校第一名，他还是校篮球队、演讲比赛的常客和高手（有一次翻箱倒柜时，找到他一叠初中、高中发黄的奖状，才证实他所言不虚）。从他口中得知，当年他的生活圈子中有许多他的同道人呢！这类型的"奇葩"，从高一开始，走进乐器室就不眠不休地练起乐器，甚至在学校打地铺过夜，但后来也都考上非常理想的大学，甚至是医学院。这样的例证有很多！台湾的升学压力是巨大的，压得很多人无法喘气，但是仍然有人游刃有余找到乐趣空间。

数年前，台南有个"三B"中学生管弦乐团，不但演出水平在南部是一流的，而且在学业成绩上的表现也非常突出。而先生就读台大，担任"台大交响乐团"团长时，曾率团环岛演出，团员全是业余乐手，但演奏的水准非常高，甚至直

一九八一年，我指导台中一中（高中）的学生参加全台湾的合唱比赛，获得全省冠军"金音奖"。

逼当时的台湾省立交响乐团。

在我担任"师大管乐队"首席的那两年，每年乐队参加全省大学管乐队音乐比赛时，最怕遇到的对手，就是台湾清华大学管乐队及台大管乐队（成员均非音乐系）。师大管乐队中很多成员虽是来自音乐系，却并未因此年年稳坐冠军宝座！看来，会念书又会玩乐器的人，还真不少！

以上可证实：**功课以外的兴趣，并不会耽误功课！他们当中的大多数，并没有父母在后面催促他们做什么，父母带着信任的态度，尊重孩子自己的决定，反而更让他们尊重自己。**

让孩子养成自动自发的能力，会比强迫他坐在书桌前来得有效。能掌握自己时间表的孩子，一辈子不必让父母为他操心。那些从小就紧跟着孩子的父母，却可能培养出软弱的孩子。他们无法自己作决定，作了决定也不敢负责任，恶性循环的结果是一事无成。

对于会安排时间的人，学习乐器不但不耽误功课，反而会成为他们读书读累时的调剂品。看来，**教会孩子如何利用时间，更是父母该学习的功课。**

几岁可以开始学乐器？

"到底几岁可以开始学习乐器？"这个问题在国外、国内，都常常被拿出来讨论。音乐教师也不断地被家长以这类问题询问着。

在本书的其他篇章也曾就此类题目提出讨论。我将它们归纳出来：

在一般的状况下，我赞成孩子上了幼儿园大班甚至小学一年级，再开始学乐器，因为：

1. 视觉发育方面，已对点、线、空间有更具体的概念，可以不太吃力地阅读五线谱。

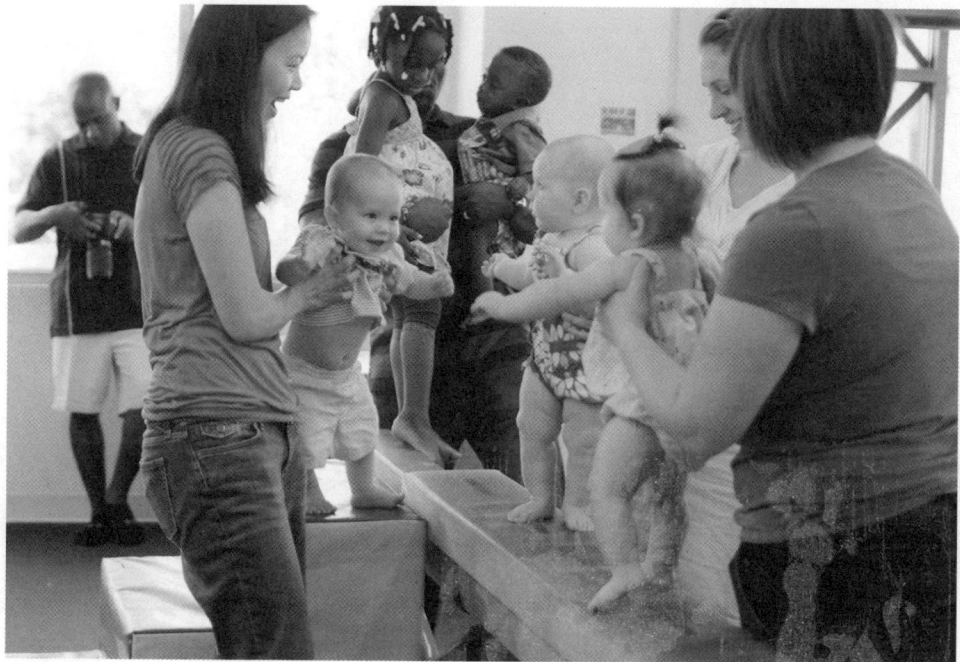

2. 能灵活运用的肢体，已从大肌肉延伸至小肌肉，因此能较好地控制手指肌肉的运作。

3. 对于自己的身体，较有掌握能力，也有能力左右手分开动作，以便同时操作不同位置的琴键及提琴的把位、拉弓等动作。

4. 较能同时应付不同的事情，如同时看谱、找出音符在乐器上的位置，并弹奏出正确的音符。

5. 孩子的"耐心"开始萌芽，较能坐得住。

6. 此时孩子较具"社会性"的概念，知道要遵守老师所定的规则。

反之，若希望幼儿园大班以前的小朋友做到以上几项，孩子们将受到很大的困扰；而在超越能力所能负担的强迫刺激之下，孩子会产生逃避、厌恶的情绪。聪明的父母们，你们知道该怎么做了吗？

大多数五岁前的儿童，尚未形成自我规范意识，要他们静下来学习乐器，对家长、教师及孩子本身都是一种折磨。

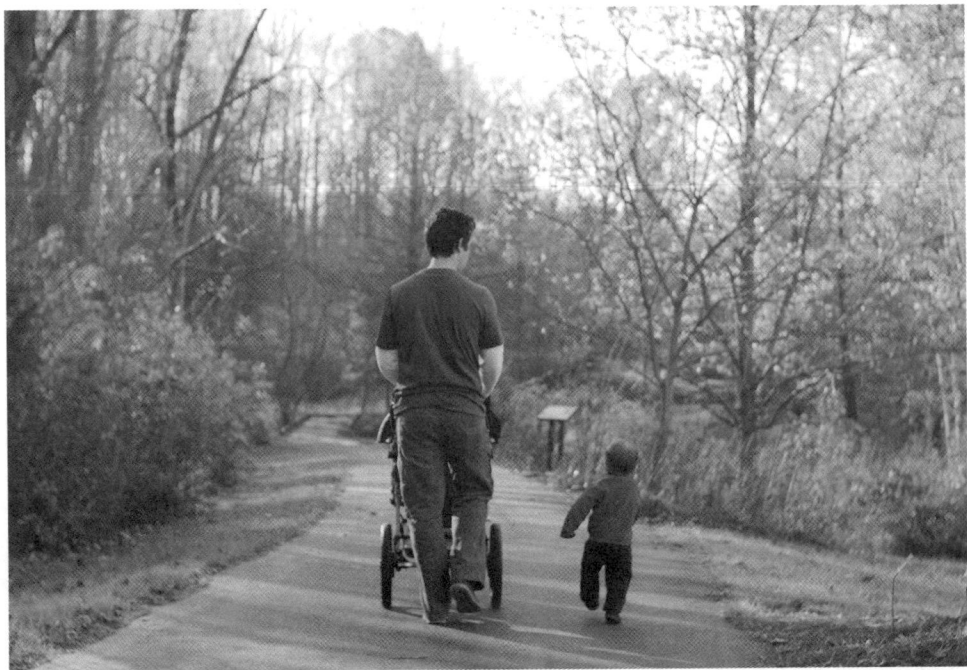

如何帮助孩子选择适合的乐器？

为孩子选乐器这个问题，是见仁见智的，很难用统一的原则确定，并且家长最好不要单独决定此事，尊重孩子的意见是绝对必要的。对此，我提出几点建议供参考：

让孩子有接触各种乐器音色的机会

通过多听多看音乐会、录像带、CD，让孩子有些基本认识后，再作决定，这样误差的机会可以降低。

尊重孩子的兴趣

对于较年幼的儿童，通常很难确知他们的兴趣，因为他们的耐心、好奇心总是那么短暂，原来热切喜爱的某种乐器，却可在一两个星期后转为厌倦。能自动维持兴趣的孩子，可能只是满天繁星中的一两颗。比起盲目的选择，让他自己对乐器的形状、音色有所了解后再作判断，乐器的特性与孩子的个性会有更多吻合的机会。

由于我自己在大学双主修钢琴与单簧管（Clarinet），曾经在四个交响乐团演奏过，毕业后教过两个中学的管乐团，知道除了钢琴外，还有更多乐器可供选择，也发现，乐器之所以吸引人，有很多的因素：

木琴的"琴键"虽然已经比钢琴键大很多很多，但是对于孩子来说，还是常会敲错；我采用渐进的方式，慢慢增加琴键，拿掉这首曲子用不到的琴键，在合奏的时候，孩子就不需同时要背旋律、注意节奏，也不怕敲错。

1. 某些学生直觉地认为吹小喇叭或打鼓很酷很帅，所以选择该项乐器。

2. 某些学生崇拜的偶像擅长演奏某种乐器，或他的好朋友会演奏某种乐器，使得他也选择该种乐器。例如 2008 年我到云南丽江旅游，在风景区的一个咖啡馆和店主全家人聊天，得知他们上小学四年级的儿子，自从半年前去看台湾歌星周杰伦（他的偶像）的演唱会后，就开始很认真地去学习钢琴和打篮球，父母对这"意外的收获"感到很开心。

3. 某项乐器，有些人摸起来觉得很顺手，只是简单地吹（弹）奏，就让他爱不释手。而喜欢某种乐器的声音，又经由声音而喜欢某种乐器的学习者，学习的兴趣和时间会更持久。

衡量孩子的身体发育条件

在身体条件方面，钢琴、小提琴只需孩子有够大、够有力的手，就可以学习，也较容易上手，通常最受初学者欢迎。并且小提琴还可以根据孩子的身材来挑选适合的尺寸，最小可从 1/8 开始使用，然后随着个头的长大而逐步更改为 1/4、1/2、4/4。至于大提琴，虽然也可由小尺寸开始，但形体仍偏大，会牵涉到面部肌肉、手部肌肉、臂部肌肉、后背肌肉，还要有够大的手与够长的手指来按弦，并能在弦上自由移动，这些都需要根据孩子的体型是否能胜任而决定。

演奏时不能太吃力，也不需要太强的肢体协调性，对初学的人来说，是很必要的前提条件。如果是管乐，尤其是铜管，需要极为充足的肺活量才可以，否则，会对身体造成伤害，甚至有生命危险。肺活量虽和体型、年龄不一定成绝对的正比，不过想想看，世界各国知名乐团的管乐吹奏者大多"前腹贴不着后背"，拥有壮硕体型的演奏者总是占大多数。

很多学校，甚至从小学三年级开始，为了组成学校的游行乐队（Marching Band），就找孩子吹奏管乐。从某种角度看，或许可行；但站在一个母亲的立场，我不会同意让我心爱的孩子在小学的时候，就去吹奏一种对他们来说非常吃力的乐器，尤其是学校买的乐器大多廉价，吹奏的难度更会增大，伤害孩子的几率也会增大。

不要让乐器的价钱左右您的选择

有的人直冲着昂贵的乐器而去，有的人则随随便便买一个便宜乐器给孩子，这都不妥。太贵的乐器孩子就会更喜欢吗？孩子对价钱的高低毫无兴趣，不要为了虚荣心而去买任何乐器，那会搞得两败俱伤。而太廉价的乐器，练习起来效果大打折扣，岂不是浪费时间？这些都需要慎重考虑！

如何购买乐器？

当您和孩子决定好要学习哪种乐器，接下来最重要的工作就是购买乐器了。"工欲善其事，必先利其器"，购买乐器也是一门学问，如果钱花了，却没买到好的乐器，练习效果打折扣，才最叫人郁闷。因此，慎选乐器是非常重要的。

考虑预算的问题

乐器，不一定用价格来衡量品质的好坏，但是"一分钱、一分货"，此时仍是不变的真理。买昂贵的乐器给初学者是没有必要的，一来避免培养孩子的虚荣心，二来如果孩子想改学别的乐器，也不至于太心痛。而且初学者通常不懂得保养乐器之道，耗损力强得令人无法想象。但因此就买很便宜的乐器来打发，也是不太明智的。为孩子买一架（把）与他弹奏能力相当的优质乐器，是最恰当的安排。

目前买一架人民币三万元上下的国产钢琴，或人民币一千元左右的国产小提琴，应该是最起码的预算。等到学习有了进步，小提琴老师会建议您换再高一级的乐器。而钢琴，如果预算许可，我个人会建议您衡量自家预算的最高可能，采取"一步到位"的购买方式，因为它的体积太庞大了，日后如果要换来换去会有很多的麻烦。

注意质量问题

选择质量好的乐器，我的建议如下：

（一）注意所谓"杂牌""冒牌"的问题

在内地和台湾都有许多乐器工厂，如钢琴工厂或小提琴工厂，可以制造任何只要是你说得出厂牌的钢琴或小提琴，而价格只有一般正厂乐器的二分之一，甚至更少。要小心这类乐器，它们的寿命可能非常短。这种"冒牌货"可能很便宜，但弹起来、听起来就是"廉价货"，不值一买，免得练习效果不好，白费工夫。一架好的钢琴，只要不是太挑剔的演奏家，使用二十年也不成问题。而品质不好的钢琴，甚至使用不到一年就要出问题。

从1995年到现在，短短的十几年里，中国生产各种乐器的工厂每年都以百分之十左右的速度在增长，钢琴产量更是以每年百分之二十的速度增长。据统计，仅2009年一年，全国钢琴的产量就直逼三十三万台。如此百家争鸣的状况之下，加上一架钢琴会使用到九千多种不同的零件，在任何一个环节，厂商都有可能会为了争取利润，而去使用廉价的替代品，这些消费者从表面是看不出来的。但是多弹一弹，还是可以从音响效果上分辨出来。

（二）正确对待进口琴

目前市面上有很多从欧洲、美国、日本及韩国进口的乐器，价钱比国产的乐器昂贵许多。当然，如果是生产历史悠久的大品牌，品质的确是值得长久信赖。不过目前这些品牌的市场占有率还很低，品牌仍显混乱，在尚未确知哪种品牌真的是"物超所值"前，请小心购买，"货比三家"还是必要的，并且一定要请教有经验的音乐老师。在价钱上有时也会有很大的出入，通过熟人购买，常常会有不错的折扣。

（三）注意乐器材料化学物质的使用

还要注意有些乐器工厂在有意或无意的状况下，由于使用了廉价材料、涂料而出现甲醛和苯这两种化学物质严重超标的情况，这会引起气管过敏、皮肤过敏等。而厂家与业者常以不负责任的态度应对，即："货物一旦销售出门，接待消费者的将是后脑勺。"所以购买任何一种乐器时，最好先在封闭的空间（或盒子里），用嗅觉良好的鼻子闻一闻，看是否有明显的化学味道，以此来确认该乐器是否使用了过量、低劣的化学产品。如果有，就千万别买这些品牌的乐器，这表明他们没有职业道德，只顾着做生意而不顾消费者的健康。

注意售后服务

一般来说，乐器的零件需要汰旧换新的比例不是很高，比如钢琴大约每年需要调音一次，小提琴的弓和弦需要偶尔更换，除此之外，好品牌的乐器，只要保养得当，大致上都蛮"耐用"的。只是在购买时要问清楚有没有特别的零件？将来好不好买？如果需要修理是否找得到师傅？卖乐器给你的厂家服务好不好？（这要多向朋友打听，有的公司卖乐器前和卖乐器后，态度会有一百八十度的大转弯。）这些都是基本的注意事项。

如何选购钢琴？

了解了购买乐器的基本原则，我们以钢琴为例，谈谈怎么选购。

钢琴从外形上可分为立式琴与演奏琴（三角琴）两种。立式琴也分为普及型及高档型，但与演奏琴相比，后者价位昂贵许多，且所需的摆放面积也较大。因此一般消费者偏向于选择立式琴就足够了，而学校及演奏厅等大的场合则会选择演奏琴。

从质量上，也可粗分为两种：演奏级的钢琴和大众级的钢琴。

演奏级的钢琴选材及工艺都要求尽可能达到相对的最高标准，且手工制作的部分越多，价格越高，音响的艺术效果也越完美、细腻。这一类型的钢琴绝大多数都在西欧及美国制造，是演奏家们所极力追寻的"合作伙伴"。弹得越好的琴，就越能让他们在演奏时得心应手。而大众级的钢琴价格则定在一般的消费大众可接受的范围。

当然，在"演奏级"与"大众级"的钢琴中，还能再分很多等级，不想在此占太多篇幅，就姑且将之分为三级。（实际上，每个品牌都还会依据琴身的大小、材料选用的等次、工艺制作的精密程度等而细分为许多级别。）

例如演奏级的钢琴我们称为 A，大众级的钢琴代号为 B。那么 A 分为三级后，我们可归类为 A1、A2、A3；B 级分为 B1、B2、B3。A1 与 B1 分别为同一品牌与级别中，品质、选材、音效相对最好的；A2、B2 次之，价钱也便宜一点；A3、B3 则为同一品牌、级别中价格最便宜的，也就是一般家庭常用的。

这么说吧，如果你的经济条件很好，对品质要求又高，就选 A1 或 B1，中等预算就选 A2 或 B2，经济一些的就选 A3 或 B3。另外，每一种品牌、每一个类别，大致上又会有一些个别的特性与个性，例如有些触键（手感）较轻，有些偏重，有些音效设计很好，但整体质量有某些弱点，有些高音键的音响偏清脆或尖锐，有些低音部的弹奏效果偏沉闷或共鸣时间较短。这些都无关乎好坏，而全在于个人的喜好。

不论是哪一种琴，在购买时都有几项可遵循的大原则：

一、从口碑寻找第一道线索

多向亲友、商家打听，甚至不妨跨省市、跨国询问，因为有可能某种品牌在某一地区做了大量的广告，但在别的省份却是名不见经传，所以如果你所在的城市是个很小的城市，那就要向别的省市多打听，免得做"井底之蛙"。如果怕摸错线索，到网络上多搜寻也是个不错的方法。但网络消息也有真有假，所以您就得再综合各种方法，并擦亮眼睛去分辨。

二、在大公司、连锁店购置

口碑有时候也不一定准，或许你问到的人刚好都使用同样的品牌，然而那又不一定是个好品牌，所以第二道线索就是找一家规模较大的连锁店购置。大公司存在已久，又是连锁店，通常不会销售质量太差的产品。

三、选择市场占有率较高者

向经销商询问哪些品牌在市场上占有率较高。毕竟，经过消费市场的竞争后，质量好的品牌自然会赢得消费者的信赖。

四、购置生产历史悠久的大品牌

当然，有时候杂牌琴、低档琴也会被拿到市场以高价位出售，因为利润高，大公司有时也会因为"利之所驱"，而冠之以"世界名牌""国际品牌"来销售，往往让消费者无从分辨。那么，就去查询一下该品牌在市场上已有多久的历史。毕竟，一架钢琴是由几千个零件组成，生产过程繁琐，技术上需要高度精准，材料选择（如占大部分的木材部分）严格，是一项结合机械（比较容易上手）、工艺（需要累积大量的经验）、艺术的生产过程，因此厂家历史越悠久，就意味着他们的工艺技术也越成熟，质量也相对较稳定。

好品牌的钢琴厂，市场管理上轨道，生产规模大，销售量也较大，因此**定价合理，价格透明度高**，不容易出现价格大起大落或有暴利存在的现象，议价空间也较小。而一些小品牌，"打带跑"随便做、随便卖，价差可达数千甚至数万。有人贪小便宜去买，有人贪图高利润去卖，那上当的消费者就要倒霉。

五、购置立式琴还是演奏琴

演奏琴的价格一定贵于立式琴，住家如果不够宽敞，那么立式琴中较高级的、音色够好的，对于一般的使用者来说就绰绰有余了。

六、参考名牌音乐大学所用的琴种

最后一个方法，去打听一些名牌音乐大学使用的是什么牌子的钢琴，那应该八九不离十。音乐学校使用的钢琴通常会有两种级别：一种是给学生平常在校上课时练习用的，这种通常是使用较大众化品牌中的好琴，以节省开销，但又有一定的水平，以达到练习效果；另一种则是有大师班上课或是校内演奏会时使用，这种情形通常就会用到较昂贵的名琴，以便满足演奏者的特别需求、特别音效及触键。参考学校购买的品牌后，一般的消费者可视自己的需要和预算而做决定。

七、参加展会获取更多信息

在上海浦东的新国际博览中心，每年10月举办"中国（上海）国际乐器展销会"。由于主办单位正是每年在德国法兰克福举办各式展览会的 Messe Frankfurt 公司，因此和我在德国法兰克福所看到的"国际乐器展"，无论形式上还是规模上，都几无二致。现场共有六个大展馆，分别设有钢琴、提琴、打击乐、管乐、乐谱、中国民乐、吉他、乐器配件、饰品、灯光和音响设备等的展台。内地的乐器工厂如同井喷般地大量涌现，给国内外的爱乐者在质量和种类上都多了许多选择。

有机会走一趟可以增加不少知识。有兴趣者可上网查询（网址 www.musicchina-expo.com）。另有每年3月在广州举行的"中国（广州）国际乐器展览会"，及每年7月在台北世贸大楼举行的"台北乐器大展"等，都值得一看。

我个人从小直到大学毕业，偏好使用日本的 Kawai（卡瓦依）琴；移民到美国后，在某个机缘中，买到了1922年产、据说是木材质量最好的几批古董级的 Steinway & Sons（斯坦威）钢琴，音色的确不凡，令人爱不释手。

不论您的预算是高还是低，请恕我再次婆婆妈妈：您购买昂贵的名牌琴，不见得孩子的弹奏能力与兴趣就能与其一起上扬；购买经济型的好琴，孩子的音乐能力也不会随之降低。父母的亲自陪伴与教育是比名牌用品更值得追求与肯定的"名牌"！对于喜欢昂贵名牌的家长们，这个建议可供参考。

近几年在内地有机会参观了大量的家庭、学校、公共场合的钢琴，遗憾地

115.

发现许多地方的钢琴音不准，触键也很差，应该要一年至少调一次音保养的琴，常是"年久失修"，或是钢琴本身就质量很差，令我不禁摇头叹息：这么走调的琴，这么差的触键，弹起来没有任何美感，还不如以品质好一点的电子琴取代！

　　总体来说，选琴既依据于经济因素，也有个人喜好的差别，但必须是好品牌的琴并有较好的敏感度才能选择。不好的琴，连质量都谈不上，更别提什么个人喜好了。

　　本文提供一些建议供大家参考，并未深入太多问题。希望我的建议能对您有所帮助，祝您选琴愉快！练琴愉快！

可以买二手乐器吗？

有些家长在经济预算紧张或刚好有亲戚、朋友因一些原因想卖掉手边的乐器时，便会提出这样的问题。

乐器的构造虽然很复杂，但比起由两万多种零件组成的一辆汽车来说，乐器似乎又单纯多了。通常，一件好的木制乐器交到会保养的人手里，在很长一段时期内，会有"使用越多，音响效果越好"的结果，小提琴、二胡等就是典型的例子；而汽车零件，即使你再会保养，使用状况的巅峰期也是很有限的，许多零件陆陆续续需要更换。以一辆进口的福特车为例，若以新车买进而保养得宜，没有任何意外状况，使用三年，大约得以六折的价钱卖出。而一架品牌良好的全新钢琴，倘若保养得宜，使用三年后，大约仍可以八折卖出（不包括运费）。换句话说，乐器的折旧率不像汽车那样高，只要没有意外，二手乐器除了外观不似新乐器那么崭新以外，效果丝毫不打折扣。二手汽车，则有轮胎磨损、刹车皮磨损、发动机磨损等问题。

既然如此，那么二手汽车都可以买，二手乐器为什么不能买？但是，和买二手车一样，许多问题事前必须研究清楚，以免事后懊悔。

买二手乐器的注意事项

1. 看主人、看年份。买汽车，您一定会询问前车主是怎样的人、车子是什么年份？二手乐器，如果你买的是钢琴，并且不是非常挑剔，最好不要超过十五年以上；使用过的时间，以两年至十年最理想。而前主人如果是个老粗，不

117.

但不会保养爱惜，还将乐器随便搁置，例如放置于会暴晒阳光的位置或冷暖器旁边，那就要小心考虑了。

2. 注意"致命伤"。表面的擦撞，对乐器来说还不是"致命伤"，那么，有哪些"损害"是致命的，而千万不要购买呢？乐器大多数是由木头及少数金属构成，因此最怕的灾害就是：水、火、阳光照射及温度、湿度的过度变化。

任何乐器，先问清楚有没有这类的伤害，或自己观察，钢琴背面的响板上及内部的击弦系统（Action），有没有水浸过的痕迹？木头部分有无裂缝？二胡、古筝、箫、笛等民乐器，木头材料的好坏，更是决定乐器音色的关键，要仔细检查是否有裂痕、撞伤。

至于金属部分，如果有生锈的问题，要除去得费一些工夫，最好根据生锈的严重与否决定是否购买。

3. 小心议价。二手货或是古董级手工制作的小提琴，价位差距相当大。除了注意品质，这些乐器的议价空间都相当大，价钱有时候不一定与品质成正比。小心议价才不至于花冤枉钱。同时再次提醒您，如果将来不一定会走专业路线，初学阶段就别买太顶级的乐器。

想用高价位的乐器来衬托自己身份、地位的家长，最不开心的可能是您自己的孩子，所以找一个合理的价位才是最明智的。

如果确定要买的二手乐器各种状况都不错，开个双方都能接受的合理价格，是很值得的选择。因为，这样可以省不少钱，而且很多二手乐器的效果甚至还好过新的乐器呢！

关于古董乐器。购买二手乐器，有个特殊的现象就是购买古董乐器，因为这一类的乐器不仅可以拿来演奏，而且具有收藏及手工制作的艺术价值，因此成为一些人竞相收藏的目标。以小提琴来说，有人专门收藏中古货。最有名的是意大利的家族名琴 Guarneri（瓜内里）、Stradivari（史特拉迪瓦里）。以一把十七世纪的瓜内里名小提琴为例，在 2005 年纽约的拍卖会上，最后以二百零三万三千美元成交。而在国内，据说这几种世界级古董名琴假的也不少，还有人会贴上假标签仿冒名琴证书。这就使我想起我那主修小提琴及经济双博士、目前在德国大学教经济学的弟弟。他常年定居于德国科隆附近的一个小镇，认识一位专门买卖、修理古董名小提琴的德国老师傅，他的生意非常好，跟他买货还常常要排队等待呢！我弟弟就住在他附近，常找他聊天，看过不少名琴的进进出出，从师傅那儿学到了不少"武林秘籍"。说不定哪天他也可以做些买卖呢！

　　有许多小提琴演奏家，为了追求更精进的演奏效果，会致力于追寻一把自己理想中的"梦幻小提琴"，甚至倾家荡产也在所不惜，视之如同自己生命的另一半。事实上，当你听到一把上好的小提琴所演奏出来的那种无懈可击的音乐效果时，你就可以理解演奏家们为何会痴迷地寻寻觅觅了。

意大利制的家族名琴Guarneri（瓜内里）及Stradivari（史特拉迪瓦里）向来是收藏古董名琴者的最爱。

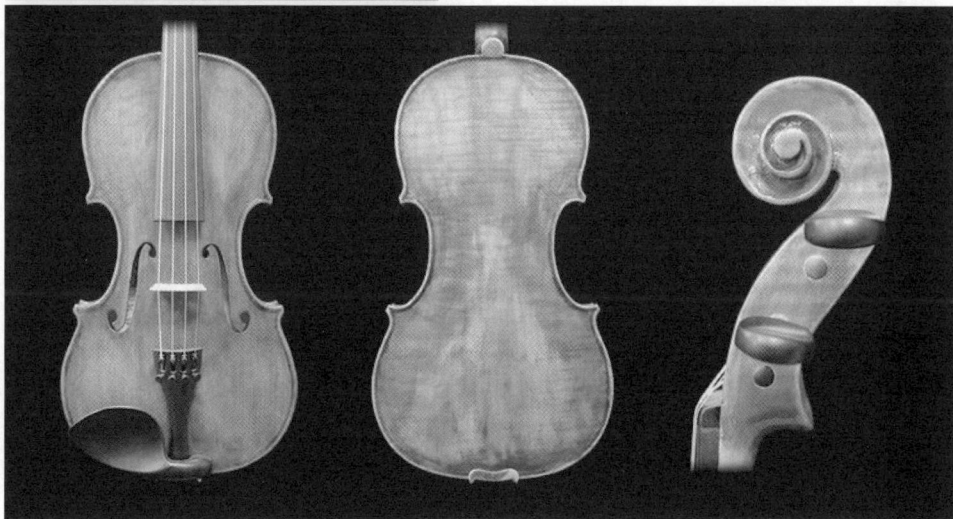

如何保养乐器？

当我们购买汽车或是家电用品，通常卖主、买主都会很仔细地讨论保养、使用的问题。当我们购买乐器时，是否也抱着同样的态度呢？还是觉得像钢琴这类乐器，是永远不会坏的物品，只要轻轻一敲还能发出声音，就没什么问题了？一般来说，木质的乐器并不容易因为年代的关系而使品质走下坡路，然而如果保养不当，品质也同样会有损伤。

在欧美国家，如果运气好的话，到现在还能找到1920年左右出厂的钢琴，甚至超过百年高龄、现在仍能使用的钢琴都有。因为当时的手工技巧很好，好的木料也比现在好找，所以只要保养得宜，效果仍然不错。而在欧美也有一种说法，认为1926年出厂的钢琴品质是最好的，因为当时使用了一些相当好的材料。但即便如此，如果保养不当，"时间"仍会是一把利剑。虽然当时的手工、材料都很好，但是因为化工科技的关系，当时使用的一种热胶质量并不理想，无法抗拒湿度与温度的侵蚀，时间长了，胶合部分会先裂开。而随着高分子聚合物的问世，如今采用的这种琥珀色的胶，使得先前的问题已经不复存在。

保养乐器，最要小心的就是水、火、阳光以及温度与湿度的变化，因此，以钢琴为例，需要注意以下事项：

放置乐器的位置十分重要。除了让孩子练习时有安静、隐秘的环境外，不要放在有电视或人声嘈杂的地方。避开阳光可直接照射到的墙边、窗边、暖气旁、冷气口下、火炉边及任何湿度和温度差别很大的房间。别把花瓶、杯子等放在钢琴或其他乐器旁，以免打翻而损坏木头与金属。如果遇到水灾或积水而使得钢琴浸水，便会造成无法修复的致命伤。这些都是最基本的乐器保养常识。

对钢琴来说，最理想的**湿度环境**是百分之五十到百分之六十之间，或者百分之四十到七十也可以接受。如果小于百分之四十就太干燥，大于百分之七十则过于潮湿。可以在钢琴旁边放置湿度计，以便随时观察并调节最有利于钢琴保养的环境。

由于中国地域广阔，跨越各种不同的气候区域，因此各地的湿度也截然不同。一般来说，长江以北地区较偏干燥，尤其冬季使用暖气会使室内空气更加干燥，因此创造有利于钢琴的湿度环境是非常重要的。

不得不说的是，有些过度谨慎的主人为了防止木头干裂而过量使用加湿器，结果同样使得整个击弦系统失效，不能不注意。其实，将湿度控制在适当的度数是非常重要的，过于干燥（相对湿度低于百分之四十）会使音准不稳定、油漆脱落、音响板木头龟裂；而过于潮湿（相对湿度高于百分之七十）同样损伤乐器，会造成木质部分膨胀变形，零件接头部分脱落、失灵，琴弦及金属部分锈蚀，音准不稳，琴键下沉无法回弹等。而长江以南的部分地区则偏潮湿，临海地区到了梅雨、台风季节，或者是冬季，湿度甚至超过百分之九十。因此，南方则需解决过于潮湿的问题。因为击弦是由许多的活动零件构成的，有些非常小，大部分材料都是木头及毛毡，这两种东西很容易吸收水分，从而造成击弦系统反应迟钝。那么，该如何改善这些问题？首先，钢琴不要紧贴着墙摆放。其次，尽量不要使用钢琴套，以免闷住钢琴，使它无法与室内的空气交流。最后，加装一台灯管型除湿器在钢琴内。这些措施可以改善因过于潮湿带来的问题。

还有灰尘的问题。其实，灰尘积得再厚也不怕，只要有一台小型的吸尘器或者吹风机就可以解决。但是如果是灰尘再加上水分，就会产生许多问题，有的对乐器来说甚至是致命的，应当小心避免。

大部分的人会将钢琴用大罩子罩起来，这样做可以隔绝大部分的灰尘，但这个方法不适合潮湿地区，因为这样容易发霉。因此，在空气比较湿润的地区，为了防止落灰，可以在钢琴上端摆放一个长条的布，然后再勤于擦拭或吸尘便可。

以上方法适用于各种乐器，也是乐器保养的基本原则与方法。

再比如，吹奏乐器有金属做的，如小喇叭、长笛、长号等，也有木制的，

121.

如直笛、单簧管、低音管等。在每次吹奏之后，必会充满了口水及吹气时因温度升高所带来的水汽，要小心擦拭，并以特制、专用的乐器油进行保养，以免金属部分氧化或木头部分因为潮湿而影响音高和音色。

还有，木制乐器包括钢琴、大／中／小提琴、吉他、胡琴、古筝、笛、箫等等，因为是木头制造，所以需要以特制的保养油擦拭保养。而越高档的木材制乐器，就越需要以特别好的油来擦拭保养。

任何乐器都不能用水擦洗（纯塑料除外）。在购买乐器时，要向乐器行询问清楚关于所购乐器的保养问题，诸如：应该使用哪种保养油来擦拭乐器？需要多久保养一次？一次用多少？这些请根据乐器行的建议和您所在地区的湿度和乐器使用频率作具体谨慎判断，并严格遵守。

我的孩子准备好了吗？

在学琴伊始，您会有这样的疑问：我的孩子准备好了吗？请先来看看学琴的孩子可能会面临的困难，以及应具备哪些学习条件，再下结论或许较为理性。

视觉

要学习西洋乐器，必须学习识别五线谱。为了识别五线谱，必须具有下列几项能力：

1. 分辨圆点、线、平面的关系：例如同样大小的圆点，在第二间及第三间或第二线及第三线之间移动，儿童是否能清楚地辨别？一般来说，幼儿园大班以上的小朋友比较有能力掌握，而中、小班的小朋友则较为模糊，男孩比女孩也更觉吃力。

2. 须有清晰的代换能力：圆点位于同样的位置，却有两种不同的名称，如高音部的 Do，在低音部却成了 Mi。

运动神经

无论学习任何乐器，都会遇上左右手分工这类问题，以弹钢琴为例：

1. 为了操作琴键，手指必须有每指独立运作的能力。如：将五指做弹钢琴状，轻放在桌上，每次抬起一指，并尽量抬高，其他四指很轻松地放在琴键上，而手掌仍能保持握有一个小鸡蛋的空间，手背不能塌陷。

2. 除了每指能分别独立，并须能两指同时运作。如：同上动作但每次同时抬起两指：一、三指，二、四指或三、四指，四、五指等。两指抬起后，能同时有力地放下，而其他手指仍能很轻松地放着。

3. 左右手能同时做不同的动作。如：一手做上下跳跃动作，另一手做左右圆滑滚动的动作。

4. 左右手能同时打不同的拍子。如：右手打 ♩ 的拍子，左手打 ♩ 的拍子，然后能互换。

5. 左右手能同时打出不同的节奏型。如：右手打 ♩♩♩ 左手打 ♩♩，然后能互换。

6. 能非常准确地拍出 ♫ ♫ ♫ ♫……或 ♩♩♩♩……的节奏（可使用节拍器，速度大约在 ♪：68 左右）。

听觉

是否具有敏锐的听觉，能对下列几项清楚分辨：

1. 音符的高低

2. 音符的长短

3. 音符的强弱

4. 音符的快慢

以上是对于想开始学习乐器者所设定的项目，已经开始学习半年左右者，还要面对以下问题：

（一）在老师的协助下，能分辨不同或相同的乐句，并能掌握。

首先老师以不同的彩色笔分出相同与不同的句型，学生可以用辨认"色块"的方式来分辨 A 与 B（如 A 涂蓝色，B 涂绿色）。

如以下谱例：

124.

第一号交响曲
Symphony No.1
Theme
主题

勃拉姆斯
Johannes Brahms
arr. by James Bashcn

转载自《你喜爱的古典名曲》（初级），使用经过同意

（二）能分辨不同和弦的音响。如 的音响不同于 的音响；和弦音与非和弦音，如 的音响不同于 的音响。

此外，是否具有良好的拍律（steady pulse）感、节奏感，手掌是否够大，手指是否有力，及个人的耐心、毅力等，都是必须考虑的因素。

基于谨慎的态度，我提出以上建议，如果太多项目无法通过考验，可能是时机还未成熟，那就再等一阵子吧！

学习古典钢琴曲、爵士钢琴曲还是流行钢琴曲？

到底是学习古典钢琴曲、爵士钢琴曲还是流行钢琴曲？得到答案前，先来了解这些音乐曲目的区别所在。

古典音乐（Classical Music）

126.　所谓"古典音乐"，在大家"约定俗成"的观念里，它通常指的是以下各时期代表作曲家的作品：

（一）文艺复兴时期（Renaissance Music，1450~1600）
　　　加利莱伊（Vincenzo Galilei）
　　　帕莱斯特里那（Giovanni P. Palestrina）等
（二）巴洛克时期（Baroque Music，1600~1750）
　　　巴赫（Johann S. Bach）
　　　斯卡拉蒂（Domenico Scarlatti）
　　　亨德尔（George F. Handel）
　　　维瓦尔第（Antonio Vivaldi）等
（三）古典乐派时期（Classical Music，1750~1825）
　　　海顿（Joseph Haydn）
　　　莫扎特（Wolfgang A. Mozart）
　　　贝多芬（Ludwig van Beethoven）

舒伯特（Franz Schubert）等

（四）浪漫乐派时期（Romantic，1825~1900）

舒曼（Robert Schumann）

肖邦（Frédéric Chopin）

李斯特（Franz Liszt）

勃拉姆斯（Johannes Brahms）等

（五）现代乐派（Modern & Contemporary Music，1900 年至今）

西贝柳斯（Jean Sibelius）

德彪西（Claude Debussy）

勋伯格（Arnold Schoenberg）

斯特拉文斯基（Igor Stravinsky）等

爵士音乐（Jazz Music）

谈到"爵士音乐"，大致说来，它兴起于美国的一些黑人音乐家之中，代表着美国对音乐界的最大贡献。而这些黑人是在约十九世纪以前来自西非洲等地的奴隶，他们带来了黑人民歌，如工作歌、忧郁调或蓝调（Blues）——早期的这些蓝调音乐主要是反映黑人的悲苦心境及他们底层的生活状态，因此充满悲苦的气氛。圣歌（Spiritual）——或称黑人灵歌、福音歌曲，则是他们发自内心深处的向神祈求祝福、平安等的音乐，著名的代表音乐家有：作曲家杜克·艾灵顿（Duke Ellington，1899~1974），小喇叭手路易斯·阿姆斯特朗（Louis Armstrong，1901~1971），单簧管乐手班尼·古德曼（Benny Goodman，1909~1986）等人。对爵士乐有明显影响的黑人民歌，算是爵士乐的先声。

在其后爵士音乐的发展过程中，除了这些黑人音乐，也吸收了古典音乐、民俗音乐等诸多音乐元素，也因此逐渐形成了今日种类多样的爵士乐，它所传达的内容也更多样化，不再只是早期的黑人音乐风格。

综合来说，有人认为爵士音乐是一种即兴的黑人民间艺术，在白人基于商业目的而接管后，失去了它原来的身份。既然它是一种即兴的艺术，就无法用乐谱记载，因为这样做会破坏它的精神，它是一种独一无二的演奏方法，远远脱离了谱中所记载的音符与平常的乐器演奏法。

"由于 1920 年代至今仍被称为'爵士乐时代',我们也可以说爵士乐是社会现象的一部分。"[1]而爵士乐中的韵律（二拍三拍重音交错出现）、节奏（充满了切分法及即兴节奏）、音阶（第三及第七音通常以降半音出现）、轮廓（音阶的进行不同于正统的大小调音阶）、和声（大多以正统音乐的和声观念为基础，但有更多更繁复的和弦外音穿插）、构造（使用主音构造，偶尔包含一些对位法）、形式（采取主题与变奏的安排方式）等素材，绝大多数不同于古典音乐，便形成"古典音乐"之外的另一大音乐形式。

雷格音乐（Ragtime Music）

还有一种音乐形式称为 Ragtime（或译为雷格、繁音拍子、散拍乐），它提供给日后形成的爵士乐极大的养分，并且它主要是以钢琴来表现，因此值得在此一提。Ragtime 音乐是一种发源于美国圣路易斯、新奥尔良、田纳西、芝加哥等地的黑人钢琴演奏者中的音乐。这些到处演出的黑人钢琴家，融合了非洲音乐、犹太旋律、美国黑人的强节奏及民族风味浓厚的欧洲地方舞曲，创作出这种充满切分的节奏——Syncopation、Polyrhythm（宝利节奏，即将两种不同的节奏型放在同一小节内，以上下两部的方式同时进行），相当即兴，而且可以跳糕饼舞（Cakewalk 或译作步态舞）的切分音乐，最大的特征是左手保持进行曲的节奏，右手弹切分音，大部分以类似回旋曲之形式（A–B–A–C–D）展开。在十九世纪末（约为 1897 年）于美国出现时，受到许多人的喜爱而开始盛行一时。

其中起到关键性影响的人物当属黑人音乐家斯科特·乔普林（Scott Joplin），他于 1899 年出版他的钢琴作品《枫叶雷格》（Maple Leaf Rag）之后，声名大噪。随后的 Ragtime 作曲家在作曲时，在旋律的走向、和声的进行及拍律的安排上，受到他的影响长达十二年之久。

然而 1917 年在爵士音乐大量出现后，便立刻取代了 Ragtime 音乐在群众心目中的位置，从此，Ragtime 音乐逐渐消沉。直到 1970 年代，Ragtime 音乐又再

1.《音乐欣赏》第406页，Homer Urich 著，汪育理、康绿岛译，台湾全音乐谱出版社，1976。

复活，特别是在1973年出品、由保罗·纽曼主演的电影《刺激》(The Sting) 的配乐，使用了乔普林创作的《艺人》(The Entertainer) Ragtime 钢琴音乐。广大群众的注意力铺天盖地地又涌向了 Ragtime 音乐，使得它立刻复活，甚至影响到一些古典音乐界的作曲家，如：德彪西、伊戈尔·斯特拉文斯基、拉威尔 (Joseph M. Ravel)、勃拉姆斯等人。直至今日，Ragtime 音乐已形成一股令人不可小视的气势，每年都有许多专门针对 Ragtime 音乐的节庆、音乐营以及比赛定时举行。有兴趣者可以在 www.Scottjoplin.org 或 Youtube 上输入 Ragtime 欣赏。

这几年在美国爱荷华州出现一名"世界最棒之一"的 Ragtime 音乐钢琴家男孩亚当·斯旺森 (Adam Swanson)，由于他出名时只有十五岁，很快在 Youtube 上由他演出的短片成为点击率很高的热门影片。他于2007年在伊利诺斯州参加世界杯"老时代钢琴弹奏比赛"(Old-Time Piano Playing Contest)，成为最年轻的参赛者，并且连续三年荣获冠军。

我特别提到他，是因为看到在 Youtube 上他演出的影片下方，有人留言（原文为英文）："他的手像在键盘上飞，真希望当年我学钢琴时也能弹奏这种音乐，而不是卡在约翰·汤姆逊的教本上过不了！"不知道在中国能否买到他的 CD，如果想要欣赏，可上网站 www.cdbaby.com 或者 www.Adamswanson.com 在线观赏。如果想买这类乐谱，可从 Scott Joplin 的作品专辑中找出喜欢的作品练习。

流行音乐 (Popular Music)

流行音乐，通常指的是当今时代通过商业媒体，如广播、视频、电脑等方式向广大群众以商业行为来传播的音乐，没有什么特定的音乐形式。

它与爵士音乐的区别在哪里？

台湾在这些年间，也刮起了所谓"爵士钢琴"的风潮，其中一小部分的教材，采用了美国爵士乐中的精神——在已有的架构上，即兴演奏旋律与和声，及一小部分的蓝调旋律。然而前面所提爵士音乐的特色：充满了切分法，不同的音阶，不同的轮廓、构造、形式等则并未包括。

严格说，目前台湾所流行的"爵士钢琴"应属于流行音乐，在美国也有类似这样的钢琴曲，而他们以"即兴钢琴曲"(Improvisation Piano Music) 或流行钢琴曲 (Popular Piano Music 或 Pop Piano Music) 作为这些系列的书名。以"爵士"

命名，很容易令人联想起美国黑人游唱表演（Minstrel Show）的那股调调，及当时非洲黑人复杂的切分拍、二三拍交错出现的律动感。因此，在台湾的"爵士钢琴"曲中，其实已经有流行歌曲和传统的爵士曲在名称上混淆的现象，我个人觉得这类的编者或教学者，有必要划清名称，毕竟流行歌曲的钢琴即兴伴奏法和传统爵士钢琴完全不同。

例如七八十年代或现今的西洋流行歌曲、台湾校园民歌或中国通俗歌曲等，如果伴奏的和弦安排、旋律的音符进行，除了少数的几个音外，其余都使用和弦内音，而非爵士乐使用大量的和弦外音（一般通称），节奏的使用只是常用的正规节奏，而非爵士乐惯用的切分节奏，那就只是流行钢琴曲，而非爵士乐。"正名"之后，学习者就有更多、更明确的选择。

在此特别加以叙述，是不希望发生多年改不掉的错误——错将流行音乐当成爵士乐，流行音乐（Pop music）就是流行音乐，爵士音乐（Jazz music）就是爵士音乐。据我所知，爵士音乐比流行音乐又难学、又难掌握，没有天分的人，是很难得到其精髓的。

依据个人需要选择

最后，谈到该选择学习古典、爵士或流行音乐，我个人认为不应以曲目来划分选择，而以年龄来分似乎较适合。一般来说，古典的钢琴教材编排，在初学阶段为了要增加趣味性，除了传统的曲目，也会增加一些民谣及较现代、轻松的曲目，如摇滚、简单的爵士之类，程度越深则"古典"的曲目就越多。这样的教材系列，通常在弹奏技巧上的要求较多也较严谨。而流行钢琴或爵士钢琴，虽然也讲究弹奏技巧，但大致上不如古典技巧那么严谨。

因此，如果选择学习项目的是小孩，家长可衡量孩子的耐心、潜力，先从古典钢琴的基础训练着手。有了几年正确的基础训练之后，可以由他们自己决定继续走古典钢琴或是流行钢琴、爵士钢琴之路。

如果是年龄稍长的成人，俗事羁绊较多，也较没有足够的时间及条件（手部肌肉、关节的状况）从头学习要求较繁复的古典曲目，古典似乎较不适合。如果要求很少，只希望有自娱娱人的效果，选择流行曲目等钢琴即兴伴奏法就很不错了。在美国也有相当多的人，经过"古典钢琴"漫长、扎实的基础训练

如果能够横跨古典、爵士、流行等曲目范围，还能到处演出，"玩音乐"会更有趣。

后，转攻"爵士音乐"，他们的技巧及流畅性的高超，自不在话下。

我们寄望中国的"古典钢琴"音乐界，在给孩子们选择曲目时，应该有更多样化的选择，如传统的中国旋律，一些作曲、编曲很好的现代轻松小品——如圣诞曲、民歌小品、Rag、摇滚、爵士、Boogie-Woogie，等等，这些不但练习的时候轻松，在需要"露一手"的休闲场合中，比起古典音乐需要正襟危坐欣赏的气氛，会更容易引起大众的共鸣。

参考书目：

①《大陆音乐辞典》第 289 页，康讴主编，台湾大陆书店，1969。

②《音乐欣赏》第 250 页，Homer Urich 著，台湾全音乐谱出版社，1976。

③《爵士乐的故事》第 78 页，Marshall Winslow Stearns 著，台湾今日世界出版社，1970。

④ 维基百科。

⑤《这是雷格时间》（This is Ragtime）第 18 页，Terry Waldo 著，1975。

如何选择钢琴教材？

回想我的学生时代，台湾的钢琴教材"拜耳"（Bayer），钢琴学子几乎是人人必弹，这也是钢琴教师的唯一选择。而约在 80 年代，出版商从美国翻译了三套教材，才使选择增加（近几年中国内地也开始引进），"拜耳"便逐渐遭到淘汰。但和美国比较起来，台湾和内地的钢琴教材，可供选择的种类还是不够多。

大约 2000 年以后，内地学习钢琴的人大量涌现。很神奇的是，50 年代的台湾和现在的内地在教材的选择上居然非常相似，据内地出版社统计，使用"拜耳"和"汤姆逊"为钢琴教材的人数仍是最多。

"拜耳""汤姆逊"（John Thompson Piano），在东方使用历史悠久，甚至教师闭上眼睛都可以教；缺点是调性变化较少，会让学生日后遇到升降记号时产生惧怕感。并且"拜耳"上下两册教本加起来，旋律绝大多数为 C 大调，之间穿插极少数的 F 大调、G 大调和 A 大调，节奏也没有太多变化，在编排设计上也相当枯燥。总之，这是一本于 1850 年左右在德国出版、现在已相当老旧的教材，在美国和欧洲几乎已经买不到这样的谱了。

新编译自美国"可乐弗"系列（Glover Piano Method）、"巴斯田"系列（Bastien Piano Method）的钢琴教材，在调性的多样化、旋律与和弦的趣味性、变化性上

---

1. 美国的Alfred Publishing Co.Inc. 成立于1922年。出版的音乐书籍、乐谱范围涵盖很广，很适合一般大众。目前他们的出版物已超过五千种，还有许多图书正在出版中，例如钢琴谱、吉他谱、打击乐谱、乐队套谱、弦乐谱、管弦乐合奏谱、CD、DVD、电脑学习音乐的软件、各种理论书籍、合唱谱、声乐谱等等。

增加了许多创意，已在台湾使用了二十多年，现也已引进内地。

目前在美国，颇受钢琴教师欢迎的"Alfred"系列[1]钢琴教材，曲目范围很广，涵盖从古典到现代，从传统到爵士、摇滚、圣诞歌曲，从单手、双手到四手联弹等。光是针对一般初学者就有二百多种钢琴谱，还不包括大师的作品，选择颇多。以上所提的书目，很多都可以在内地买到翻译本[1]。美国另有一家乐谱公司（The FJH Music Company Inc.）于 1988 年成立，出版系列的儿童钢琴、乐队、管弦乐、吉他等教育用谱，也同样受到欢迎，值得参考。（国内也已引进、出版。）

面对琳琅满目的各种音乐教材，很多关心孩子学习的家长及钢琴教师，频频问起它们的区别，以下几项原则，可以给您一些参考：

多调性——如果老是停留在 C 大调，认为没有升降记号就是容易的，那么将来在学习别的调式或转调时，就需要克服较多的心理障碍。从 C 大调到 F 大调、G 大调、D 大调、B 大调……以及其他小调都可以给孩子尝试。

趣味性——许多新编的教材，不但在旋律、和弦上增加趣味性，写些标题、曲名，再加些插图，能给孩子在单纯的音符外，多些想象以及表现的空间。

适用性——有的孩子个性不畏难，有的孩子较软弱怕吃苦，有的孩子手较小或无力，有的孩子手又大又有力，那么在教材的选择及进度上，都应该顾及孩子的个体差异而有更多的弹性。

多样化——中国人如果能弹奏自己的音乐，那会是最完美的选择。但在目前并没有理想的以中国音乐为题材而编成的系列初学教材，那么只有选择国外进口的教材了（真是不得已的选择）。而既然使用的是西方音乐，在他们的社会所广泛流传的音乐，如乡村音乐、民谣、民俗音乐、圣诞歌曲、基督教圣乐、雷格音乐、爵士乐、摇滚乐等，都必须去尝试，并且这些轻松的曲目，较容易引起孩子的兴趣。太快跳进古典（如巴赫、贝多芬、莫扎特等），有时曲目太难，并且似乎离现实生活太遥远，一部分人将较难适应。

最后，不要操之过急，与孩子一起享受学习乐器的乐趣，享受乐曲所带来的欢乐，将是最好的教材营养剂。

1.以上所介绍的乐谱基本都由上海音乐出版社出版。

钢琴可以有代替品吗？

如果因为环境的关系，例如：目前房子不够大，将要搬家了，或经济预算的问题，目前还不打算买钢琴，家长通常会询问：可以先买简单的风琴、电子琴来代替吗？

在回答此问题前，我们先了解这类键盘乐器的发声原理。

风琴：经由踏板操作，将空气输入风箱，振动簧片而发声。

电子琴：科技产品，许多的电子线路经由电子发振器（一种电路，可以产生预设频率的交流电）来发声。

钢琴：借着触动琴键牵动琴槌，来敲打琴弦而发声。

总体来说，这些乐器在构造上都相当复杂，尤其是钢琴。弹奏它们而发声，外表看来只是相当单纯的手指触键发声，实际区别却相当大。

单就"弹"的动作而言，风琴与电子琴的触键原理相类似也较单纯，因为成人的、有力的手和幼小的、稚嫩的手，弹出的音没有什么不同。但是钢琴可就不同了，需要手指关节（牵动手指）、腕部（牵动手掌）、手肘（牵动前臂）、肩膀（牵动上臂）各部位的灵活运用和配合。

就算同一个人、同一只手，在不同的心情下，也会使钢琴发出不同效果的声音。因为钢琴本身会对触键者的力度及感性做出灵敏的反应，而风琴、电子琴则不然。

两者相去甚远的触键法，如果在初学琴的阶段，即给予触键较容易的电子琴、风琴，之后再去适应难度较大的钢琴触键法，习惯将非常难改。若因此而养成错误的触键法，更会对孩子造成许多不必要的困扰。**因此，如果确实想让**

孩子学钢琴，宁可晚点学，买一台品质好的钢琴，也不要先找替代品。

如果住家空间不大，经济预算尚未到位，不确定孩子是否能坚持，居住地点太潮湿或是偏僻地区，那么使用电子琴学习也是一个必要的选择！

权衡之下，要慎重对待孩子所踏出的第一步！

大提琴的声音浑圆低沉，受到许多学生的喜爱。

拉小提琴不再是男孩的专项。

除了钢琴，还可以学什么乐器？

依照一般乐器的分类，西洋乐器大致可分为五大类：

一、弦乐器——如小提琴、中提琴、大提琴、吉他等。

二、木管乐器——如长笛、单簧管、双簧管、萨克斯等。

三、铜管乐器——如小喇叭、伸缩喇叭、法国号等。

四、打击乐器——如各种鼓类、木琴、铁琴、三角铁等。

五、键盘乐器——如钢琴、管风琴、大键琴等。

137.

而中国乐器（包括各种民族乐器）种类则更为繁多。《周礼·春官》将中国乐器以其制作的质料分为八类，即"金、石、土、革、丝、木、匏、竹"。现代人以其发声的原理，将中国乐器分为"吹、拉、弹、打"四类。

竹摇琴全以竹子制成，或以手摇，或如立奏木琴般以琴锤敲奏，音色非常美。（上图）

低音竹琴。（下图）

打击乐也是不错的选择。

一、吹管乐器：笛、箫、笙、唢呐、管埙、巴乌、葫芦丝等。

二、拉弦乐器：二胡、高胡、京胡、板胡、三弦、马头琴等。

三、弹拨乐器：琵琶、柳琴、阮、古筝、扬琴、月琴等。

四、打击乐器：锣、云锣、钹、大堂鼓、小鼓、缸鼓、排鼓、梆子、达卜（手鼓）、编钟、编磬等。

大多数父母为孩子选择的乐器是钢琴、小提琴，这是因为钢琴、小提琴最广为人知，乐器容易购置，师资也多，因此，渐渐地就形成比较被人重视的乐器。当然，也有一些其他原因：

1. 弦乐器中的中提琴、大提琴，虽然也能依照孩子体型而变化尺寸大小，但一般来说购买不易，师资也较缺乏，因此选择的人较少。

2. 木管乐器及铜管乐器，须从身体内部提供足够的力气来吹奏，需要有足够的体力，不太适合十二岁以前的孩子，尤其铜管乐器，更需要大量的肺活量才能吹出声音，如果运用的方法不对，对身体甚至是一种严重的伤害，因此，一般并不鼓励小学以内的学童吹奏。

3. 打击乐器师资不易寻，学习风气不浓（现在有学习人数增加的迹象）。但除了西方的打击乐器，别忘了中国的打击乐器也很有特色。只是要留意别使用太大的音量，会让邻居受不了。

不过，有些孩子因为钢琴、小提琴牵涉的问题太复杂，无法应付，铜管、木管更是困难，但仍希望学习乐器，那么，他还有什么选择呢？

建议您不妨试试：直笛（Recorder，或称木笛、竖笛，有塑料制或木头制）。在交响乐团或管弦乐队中，一般并未设有它的配置。但因为它有超高音直笛（Sopranino）、高音直笛（Soprono）、中音直笛（Alto）、次中音直笛（Tenor）、低音直笛（Bass）、倍低音直笛（Contra Bass）等完整的家族体系，因此，从中世纪以来，它就常以自成一格的方式进行演奏。从图片音乐史上，可以看出直笛在当时也是非常受宫廷贵族喜爱的乐器。同时它还有价钱便宜、学习容易、携带方便、合奏容易、吹奏简单等多项优点。

吉他，也是很好的乐器，学习起来不像钢琴、小提琴那么困难。并且容易携带，在学校、郊外，在同学、教会、社交场合中，都是非常容易引起共鸣的乐器。尤其年轻人，手拿一把吉他，嘴里哼着歌曲，很容易受到同伴的欢迎。只是因为形体较大，不太适合初中以下的孩子。

乌克丽丽（ukulele），是一种比吉他小的四弦琴，最早被人从葡萄牙引进到夏威夷，流行于当地，又渐渐在美国各地受到欢迎。弹奏方式类似吉他，但比

139.

1989年，由新闻局举办、华视转播的"庆祝母亲节特别节目"中的直笛合奏表演。

直笛比钢琴容易上手，又可以享受合奏的乐趣，是很好的选择。

吉他容易。可自弹自唱，效果也很好。近年来在东方国家逐渐掀起了学习的热潮。

我在台中一中任教时，曾为他们开办"校园民歌比赛"。比赛的歌曲可以是西洋的，也可以是中文的，但是缺少不了的一定是吉他的伴奏。这项活动很受这些高中男生的欢迎，成为他们的传统校园活动之一。如今这项活动已有将近三十年的历史，并且还有更多的高中、高职跟进。开办歌唱比赛，形成了台湾年轻人喜欢弹吉他的风气，这也是美事一桩！

以上属于西洋乐器，别忘了还有中国乐器的选择，并且师资容易找、乐器容易买、信息资源容易获得，学起来更容易上手，且需要中国人自己来传承并将之发扬光大！

中国传统乐器古筝也是很好的学习项目。

东方乐器加西方乐器，让老师、孩子一起找出融合之道，还可以同时培养他们的本土观与世界观。

第五章　知识篇

有关乐谱及乐感等问题

五线谱难学吗?

"豆芽菜，我看不懂"

"老师，我的四岁孩子上了半年的音乐班，为什么还不会看谱？""老师，我邻居的四岁孩子，在××上音乐班，才一个月就开始看谱了，为什么在你的音乐班已经半年了还不会看谱？""小琪在别的地方已经学了一年的钢琴，为什么看谱还是非常吃力并且常常弄错？"

我读的是师范大学，"音乐教材教法"里，不会与我们讨论五线谱细部教学的问题，但是毕业后，却每天面对这些问题！

我教过初中，来的学生百分之九十不会看谱；教过高中，学生是来自台湾中部五县市的优等生，智力自不在话下，但学生有一半不会看谱！在美国，没有参加过乐队、合唱团的人，百分之六十不会看谱。朋友群、学生家长中，年纪超过三十岁以上的有百分之八十的人告诉你："豆芽菜，我看不懂！"而在国内，似乎更多人不会看五线谱。

这究竟是怎么回事？不外乎以下几种原因：

1. 许多音乐班将视谱（认五线谱的音符）这种认知活动，设定从四岁开始教学，适合吗？我认为似乎太早了！

人体大脑神经的发育中，主宰空间感、层次感、垂直感及字形、数目、方位等辨识能力的形成，是在孩子出生后的第五年才开始，因此如果要求四岁前的幼儿辨认五线之间的音符变化，在时间的安排上，是非常不妥当的。

2. 是否有"视谱障碍"？——心理上的及生理上的。为什么"五线谱"比几何、代数简单千百倍，却令许多人投降？

3. 若没有生理上的"视谱障碍"，音乐教师是否需要改变教授五线谱的方式？是否教法不当，才造成如此大量的人有视谱的"心理障碍"？

4. 不论私设的音乐补习班，或学校的音乐课，前者为求立竿见影，提早并增加分量地将认识音符的活动加入课程；后者却又因为班级人数过多，无法找到合适的方法教学，只大致带过。这样过与不及，都是造成"音符盲"的原因！

5. 国内以前只有简谱教学，没有五线谱教学，孩子长大了要再去学，心理上就产生了排斥感。

其实，我们的社会有许多的"音符盲"！小学、中学不会看谱，之后没有音乐课就更不可能学会。但是当这些人成为父母后，却又急着希望孩子最好在四五岁就要会看谱，这是挺矛盾的事，只是许多人不自知！家长要摆正心态，正确应对。怎么做？

首先，我们来了解，视谱活动时所牵动的神经系统有哪些？

1. 一般的视觉

视觉是否正常，或有轻微的障碍，以致影响最基本的判断力，造成遗漏、模糊、计算错误等现象。也有一些人从小就有"两眼视差"的问题（即两眼近视的度数相差很大），于是在读"五线谱"时，便会产生错误，如果大人不知道孩子有这种问题，会将之归类为"不够认真"。

2. 传送视觉至大脑的"感觉通路"是否通畅

视觉即使正常，通路若有障碍，大脑无法了解经由视觉传来的正确讯息，便也无从正确判断。

3. 手眼协调能力

当教师要学生找出"第三线的音符"时，眼睛传令"第三线"给大脑，大脑传令给手指，执行"画音符"或"指出音符""弹出音符"的动作，若手眼不协调，这种动作便无法正确完成。

4. 形状与平面的视知觉

对于线音 ≡ 和间音 ≡ 在形状上的异同，必须有归类的能力，及辨认在同一平面的线间音彼此的位置关系。

钢琴的琴键太复杂了，音符那么多，哪个是哪个？贴个贴纸，让她们玩写音名 ABC 的游戏，寓教于乐，玩得好开心。不要忽略看起来很简单的五线谱，很多人学习乐器，其实不是被乐器本身所打败，而是败在成人认为很简单的五线音符上。先建立一些五线谱的基本概念，再来学乐器，就会轻松许多。

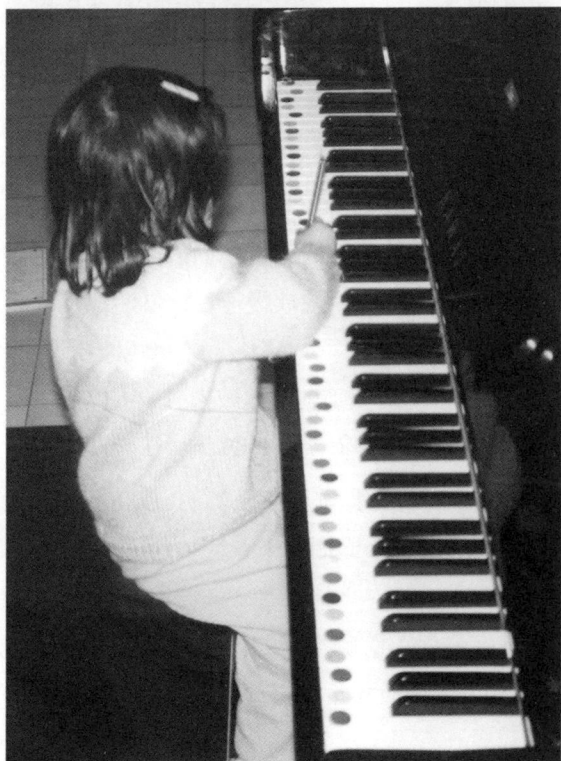

将音符分组并贴上不同颜色的贴纸，如 Do 音帖红色、Re 音贴蓝色白键盘的 52 个音符就可归类为七组的 Do、Re、Mi、Fa、Sol、La、Si 音群，只要学七个音名，就可认识所有白键的音名与唱名，学音符立刻类化为简单的事。"经验"可以帮助我们使用更容易的方法来教学。看孩子们学得多开心，连四岁还握不稳笔的妹妹都抢着将贴纸写上音名。

5. 方位感

音符列印在书上，"第一线是在第二线的下一线""第二间是在第四间的下两格""第二个音符是在第一个音符的右边"，需要了解人与音符及音符之间的上下、左右的位置关系。

只有这些系统都已建立，并能正常地运作，加上良好的引导，"视谱"才会简单又轻松。

那到底五线谱——

应该几岁开始学？

如果开始学，进度怎么安排？

多年来经过对各年龄的学生及我稚龄的两个女儿做实验对象的研究，我发现：

1. 大致上女孩子在五周岁、男孩子在五周岁半以上视神经系统才发展至"尚可运转"的阶段。将"尚可运转"的视神经系统，加以有趣并类化的教学方式，便可强化其效果。若是以上的系统仍相当薄弱便开始教学，非但没有效果，且容易造成幼儿对自己学五线谱失去信心，若再有外在的压力，极容易造成心情的慌乱，进而影响视觉，造成混乱感，对日后的影响甚巨，甚至造成孩子拒绝学习。

2. 在"四岁幼儿音乐课程"里，最好设定：五岁才开始用游戏的方式学习五线谱，期限可设定为一年。最基本的 Do、Re、Mi、Fa、Sol、La、Si 虽然只有七个音符，但对于幼儿因此所牵涉的能力，由前述可知其复杂性，须经由多种学习方式及足够的暖身活动，慢速地进行累进的认知。基础稳固后，要快速看谱，就易如反掌了。所以，在年幼的时候，学习一定要放慢速度，不断地反复练习，绝对是必要的。

3. 小学二年级以后乃至中学期，视谱活动较少受到前述因素影响，以适当的方式引导，两三小时便能建立正确且快速的视谱方法。但教师教学时所用的方法，是影响他们学习效果的根本原因，不可不慎！例如：把音符当成在平面五条线之间毫无意义、与声音没有关联的"移动的小圈圈"来看待，别说是孩子，就是成人可能都有理解上的困难。

4. 对于学校音乐课本内容的编排，最好不管哪个年级（小学、中学皆如此），前几课都排有五线谱的教学，每年开学的时候重新再教一遍。因为每位老师的教法不同、趣味性不同，学生接受的程度也不同。这样，就可以让更多的学生学会看音符了。

　　五线谱，中间贯穿着忽上忽下、忽线忽间、忽快忽慢的音符，需要同时动用：思考力、判断力、推理力、数字概念、空间概念、时间概念、方位概念。"五条线"只是最基本的，其后再加上低音部、上加线、下加线，林林总总大谱表二十条线绝对少不了。看完之后，你觉得它是困难还是容易呢？

轻松学习五线谱（一）

五线谱难不难学，其实是看你怎么学，什么时间开始学！如何调动孩子的兴趣和积极性。

怎么办呢？这十几年，我试了许多方法，观察孩子们的反应，终于发现：**五线为什么必须同时出现呢？如果让它以一次增加一条线的方式呈现在眼前，困扰则立即减轻了大半!**

幼儿初学识谱步骤

一、使用一线谱，让孩子辨认"线"的上方音和下方音在视觉及听觉上的不同效果

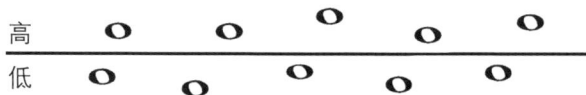

方式：幼儿使用贴纸

1. 家长嘴里发出高低音。

2. 家长敲各种物体，如：以手敲大圆桌子（是声音较低的低声）、以木棒敲小椅子（是声音较高的高声）、以脚踏地（低声）、以木棒敲碗盘（高声）等，制造随手可得的高低音效果。

3. 使用乐器，如钢琴、鼓等弹敲出高低不同的声音。

引导孩子聆听或想象：爸爸发出的是低音，狮子、大象、熊发出的声音也是低

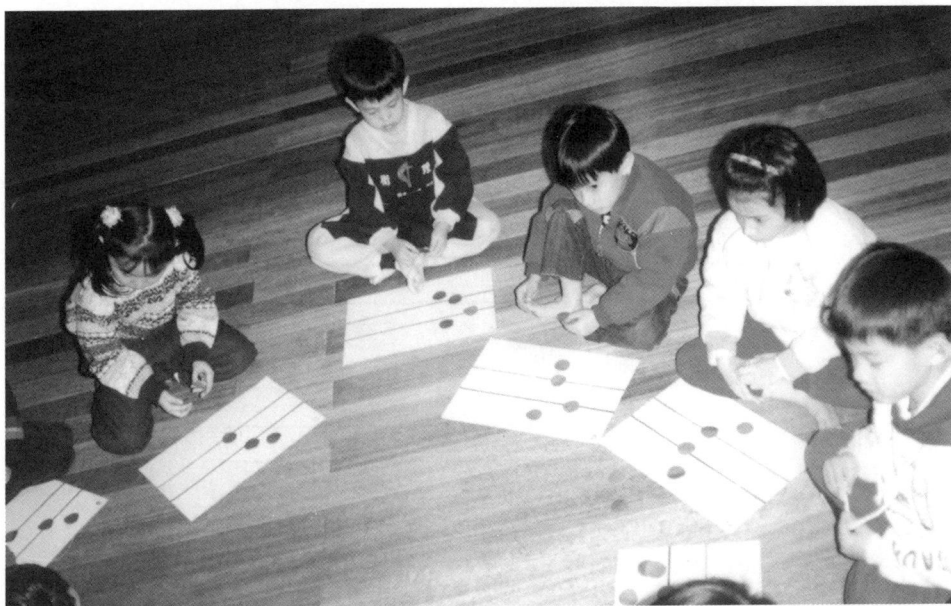

直接学习五线谱，对儿童来说其实是很吃力的。将五线谱先简化为一线，然后二线，然后三线　并将之放大，儿童们学起来会容易许多。没有压力的学习，自然就能有自信，并感觉愉快。

音，而妈妈发出的声音以及小鸟、小鸡、猫咪发出的哼吟则是高音。幼儿手拿贴纸来分辨家长所制造的高低音的变化，出现高音则将贴纸贴在线的上方，出现低音则贴在线的下方。

二、使用二线谱，认识线音及间音的不同

1. 分辨上一线及下一线的音是不同的线音

2. 在两线之间及其上下，各有不同的间音

注：本项目进行时，家长如果不会弹奏乐器，可将之视为纯视觉上辨认音符的游戏，目的在于分辨两条线的线、间音的区别；如果家长或老师会弹奏乐器，则不妨加上听觉上的粗辨认（大致上能辨认就可，不要苛求听觉马上达到准确）。

以上两项反复练习，视幼儿的年龄及各方面的反应，能熟练地掌握以上项目后，再进入三线的学习。

三、使用三线谱及下加一线，扩大两线谱线、间音的分辨

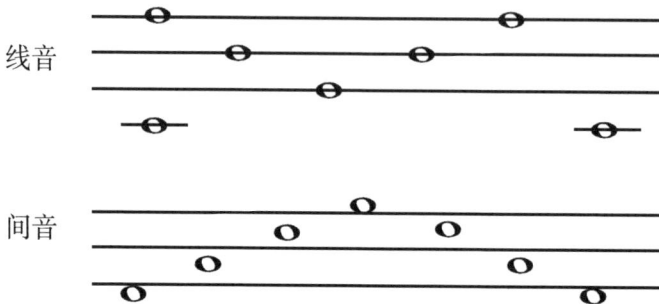

注：当视觉上有概念后，除了听觉，还可加上音符名称的认识，如 Do、Mi、Sol、Re、Fa、La 等唱名的认识，切记，要依照幼儿的反应决定进度的快慢。

当以上三项都在孩子的掌握之中时，就可进入下一章的学习。

别忘了，以上所提的方式，可以是在很愉快的游戏方式下进行（家长轻松愉快、轻声细语，没有进度的压迫感），也可以是在很不愉快的学习方式下进行（家长心情不好、大声叫骂，希望赶快教完、学完）。您应该选择以哪种方式进行呢？

轻松学习五线谱（二）

五线谱也能变魔术？对于四至七岁的孩子，只要提到"变魔术"，他们就会张大眼睛、拉长耳朵！接下来的事就好办了。

如前面所述的方式，你可以请孩子用彩色笔来画，也可以使用圆形贴纸、盖手印等，换些方式来认识音符，孩子会更有兴致。（四五岁执笔尚有困难，可尽量使用贴贴纸及盖手印的方式）

做好了准备，接下来就可以进入正规的五线谱学习了。

使用五线谱纸

1. 先让孩子辨认线音和间音是不同的。（经验上，十岁以前的孩子，仍有可能搞混线音和间音）

方式：家长先画很多线音和间音，请孩子着色。间音着一个颜色，线音着另外一个颜色。

2. 将五线谱的下两线加粗，扩大二线为五线

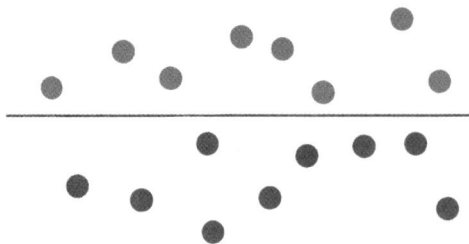

孩子最容易掌握也最喜欢的就是使用贴纸。父母做出较高的声响（如高音讲话），孩子就在线的上方贴贴纸，反之则贴在线的下方。

152.

当孩子在平面的一线上能充分掌握"高的声音"和"低的声音"的上下图像后，将一线增为两线，此时，出现了五种可能性：①上面一线的线音 ②下面一线的线音 ③上一线上方的间音 ④下一线下方的间音 ⑤两线之中的间音。

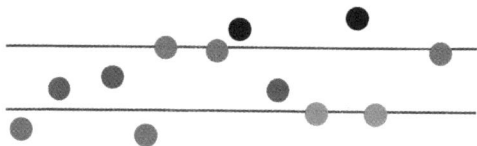

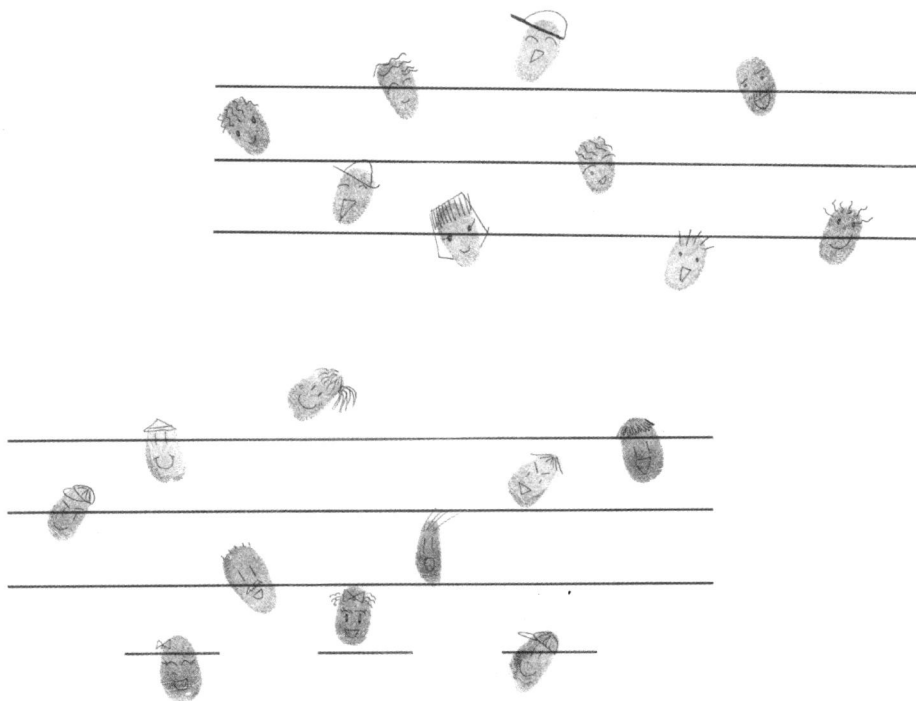

也可以用手指盖手印、再加上插画的方式来认识线音、间音，同样很受孩子们的欢迎。

3. 接下来认识：

第一线

Mi

第二线

So

第三线

Si

第四线

Re

第五线

Fa

下一线

Do

下一间

Re

第一间

Fa

第二间

La

第三间

Do

第四间

Mi

上一间

So

4. 建立"音符以线、间、线、间"相隔的观念

上行

Do　Mi　Sol　Si　Re　Fa　La
Re　Fa　La　Do　Mi　Sol

上行加下行

5. 举一首歌（贝多芬《快乐颂》的片段）为例：

Mi Mi Fa Sol　Sol Fa Mi Re　Do Do Re Mi　Mi　Re Re

先在视觉上熟练五线谱音符的位置，加上唱名（Do、Re、Mi、Fa、Sol……）的认识及听音的辨认，并区分七个音一循环的原则，约一两年后，再加上低音部的学习，将来进入到乐器的学习时看谱就易如反掌了！四至六岁的幼儿，每一步骤间可以放慢脚步，并常常反复练习，切勿求快。

“拍盲”的孩子怎么教？

一般人大多以“音盲”调侃别人，大概很少听过“拍盲”吧？——这可能是我发明的名词。如果真有“音盲”，那当然也可能有“拍盲”了！

如何测验得知？回想一下小学时代，踏步踏时，总有人老是踏错拍子。希望整齐划一的老师，不免要对这样的人来些个别谈话、训练、修理什么的。再想想，大学时代参加舞会，总有人掉到拍子之外，或踩到别人的脚，或“慢半拍”。还有，在一个团体中，被要求全体拍同样速度的……可是，应该像军队踏步那样的节奏声中，却出现零零落落几声如下雨般的散拍。这些人，可能就是轻重程度不同的“拍盲”！

这种问题之所以发生，和一个人的个性、听觉、运动神经觉之间，有着某

家长可设计各式的击掌方式与不同的节奏，亲子互拍或与同伴互拍，配上音乐或不配上音乐都可以，这也是“玩节奏”的一个好方法。

　　要改善节奏反映不良的问题，可以多做随着音乐舞动全身的活动。肢体活动协调、放松，拍律感自然增强。鼓类乐器很适合儿童使用，但要注意控制音量。

156.

我在美国为儿童上音乐课的情景（节奏练习）。

种程度的牵连。或许可以大致归类为：若不是行为举止较保守的人，就是感觉统合出了毛病。行为举止较保守者，通常肢体放不开，举止拘谨、僵化、生硬，当大脑传达"拍手"的讯号给手时，中间"波折"较多、通路不顺的结果，就会有"乱拍拍子"的行为。感觉统合不良，听觉、视觉、运动神经，彼此协调不顺畅，无法在同一时间内非常准确地同时接收到讯号并做出动作。拍盲，不是不可能，程度有轻重，轻者多辅导几次，或以口念某些节奏，或以手拍，就能纠正；重者，则无视正确的速度，自顾自地弹着，节拍器对他形同虚设。

有这类问题的学生，我常用的方法是：

一、带着他做全身性的运动，如律动体操及简单的舞蹈等，并配以节奏非常清晰的音乐，帮助他们先放松全身的关节、肌肉，再慢慢试着"准时"地"在拍子"上做动作。这样做可以增强孩子的肢体协调能力，对于训练并加强节奏感有很好的效果。

二、建议父母一定要带孩子多运动，如跑步、游泳、翻滚、拍球、蹦跳等。

三、如果是成人，则建议他们去舞蹈社，做做非激烈性的有氧运动（如简·方达健美操等），随着"one more、two more"的节奏，来改善对节奏反应的敏感度。

如果一直针对学生做不出来的节奏而重复练习，改善的机会较少，换句话说，本案例并不适合"头痛医头，脚痛医脚"。我认为，磨刀不误砍柴工，针对全身性的动作来改进，效果虽慢，但较有效。

和"音盲"一样，"拍盲"也是越早改进越好，过了一定年龄（没有准确的数据报告，且因人而异，一般在十二岁左右），可能就很难改变了！

我的孩子节奏感很差，怎么办?

在家长的想法中，如果孩子所弹奏的曲子拍子不正确，通常就将之列为"节奏感不好"。所谓的"节奏感不好"，其实更广泛地包含了三件事:

一、固定拍（Steady Pulse），或说"稳定拍子""固定拍律"不好。这是指在同一段乐章中，并没有音乐速度改变的要求（如渐慢 rit、渐快 accel 等），学生却在无意间自行随意改变速度。

二、不能确定掌握音符的长短（Note Value），如: ♩、𝅗𝅥、𝅝 等音符需要维持多久相对时质的长度，无法明辨。

三、即使正确地做到以上两项，**拍子、速度对他来说，只不过是如计时器或电脑音乐般将拍子如数学般弹出来，缺少"节奏"所真正需要的那种看不见、量不出的律动感、跳跃感**。乐评家严格地评论或比较某些演奏家、指挥家时，这样的节奏感常常是影响相当大的一环。

若你已看过本书前几篇的内容，便知道什么是拍盲，也知道如何去修正，除此之外，还可做些练习来加强孩子的节奏感:

一、多听节奏性强、曲式短小的音乐，并随着音乐舞动身体。

二、以全身来感受节奏。瑞士音乐教育家所提倡的**"达尔克洛兹教学法"，认为学生除了以数学头脑来了解音符的长短，还可以运用全身肢体把所听到的音乐以流动的身体线条来表现**。这种教学法又称: 体态律动学。他的方法目前已在欧美音乐教育界引起了相当大的反响。提供您几个从简到难的练习步骤，可用来改善、加强并巩固孩子甚至是大人的节奏感。

我正在上套鼓的课。这项训练不但要"手脚并用""左右手脚协调"，还要"四肢分离"——左右手脚各司不同的乐器与节奏！这是个很好的节奏训练，相当好玩。

使用手鼓练习节奏，看我们多么认真。

音乐课上，老师在训练孩子对节奏的敏锐反应。

（一）踏步踏

身体放松，一面踏步踏，一面告诉孩子，这可以是音符 ♩ 的长度，接着可以换成 ♫ 或是 𝅗𝅥（相对而非绝对的时值）。

这是一项非常简单却又非常基本的练习。为了增加它的趣味性，可一面配合一些节奏轻快的音乐，跟着音乐踏着拍子，轻松地晃着身体、舞着双手，既没有压力，又能很有效地改善一个人的节奏感。

（二）脚踏固定拍子，如：♩♩♩♩

与（一）相同，只不过（一）的方法是漫无目的的，而现在则慢慢引进踏步踏的"规律性"。在正常的状况下，踏步踏不可能是一脚快、一脚慢，它必然像人体的脉搏（Pulse）跳动一般，有其规律和稳定性。也可照着他正在弹奏的曲子的速度，以 ♫、♩ 或是 𝅗𝅥 的节奏，用脚来踏固定拍。

（三）老师或家长写出一些节奏，如：

或者

孩子以脚踏出或手拍出以上音符的长短，并不断重复。值得注意的是：大多数的孩子在一开始虽然知道 ♩ ♩ ♩. ○ 是几拍，却不知道如何将这些音符全程持续到底。他们希望很准时地演奏出下一个音符，却忽略了将现在的音符持续到最后一刹那。而本项活动可帮助学生改正这样的缺点。刚开始学生会不太习惯如此无聊地"留"在一个音符上（如 ♩. 或 ○），但如果他们一旦真正感受到"完整地持续一个音符"是什么滋味，再来弹奏音乐，就不只能正确地弹出稳定的拍子、速度，还能非常有节奏感、律动感地表现音乐！

（四）将（二）与（三）混合

混合脚踏(二)（固定拍）和手拍(三)（老师或家长所写的节奏），举例如下：

熟练之后，还可将手拍改为脚踏，脚踏改为手拍，互换节奏。注意：初学者尽量使用 4/4 拍，这会比 3/4 拍容易。

（五）将 2/4 拍、3/4 拍、4/4 拍混合，并强调第一拍

可重复每个小节，直至熟练。

（六）如果前述几项做得不错，可以进入本项较为复杂的练习

方法同（四）项的练习，再加上（五）项混合。意即混合 2/4 拍、3/4 拍和 4/4 拍。教师手比四，学生就练习 4/4 拍；手比三，学生就练习 3/4 拍；手比二，就练习 2/4 拍。（但每种拍号要练习至较稳定后再换另一种拍号。）

（七）师生合奏（学生的部分可使用闪示卡闪示节奏）

（八）以上所有练习还可再加上一些道具

例如：脚踏节奏时，手中可握一个小球或手持一条纱巾，随着节拍舞动上身。也可加上一面小手鼓、小沙铃，增加趣味性、变化性和多样性。

人的心跳、脉搏这种规律的跳动每天都在进行，这就是一种节奏。有节奏感，应该不是一件难事！

将听到的节奏记录下来，再以不同的乐器演奏。

节拍器应该怎么用？

有些乐器行，在卖乐器时会附送节拍器。也有老师或家长会在孩子初学乐器时，就开始使用节拍器来辅助适应节奏的快慢。

拿到节拍器，家长不免要问：孩子什么时候开始使用节拍器？

节拍器本来是利用它准确的机械原理，来帮助人们了解并掌握速度。然而使用不当，不但没有帮助，反而会让人对"它"产生反感。我从来不给初学音乐的学生使用节拍器，原因是：

一、初学者要注意看谱、找位置、手的姿势、弹奏的方法……已经很忙，再加上节拍器，只是徒然扰乱他们的注意力而已。

二、节奏感应该事先培养，节奏感不好的人，想要使用节拍器来帮助，会适得其反。听不懂的还是听不懂，用了只是更混乱而已。

三、有些节拍器还设有重音拍的"咚"声。如四拍就是"咚的的的"，三拍则"咚的的"……使用这种节拍器，常常为了等那声"咚"，而把整首曲子切割得支离破碎，完全听不到原貌，更丝毫感受不到音乐的乐趣，此时的节拍器是破坏力的"帮助者"。

那么，在什么状况下可以使用节拍器呢？

对于稍有一点基础的学生，通常我们会对作品的创作者希望的弹奏速度和学生力所能及、表现最好的速度的差距作讨论（有些标示的速度对学生来说太快了，尚做不到）。当曲子还不是非常熟练时，可以比创作者所希望的速度慢，越来越熟练后，就尽量照创作者要求的速度弹奏。确定速度后，打开节拍器，让学生听清楚乐曲的速度，关掉节拍器，开始弹奏。让速度存在于他（她）心中，而非依赖节拍器机械性的帮助。

在一首曲子中，遇有速度改变记号时，打开节拍器，和学生一起讨论并了解前后速度不同的连度变化，确知后，关掉节拍器开始弹奏。弹奏音阶或琶音练习时，为了精准地以 ♩ ♫ ♫ ♫♫ 的节奏掌握弹奏音阶、琶音速度，例如，从 ♩:72 进步到 ♩:76、到 ♩:88……而使用节拍器，设下明确的练习速度，就是使用节拍器的最好时机。

弹奏一首曲子，从头到尾地使用节拍器，是很不好的方法，因为：节奏是活的，节拍器是机械性的；音乐需要呼吸，而节拍器却不能；音乐充满了抑扬顿挫，节拍器没有；音乐存在许多"句子"，节拍器无法让你感受到它们的存在；节奏存在于演奏者的身体里，节拍器只是外在的声音。因此，不要过度依赖节拍器来控制你的速度，它只是偶尔用来测量速度的工具而已。好比是一把温度计，它不能改变你的体温。如果你的孩子或学生很讨厌节拍器，可能是教师和家长已犯了"过度使用"的毛病。

我的孩子是音盲吗？

有的孩子天生就具有"绝对音感"——即不需要通过音叉或乐器的帮助，就能敏锐并正确辨别音高的能力。例如在钢琴上弹一个标准 La 音，听者便能准确地唱出其他音，如：Do Mi So。具有此种天分的人，在学习弦乐器如小提琴、大提琴、二胡等，起步上就具有极大的优势。而与此完全相反的另一种极端，便是我们所说的"音盲"或没有"音感"。若真是音盲，千万别去学习前述需要极佳音感的弦乐器，那样不但毫无结果，还会影响孩子的自信心。

真假音盲

"音盲"（或说"五音不全"），通常指的是唱歌时荒腔走板，或是无法抓住旁人所给的音高而跟随。这些人有可能是听觉或声带发育有轻微的障碍，也有可能是心理障碍引起的。

从医学上来说，在胎儿形成时期受到伤害、在出生时受到伤害，或是不知名的原因，都有可能轻微伤及婴儿的听觉及声带（此处指的并非聋、哑等严重情形），使得孩子从出生乃至长大成人，造成不可弥补的音盲情形。这种生理引起的、不易纠正的，我们姑且称之为"真音盲"。如果要改善，不妨求教于专科医师。

但据实际观察，生理上引起的障碍其实只占极少数。大多数音盲是由心理或环境所引起的，这种音盲是可以挽救、纠正的，我们不妨称之为"假音盲"或"暂时性音盲"。

找出原因

如果女孩子在七岁之前、男孩子在八岁之前，唱歌荒腔走板、忽高忽低，或是毫无音高可言，对许多孩子来说这还算是正常的，因为声带的发育大约在这个年龄之后才逐渐稳定。在这之前，也有人很早便能用轻声法很准确地唱出音高，而大多数的男孩子则声音既粗糙又不准确。

如果过了以上所说的年龄，唱歌的音高仍不准确，父母就要注意以下几种生理情形：

（一）男孩子对于较高的音、女孩子对于较低的音无法正确唱出，这属于音域上的困难，可以不必担忧，应属正常现象。

（二）对于歌曲的某一片段能准确地唱，另一片段则走调，这是属于"过渡性"的发声不良，如能给予正确的引导，以轻声发音，并常听正确音高的歌唱声，情况便能逐渐改善。

（三）有些人发声不良，是由于小时候哭得太严重，而使声带受损，或长期喜欢大喊大叫所引起的，这需要耳鼻喉科医师鉴定，看是否有挽救的方法。

如果不是上面所提的原因，就要考虑一些心理的因素：

（一）年龄较小又害羞的孩子，因为无法放胆唱歌，导致声带僵硬，无法顺利共鸣，也会影响唱歌的音高。

（二）在唱歌时，曾经同时发生非常不愉快的事情，如突然被重打、撞击、看到可怕的事，使得歌唱突然中止，这会引起歌唱时心理上不愉快的联想，日后拒绝唱歌，或勉强唱歌也是"离了谱"的声调。这样的原因，亟需心理医生或父母耐心地疏导，时间或许可以疗伤。

（三）若是以前唱歌时，曾被同伴或老师、亲戚嘲笑过，一个内向的孩子可能一直忘不了，日后如果没有适当的师长给予开导、疏解，将来孩子可能一辈子都要成为"假音盲"而永远无法正确地唱歌。这是最遗憾的事，为人师长者不可不慎。

还记得某年所教过的初中二年级学生。在班上，总是有学生特别调皮，也有学生特别安静。期末我要求全班同学一个个地上台背唱某首歌，以作为考试成绩的一部分。有个叫述佑的男孩，安静、害羞又带着点不屑的表情，拖着不情愿的脚步慢慢走上台。站在台上，他低着头，看着地板，不开口。"可以开始唱了！"——没反应。"可以唱了！"我提醒他一下，仍然没反应，他低着头，就是不唱！为了不耽误别人考试的进度，我对他说：如果你现在不想唱，那下堂课再唱。下课后留在教室老师和你谈谈好吗？

送走了其他学生，述佑留在教室的角落，仍然低着头，从上第一堂音乐课到现在，我没听他讲过任何一句话。显然这孩子是处于极端劣势的地位——不是家庭不好，就是曾被同学欺负过，或被老师修理过。我用了许多非常软的口气，他终于说了"没有！""不是！""是！"等简短、不情愿的话。"你会唱歌吗？""……""你喜欢唱歌吗？""……"对于这类问题他都拒绝回答。回想我小的时候（在台湾），谁敢这样对"师长"，绝对是一个巴掌甩到脸上。或许就是有老师曾经这样对待他，我更是小心翼翼地想办法来卸下他的心防。

终于，他开口了："我小学一年级，唱歌被老师打，他给我不及格！"——好狠的老师，你真是害人不浅！可能他受害的绝不只是音乐这一科而已。他连开口唱歌都不敢！我心痛得真想把他搂在怀里！

后来，我花了好长一段时间，要他每天找我报到（他是个被许多老师放弃不理的学生），有时让他背英文单词给我听，有时我出一些简单的数学题给他做，有时让他抄一段英文给我看，和我熟悉了几个月之后，我拿一首最简单的歌给他唱，求了老半天，他终于开始唱了——嗓音还真不赖，只是唱得很没自信。好，我会继续给你机会，让你回归正常，我心中这样说着……你们说这是真音盲还是假音盲？为人家长及师长，千万别再随便伤害孩子了！

（四）有一种人是从小就对唱歌没有兴趣、没有信心，这也有可能在日后成为"假音盲"。因为唱歌时，需要有腹腔肌肉及"气"的支持，不喜欢唱歌或唱歌非常没有信心，都会使腹腔的支持消失，唱起歌来自然会五音不全。

除了生理和心理因素导致的音盲，还有一个不可忽视的因素——环境的影响。

对于婴儿或幼儿，环境是导致"音盲"的因素中最具杀伤力的。年龄越长，大约过了小学四年级，自己已经具有清楚的音高概念，就不易受到别人影响了。不利的环境影响如下：

（一）父母任何一方，如果唱歌五音不全，又不自知，幼儿在长期熏陶下，没有正确的示范，对音高就无法形成正确的概念。

（二）保姆、亲戚中常和幼儿亲近的人，如果喜欢唱歌，音又不准，幼儿也同样会受到影响。

（三）幼儿园的老师若音高不准，短时期相处还不致有太大的不良影响，但若长期相处，对某些人可能就会造成音高混乱的状况。

如果是环境引起的"暂时性音盲"，其实是最容易弥补的，但必须把握机会，且不良的音高示范必须立即停止出现。否则孩子年龄越大，越难改正。及至成人，可能假音盲就会变成真音盲了。

如何训练孩子的音感

如果不具有天生的绝对音感，该如何训练资质一般孩子的音感？家长可以在家中给孩子一些简单的音感训练：可在已调好音高的乐器上（钢琴是最简单好用的）随便弹一个音，如 Do，让孩子唱出音高或说出音名，再弹一个音，如 La，孩子跟着辨明音名并唱出 La 的音高。如此不断地反复练习（可以当成一种游戏），在四至六岁这段关键期，训练这种听声辨音的能力，在孩子日后学习乐器时，会有相当大的助益。

另一更简单的方法：从小多听好的音乐！乐感、音感就能自然而然地形成，完全不需求助于外人！

如何唱出好声音？

近日，内地新开了一个名为"中国好声音"的电视节目，选出了一些优秀歌手，引起了广大民众的热议和关注。国外早有类似的节目，比如英国的 Britains Got Talent 以及美国的 Americas Got Talent 等。经由这些选秀节目脱颖而出的歌手大都一夜之间成了家喻户晓的歌唱明星。有感于此，家长是否也会有这样的想法：也许，将来我的孩子也能一举成名？于是大家开始关心：如何能唱出好声音？

其实，部分人的"好声音"是天生的，特别是那些音质清纯、透明如天籁者。这些歌手唱高音时自然甜美，极富穿透力，似乎能直达天际；唱低音时圆润浑厚宽阔，带有引起四周物体轻微共振的磁性，轻易抵达听者内心深处。无论高音或低音，对他们而言，丝毫不费力气就能演绎得完美无比。这种"天赋异禀"型常常让我们望尘莫及。

然而天才毕竟只占少数，大多数人都只拥有平凡的歌喉。资质平凡者想要唱出好声音，后天的培养和训练都是至关重要的，具体该怎么做呢？

唱出好声音首先必须具备的就是好的生理条件，家长对此要多重视：

1. 尽量避免大哭、大闹。孩子在婴幼儿时期大哭大闹会过度摩擦声带，导致声带受损。我在台湾居住时，邻居有两个婴儿非常爱哭，从起床到晚上睡觉，时常不停地大哭大叫。这样过度摩擦声带，嗓音当然会沙哑。后来他们小学、初中直至大学，讲话就一直是那样，音色好像被砂纸磨过般粗糙。

2. 避免大喊大叫、大声说话。孩子稍大，玩闹激动、情绪急躁时往往会大喊大叫，这样都会伤及声带，不利于日后"唱出好声音"。

3. 家长和老师要轻声说话、唱歌。从幼儿园、小学起，学校老师常要求我们大声念课文、唱歌，成人也经常拉着嗓门讲话，这些都是欠妥的。家长要有明确的意识，主动做好榜样和典范。

为孩子积极地打下好基础，需要家长营造好的音乐环境。在台湾，原住民的生活中常有部落集会活动，唱歌占去了其中的大半时间。内地的一些少数民族，如蒙古族，长期的游牧生活，除了众所周知的歌唱习惯之外，长期的骑马奔驰练就极佳的体能，为他们的好声音储备了最好的条件；而生活在山区的苗族、彝族常用唱歌的方式来传递信息和感情。非洲的人民，唱歌跳舞就是他们打发时间的最好娱乐。这些和吃饭、睡觉一样寻常的歌唱环境，是造就我们所熟知的许多歌唱大师的重要原因。家长虽然无法让自己的孩子成长在这样一个环境，但是可以从以下几个方面着手努力：

1. 多听器乐曲。多听器乐曲可以锻炼孩子的听力，让其具有更好地把握音准和节奏的能力。

2. 多听名家的歌唱曲。学习是一个由模仿借鉴到逐渐成熟的过程。学习始于模仿，当你听帕瓦罗蒂、多明戈等人歌唱的时候，这些优秀的歌唱家们不正在把他们的演唱经验毫无保留地传授给你吗？

3. 多开口唱。跟着原声带唱或清唱，一个人唱或在众人面前唱，大声唱或小声唱，或在洗澡时唱歌，此时身、心都处于最放松的状态，是练歌的好时机。

我的朋友小陈，居住在台湾的乡村。他们家族的亲人经常聚会，因为每家都有卡拉OK，所以唱歌就成了聚会的重要内容。小陈的女儿文文在这种环境的熏陶下长大，从两岁起她就经常凑到叔叔阿姨旁边跟着一起唱，虽然歌词不清楚，但是音准和节奏都掌握得很到位。等到文文上学时，她已经能很熟练完整地演唱很多歌曲。她六岁开始接触乐器，在她的主动要求下，父母支持她学小提琴。在课堂上，文文是领悟力最强、进步最快的那一个，常常获得老师的肯定与称赞。

做到上述这些，相信你会有不菲的收获。但是还不够，从专业的角度讲，仍有学习和进步的空间。

我许多欧美的白人朋友、同学，随便一开口唱歌，就令人惊艳；而中国朋友却鲜有如此天赋。仔细分析，西方人在讲话时共鸣在鼻腔、头腔，讲起话来就像是在唱歌；而中文发音较多集中在舌根后部，很多人因此养成了用喉腔发声的不良习惯，又因中文一字一音的发声方式，也导致共鸣部位从鼻腔下沉到喉腔。

由此可见，发声方法和发声部位对一个人能否唱出好声音也是至关重要的。此外还有气息的控制、音准与节奏、咬字、风格、仪态都对能否唱出好声音有着不可或缺的影响。这里，仅概述重要的两点：发声法和气息控制。

通常，发声法和气息控制会因西洋美声唱法、通俗歌曲唱法、民族歌曲唱法等三种不同唱腔的选择而有所区别。这里我以介于美声与通俗之间的唱法来概略介绍。

1. 丹田发声法。使用丹田发声法对唱出好声音至关重要，怎样用丹田发声呢？

以小腹（即丹田）为根基，首先想象"气"孕育于小腹，从小腹出发经过后背脊梁，气往上行至后脑；然后让"气"在两眉之间小幅的回荡，这就是所谓的"头腔共鸣"；闭上眼睛，发出"嗯"与"呢"的鼻音，体会"头腔共鸣"的感觉。

用对共鸣部位后，可将"嗯"换成"啊、咿、欧……"练习，发声的时候注意喉部不可用力，要将这些发音送到鼻腔、头腔来共鸣，并轻声唱。

2. 气息控制。我们经常看到，那些以美声唱法演唱的声乐家，在能容纳一两千人的演奏厅里，即便完全不用任何扩音设备，只用极小音量，声音仍能传到最后一排观众的耳朵里。有什么魔法吗？不，奥妙就在于气息的控制。这是一个很不容易用语言表达的话题，跟着我的叙述，发挥想象力，否则会感到很茫然。如何控制气息呢？

气息控制和发声法是相辅相成的。发声时试着把"嗯"的鼻音越拉越长，有时会感到"英雄气短"，怎么办？追根溯源，到丹田想办法。吸气时，尽可能将小腹向外撑开（好像要便便的感觉）并将气 Hold 住。

此时，转动上半身，检查上半身及胸部是否很僵硬。如果太僵硬就表示气还留在胸腔内，是错误的，这时需要耸耸肩放松胸腔，把气吐掉，再吸一次气，撑开小腹让气顺利运至小腹。再重复之前的动作。

然后，控制"气"的流量。可以点一根蜡烛，或拿一张卫生纸，放在鼻子前约一个拳头横放的距离，发出"嘶"的声音。如果蜡烛很快就被吹熄了，表明气用得太快太强；如果蜡烛丝毫不动，说明气息太弱；若蜡烛或卫生纸轻微、平均地震动，恭喜你，你已经能正确地控制气息了！

每当我开始教一个合唱团或个人时，我会用上述方法让成员们做长期的练习，以纠正他们原来错误的发声法，他们因此获得了不少比赛的冠军。此外，台湾流行歌坛的明星歌手，也有几位在高中时期就受益于我的这种训练，为他们日后的成功奠定了坚实的基础。

以上是自己练习的方式，想要更上一层楼，则需找个好的声乐或歌唱老师调教、学习，可避开误区，收到更理想的效果。

唱好一首歌，如果只是自娱娱人，比较容易，若是想要参加比赛还希望能一夕爆红，除了具有好的资质、后天苦练，还要加上机运。另外，台风、服装、伴奏、选曲、曲风，等等，同样需要投入大量的关注，缺一不可。

最后，多练、多听是让歌艺进步的不二法则！

第六章　辅导篇

父母应配合教师做的工作

多元化的音乐学习

钢琴的弹奏技巧有非常多的可能性，你可以预知它可能会有什么效果，但你无法算清它能产生多少种艺术性的音响变化。这是钢琴或是音乐艺术迷人的地方，也是其困难所在，更是它不同于机器一成不变的地方。学习更多不同的技巧，使它产生更好的效果，是音乐学习者和艺术家们穷其一生所追求的。

更广泛地接触各类型艺术

有些人认为：想弹好钢琴，就从"练习钢琴"本身着手，不停地练就会有好结果。我却认为：一项艺术之所以可以感人，必须有又深且广的层面，只用一种肥料养大的艺术，是经不起各种需求考验的。所以我从不限制孩子、学生只局限于欣赏同一种音乐艺术形式的表演。欣赏芭蕾舞表演，可以体会音乐线条柔

Hartman老师带来了各种长度、宽度、厚度的管子让学生把玩，好亲身体验不同的管子在音响上有什么差别。

如果我们能多留意社区或街头巷尾常举办的免费音乐活动，我们会认识更多样的音乐。

美、醉人的一面；现代舞表演可以感受到音乐的线条、力度与人体结合的各种可能性……除了欣赏，若能亲身学习各类型的舞蹈，以身体律动实际掌握音乐的开始、结束，线条、力度，更能体会音乐脉动所蕴含的情感。

除了钢琴、小提琴，还可以学习吉他、直笛、打击乐等更容易上手的乐器，以便更快、更容易地领会音乐的乐趣，进而更宽广地建立音乐能力。

多欣赏各种乐器音乐

我曾经举办了一个全台湾范围的拉丁鼓打击乐研习会，邀请一位来自德国、原籍巴西的教授 Dudu Tucci，特别开班教孩子打击乐器。在活动开头的几小时，似乎很无聊，尤其在新鲜劲儿过后，孩子们看起来有点无奈，站着不停地反复地打着几个相同的节奏，康加鼓（Conga）、曼波鼓（Bongo）、夹鼓（Djembe）那种振奋人心的鼓声，他们听久了似乎已不为所动。当然，任何一项艺术的学习过程，不可能永远都是充满刺激的，必须有耐心度过学习的低潮期。而且，老师正试图将这些鼓声、节奏在反复练习间成为学生血液中的一部分。因此，下了课，我便尽可能地为小朋友们打气，为他们解释学习节奏的好处。

如今，这项课程已结束了，孩子们不时地将那几个小时所学到的节奏，借由各种方法，在运动、玩耍、游戏、说话、歌唱间演奏出来。更令人兴奋的是：

将亲戚或邻居、同学中年龄相仿的孩子聚集起来，使用一些简单的节奏乐器，为孩子们的"团体活动"增加一项很有"建设性"的游戏内容。节奏课大家轮流当小老师，他敲对了吗？年龄大一点的小朋友引起了一些讨论。

那次曾一起学习打康加鼓等南美节奏乐器课的孩子们，当他们无意间相逢时，每次都不是以闲话家常开始他们的对话，而是在不知不觉中，敲桌子、拍手、拍地板、唱节奏、拍胸膛……那些过去学习过的节奏型很自然地来到他们中间；现在，他们知道当时许多无聊的练习，事后却能给他们那么多的欢乐！看到他们脸上自信、满足的表情，几个不变的节奏型，现在听来不再是懒洋洋的，每个鼓点似乎都正站立起来舞蹈着！这样的结果，是我当时未曾料到的。这些孩子也都在学钢琴或小提琴，这段偶尔的学习过程，对他们将来的学琴历程，一定都起到了某种程度的影响。

生活中充满学习的机会，放远眼光，不要认为对目前有益的才是唯一有益的事情，过早或过度聚焦于音乐弹奏技巧的学习，对儿童是毫无益处的。

家长自己及孩子多学习、多看、多听，对一生都会有帮助。

迪斯尼乐园与音乐

带孩子去具有音乐的场所，是激发孩子音乐兴趣的好方法。

美国、日本、法国和中国香港的迪斯尼乐园，相信许多人都曾造访过，加上沃特·迪斯尼公司所制作的许多儿童电影及儿童产品，其中的卡通主角如米奇、米妮、高飞狗、唐老鸭等，都是孩子的最爱。除了这些成功的角色设计、

欢乐的音乐和丰富独特、缤纷多彩的造型，令人流连忘返。

行销计划之外，还有一项重要因素使迪斯尼令全球的儿童为之疯狂，猜猜是什么呢？

想想看，您上次到迪斯尼的时候，如果只有许多看得见的游乐器材，颜色鲜艳、造型可爱的卡通人物，而没有任何欢乐的音乐，您觉得怎样呢？

对了，音乐！就是音乐！它是迪斯尼乐园、迪斯尼电影幕后的最大功臣。

以欢乐、轻松、温暖的音乐为背景，加上令人炫目的亮丽外表——迪斯尼公司成功地赢得了一批又一批包括成人、儿童都在内的喜爱者。

当您走进迪斯尼乐园，不论是在美国，还是在日本、法国或者中国香港，这十足美国式欢乐的气氛，总叫人感到温馨甜蜜，令人难忘。然而如果少了它的音乐，会让人觉得美中不足——迪斯尼公司深知这一点，并且把握得很好。迪斯尼乐园里除了许多刺激的游乐器材、吸引人的卡通玩偶、气球、爆米花，还设计了许多节目供人欣赏。这些节目又大多以音乐舞蹈为主，水准极高，千万不要错过！

音乐的梦幻世界

孩子们上小学时，我们一家四口到日本玩了几天。为了顾及两位小女儿的需要，我们选的都是适合孩子玩乐的地方，如迪斯尼乐园、野生动物园及郊区。我们运气不错，刚好遇上日本迪斯尼乐园的周年庆。由于不是假日，人不多，旅行团也少，与几年前在美国迪斯尼乐园游玩时，在每一样游乐设施前都要排队一小时以上的情形相比，这一次完全不用等待，算是玩得非常尽兴。

在孩子的兴奋、期待中，我们终于来到日本的迪斯尼乐园。在入口处，我们各拿了一份"游园指南"与"今日节目资讯"。在"梦幻世界"的年度主题的基础上，"今日节目"部分从早上十点半直到晚上九点，共有十五个节目，如迪斯尼卡通人物的游行、夏威夷假日（歌唱、舞蹈）、小"美人鱼"电影音乐（现场乐器演奏、舞蹈、歌唱）、美国40年代音乐秀（现场歌唱、舞蹈、乐队）、康康舞（音乐、舞蹈）、美国乡村牛仔音乐（歌唱、乐器演奏、舞蹈）、美国古老西部音乐（乐器演奏、歌唱）、迪斯尼魔幻世界音乐秀（两百人现场歌舞）、音乐世界等，令人眼花缭乱。

真不愧是大手笔的迪斯尼公司，宣传得宜，实际的节目制作也是超水准的。每场演出，包括游行的人物、歌者、舞者、乐器演奏人员等，均是专业表演。其他如服装、道具、布景、灯光、音乐，无不令人叹为观止。存着一颗童心前往欣赏，您会有幸福、温暖、快乐、满足的收获。

我们在两个节目演出之间的空当去玩游乐机，由于人不多，不必排队苦等，玩过游乐场再进节目现场，坐在椅子上顺便休息双腿，同时又能欣赏节目。其间，在探险乐园的露天舞台中，欣赏到了迪斯尼小美人鱼（The Little Mermaid）电影中塞巴斯蒂安（Sebastian）演出的那场"海底世界"（Under the Sea）。加勒比海风格的歌声与节奏，在现场全化为真人演出，三位专业的打击乐乐手，使用加勒比海的钢鼓、康加鼓、曼波鼓演奏。电影配乐现场原音重现，孩子们兴奋无比，许多小朋友都跟着舞台上的舞者及乐声一起唱着舞着，可爱极了。每当《Under the Sea》的歌声一出现，现场的小朋友也兴奋地以童稚的声音同和："Under the sea, Under the sea   "有趣极了。

而爵士歌舞秀、乡村音乐秀的专业演出与服装、布景的搭配，让人真的以为来到了 40 年代的美国。本以为来迪斯尼乐园纯粹是陪着孩子玩儿，结果先生与我都觉得这些音乐秀更令人过瘾，着实不虚此行！

迪斯尼电影

从早期的唐老鸭、花栗鼠、米奇、布鲁托　　到梦游仙境的爱丽丝、小鹿斑比、小飞象、睡美人，到最近的小美人鱼、美女与野兽、狮子王、阿拉丁，迪斯尼电影公司成功地塑造了许多卡通形象，也造就了轰动全球的票房。而音乐，其实就是这些电影成功的最大关键。当小美人鱼的电影演出后，孩子最为之倾倒的，除了可爱的小美人鱼、英俊的王子、风趣的塞巴斯蒂安之外，还有就是它的电影配乐！

于是《小美人鱼》《美女与野兽》《狮子王》《阿拉丁》等电影原声 CD、DVD 争相问世，美国境内大大小小的超级市场都可买到。还有将配乐改编成钢琴曲或各种管弦乐曲的乐谱，也成为许多学乐器的孩子拿给音乐老师的"我想弹这些音乐"的材料。《美女与野兽》《阿拉丁》这些电影配乐，更成为美国孩子们中间的"流行音乐"。

这些音乐在台湾也陪伴着我的两个女儿一起成长，当我们移民美国后，她们两人在英文的学习上能很快速、没有太多困难地融入当地初、高中教学，甚至在文化上的适应期也缩短很多，我个人认为，熟悉这些音乐、歌曲，给了她们很大的助力。

冰上世界

除了电影，沃特·迪斯尼公司还趁热推出"冰上世界"（World on Ice），把与卡通电影相同的情节与音乐，以真人溜冰的方式演出。

几年前，我在美国新泽西州观赏迪斯尼的冰上表演。在大约能容纳五万人的演出场地，连续三天场场爆满，观众多数是孩子，演出的是当时最热门的"阿拉丁"。当"吉米"（神灯中的仆人）随着开场音乐滑出场时，所有的小孩子都兴奋地大叫，全场随之沸腾。随后，因为孩子们大多早就熟悉这些故事情节，只要音乐一响起，人物尚未出场，就听到小朋友们的欢呼声及歌唱声。真叫人为迪斯尼公司的魅力所叹服。

在离开这些场合后，仍能让孩子回味不已的，当然就是那些音乐。当您曾经参与这些欢乐，别忘了，音乐才是其中最大的催化剂。

要不要陪孩子练琴？

初学乐器的孩子，有家长陪着学习一段当然是最好的。

因为很多习惯需要在此时建立，如**手腕的姿势、手指的角度、手臂的姿势，甚至坐的姿势**。老师一星期如果只指导一次，孩子很快就会忘记的，课后家长如果可以在家从旁稍微提醒，就可以避免坏习惯养成了，否则，到下次老师上课时，还要再花加倍的时间纠正。

其他如看谱、五线谱和乐器之间位置对应的关系，也需要父母以轻松的方式帮助孩子复习，这样学起来才不至于太吃力。

例如初学琴的孩子，我会邀请家长坐在旁边一起听课。首先坐姿一定要正确，弯腰驼背会影响到手腕和手肘的姿势。椅子跟钢琴之间要有适当的距离，太近太远都不好；甚至椅子的高度，太高太矮也会让手腕、手臂无法正确运用。正确的是手腕要适度提高，手掌内假想握有一颗鸡蛋但不能捏破了，保持有点空心，每个手指、每个关节都要微弯。这些细节很可能孩子上一次课马上就忘光了，家长可稍做笔记，以便在家提醒孩子。

另外五线谱的学习，家长自己也要学。无论怎样，五线谱对初学者而言，成人比孩子学习起来更容易，回家之后可以给孩子一点帮助。等到越学越多、越来越难时，家长就可以渐渐放手了。

如果学习顺利，大致三个月左右，"陪孩子学琴"的时光，就可以暂告一段落，以后偶尔看看就可以了。

有些父母，找到乐器老师之后，便什么都不管了；有的父母却如连体婴般护着孩子，生怕孩子落后、吃亏。那么，什么态度才是正确的呢？

不论陪多久，要注意的态度是：**帮助他，而不是替代他！帮助他建立独立练习的能力，而不是帮助他依靠你。在适当的时候抽身不再陪伴，是个需要用心思考的艺术！**

每天需要练琴多久？

一旦选择了学习钢琴，父母、孩子都将面临一项重大的挑战，那就是：练琴！

练琴，最好成为"每天的例行公事"，不管你有没有心情练、想不想练，都得练。想想看，它会是很愉快或是很痛苦？如果是成人，做得到吗？如果是自制力较弱的儿童呢？

老师一声令下：每天练琴！回到家之后，父母、孩子可就头痛了，孩子做得到吗？如果老师说：每天练四十分钟（或一个小时），对孩子来说，他很难了解什么是半小时或四十分钟的真义！时间久了，对他们来说就是一种"工作"，一种"只能坐在乐器前，其他什么事都不能做"的时段。严重一点，几乎是一种"刑罚"。太多人做不到了，这就是为什么大多数人会半途而废的原因！

我们来换个方法吧：不要以时间来限定孩子，而是以"次数"来帮助他达到目标！对于初学者，因为初学，尚感新鲜，一天可能到钢琴前坐好几回，可要求他每坐一回，就将一首曲子弹两次，这样练起来就会轻松愉快了。随着年龄和学琴时日的增加，衡量孩子各方面的情形，次数可以慢慢增加，例如一首曲子弹三次、四次……但别增加太快，以免反弹。

更别忘了，练琴后给他来点赞美，或是一个拥抱，或是一个亲吻！偶尔来一点愉快的联想，练琴的兴趣将更持久。

我自己的孩子，在经过两年的练琴蜜月期、适应期后，同时来到"厌恶期"，两人率性直说："我最讨厌钢琴！"我了解她们快要跌到谷底的心情，可能是之前一阵子，我认为她们俩都颇有音乐天分，加了过量的作业所导致的后果（怪不得古训中有"易子而教"的例子）。冷静地考虑，并和她们商量后，我决定练琴暂停三个月，这期间她们可以完全不必碰钢琴。

三个月后，两人分别都说："妈妈，你可不可以再教我弹琴？"

这次，我相当谨慎，功课分量适可而止。而且，每首曲子每天只要求她们练习三次。虽然只练三次，却都是真正在练习，而不是为了凑数而"混"出来的。这段过渡期，姐姐每天练二十分钟，妹妹练三十五分钟，但比以前练一个小时、每首弹六七次的效果好了好几倍，并且还是在"很愉快"的心情下练习。

目前，学琴的孩子大量增加，但不幸的是许多父母非常"用力"地强迫孩子练习、练习再练习。于是，你会看到许多小孩，拿着琴谱，提着乐器，每天做着不愉快的练习，一点也感受不到音乐的乐趣。

所以，每天要练习多久？需要您用智慧来判断了！

孩子不肯练琴怎么办？

面对练琴的问题，孩子可能会有以下数种反应：

极佳型——自己可以安排练习时间，少有误差，父母只需稍作协助就可。

乖乖型——照父母安排的练琴时间，到时间会自动练习，父母只需偶尔提醒。

即兴型——有时肯自己练，有时要人提醒，但大部分时间需要人提醒。

被动型——"不叫不练"，没有父母的提醒不会想到要练琴。

头痛型——"叫了还不练"，必须三催四请才肯练琴，并且心不在焉。

对于前两种类型的孩子，父母可以放心地让孩子自己处理练琴的事情，而后三种类型则需花费一番工夫与孩子沟通，或建立一些适度的赏罚制度。具体要怎么做呢？

一起面对厌恶期

学琴也有高潮期、平原期、厌恶期。时间的长短，没有人能预知。观察您的孩子是处于什么阶段。如果学习正在高潮期，您可以高枕无忧；如果曲线下降，甚至到了厌恶期，您就要加以重视。

厌恶期当然也会因上述个性类型不同，而轻重不同。此时，不必要求他常练琴，作业也可与老师商量酌情减少。

对于实在没兴趣的孩子，停止一段时间，让他将学琴中的一些不愉快的回忆淡忘掉，半年甚至一年之后再开始，才不致造成亲子间的僵局。

来点奖励

对于需要不断提醒才肯练琴的孩子（未形成独立练琴习惯之前），有时可来点奖励办法：准备一本月历送给孩子，作为他的专属月历。您先预定：每次练完琴，就能得到妈妈在月历上签名字（或贴张贴纸、盖个图章），如果签名满二十或三十个（视情况而定），就可以得到什么礼物（平常最好不要轻易地给孩子买东西，免得养成他们不知惜财爱物的习性），如果礼物是他很想得到的，那效果更佳。我的小女儿，曾经有一天得到三个签名的记录，因为直到她五岁时，还未拥有自己的芭比娃娃，因此相当羡慕别人能给芭比娃娃梳头、换衣服。于是来个交换条件：三十个签名就能换到一个芭比娃娃。为了尽快得到，她练得又勤又高兴，于是一个月之内就得到了礼物。

如果三十张贴纸对孩子来说为期太长，期间可穿插"短期"的奖励：一张贴纸就能吃一根棒冰（或热狗之类），五张贴纸可以带他去公园玩（或平常难得去的地方）。总之，用适合孩子并让他感兴趣的方式慢慢帮助他养成独立练琴的习惯。

父母要注意的细节

如果全家人都在看电视或正从事一项有趣的活动，这时支开孩子去练琴，对孩子来说是一种剥夺，将造成不愉快的体验。针对这一点，家长如果不希望孩子常看电视、使用电脑（上网、玩游戏、聊天），那您自己也要改变这种习惯。家庭中正向、积极的生活习惯，甚至休闲娱乐的方式，都会影响子女使用时间的习性，家长自己不可不慎。走笔至此，我又得深深地感谢我的父母，直到家中六个孩子都上大学了，他们才让"电视"进入家门，他们难道不想在闲暇时舒舒服服地看电视吗？但为了避免影响我们练琴的情绪，他们牺牲了这项乐趣，换得我们六个小孩每个人在任何时候都可以练琴。

最忌讳也是妈妈最常犯的错是，一面做家事、一面拉开嗓门："小青！练琴啊！"语气带着不悦、不耐烦，也不曾观察孩子此时正在做什么，是不是需要

越来越复杂的功课，老师必须想一些方法来分段练习，以帮助那些学习较慢的学生。

一点时间来结束手边的事。正确的做法是：走到孩子身旁，看他正在做什么，视情形限制他必须在几分钟之内完成或中止手中的事，带着坚定但不生气的口吻要求他去练琴。

最重要的，让他知道您仍是爱他的，不会因为他不练琴就否定了他整个人。抱抱他、亲亲他，有空放点音乐听听，对他还是很有帮助的。

教师的困惑

孩子不肯练琴不仅困扰着家长，也同样给教师带来困惑。

美国威斯康星州的麦迪逊市（Madison），某年的全美钢琴教学法年会（National Conference on Piano Pedagogy）会议中，一位威斯康星州州立大学音乐系教授爱德华（Edward Hugdahl）提出一份问卷调查报告，这份报告是针对钢琴老师的，请他们按照他们觉得重要的程度，排出如团体教学的重要性、如何发展学生的"视谱"能力、教学生弹奏即兴钢琴的方法等的顺序。**结果绝大多数老师认为，他们最需要帮助的第一个项目是：如何提高学生练琴的欲望及如何帮助学生建立更有智慧的练琴习惯！**更有老师认为，虽然学生很规律地每天来到钢琴前面，他们却只像是在玩（Playing）钢琴，而不是在练习（Practicing）钢琴。

本来在练习的怎么突然没声音了呢？喔！原来孩子把钢琴当桌子用，画起画来了，这是在练琴当中常发生的事。

真是一位聪慧的小画家！许多水果、蔬菜化身为乐器，音乐似乎在流淌。

不同于其他艺术，音乐是一种"短暂时间"的艺术。雕塑家可留下作品，美术家、建筑家、文学家，在花费一些时间、心血后，都可以有作品留下。音乐，除了作曲家留下了一堆音乐符号，演奏者在演奏会或日日、月月、年年的练习后，曾留下的美好录音记录，其他时候，音乐在来来去去间，只是短短的几分钟，留不下任何可见的痕迹。

这样的问题，对年纪幼小的学生来说，更是严重。因为成人对自己的前途或练琴的过程、结果，有明显的认识和计划；儿童却不然，在对学习乐器的未来毫无蓝图的状况下，会认为：练琴是在做一件没什么结果的事！因此，孩子不爱练琴，其实是很正常的事，也因此，音乐教师得思考几个问题：

一、年龄越小的小孩，越不可能为自己的努力画下蓝图，那么，孩子几岁可以接受这样"枯燥"的练习？是否要因人而异，根据生理、心理、年龄、个性的不同，确定孩子练琴的适当年龄？另外，我们是否可以给予适当的"纪律"及奖励？这些都需要我们谨慎拿捏。

二、音乐是时间的艺术，它的材料是一堆音符，如果我们给年龄太小的孩子太多的作业（甚至七本、八本），或不断地给他新的作业，孩子在不断地拼凑这些新的、过多的材料时，他能得到什么乐趣？还有时间回想他那"看不见的艺术"成品吗？给他们适量的功课，旋律好的曲子要求他们背熟，是不是更能让学生们从中得到鼓励？

合理地制订作业

这个问题不断地被提出来研讨。

学生不练琴，当然是有许多原因，这些原因中，有些原因是音乐老师不必负责任的。例如：学生学校的作业太多写不完、时间不够支配、来自家庭的鼓励太少、家庭环境无助于孩子建立规律性、练琴时的隐秘性不够，等等。

然而也有很多原因是身为音乐老师必须负的责任，如：

1. 我们给的作业内容是否太短，短到对某些学生缺乏挑战性。

2. 作业内容太长，长到让某些学生没有耐心去完成。

3. 作业太难，学生无法独立负担顺利读谱的工作。

4. 作业有太难的技巧。

5. 作业的内容太孩子气或太成熟。

6. 作业的内容太类似，缺少变化、对比。

7. 学生不喜欢曲子本身或是根本就不想练那首曲子。

8. 练习的曲子内容太奇怪，或是内容引不起共鸣。

9. 不断地练习新的曲子，使得学生一直在面对不熟练的失败感，因此缺少成就感。

如何帮助学生练习新的曲子，如何列出练习新曲子的方法，关系着学生本星期练琴情绪的高低。

进度的巧妙运用

通常在上课时，列出学生本周的新进度，好让他们回到家可以练习。对于本周没有通过的曲子，要教导学生，帮助他们提出每首曲子中弹不好的地方和他们回到家里需要特别多练习的音节或音符（长度通常不应超过四小节），这需要和学生共同找出并明确标示。

新曲子是否在本堂课中和学生一起视谱、弹奏过，而不是丢给他们回去自

我们一面唱歌一面为自己的歌曲伴奏，请注意我们的木琴及铁琴都"缺了牙"，那不是被我们弄坏的，是老师要我们把用不到的音砖放到旁边，这样我们就不容易敲错。

柯达伊（Zoltan Kodaly）发明的手势法，可让学生同时"看到音高"并唱出音高、旋律，教师可用另一只手弹出音高或吹笛子，以确认音高是正确的。

己练习？假设一首新曲子，我们完全不帮助学生，不给他们任何练习上的建议，他们回到家，可能花了一整星期还练不出所以然，但如果我们在上课时，和他们一起看过一遍，找出和弦、找出旋律、找出乐句、找出较难练的部分，并一起练习过，或许这样的过程，花去了我们一堂课十五分钟甚至二十分钟，然而，你和学生都会非常惊讶地发现：竟然能在这么短的时间内，完成一首新曲子的练习？学生在这时还会受到鼓舞，知道只要照着老师的练习步骤去做，新曲子就不再那么可怕。

在初期，我们需要花时间在课堂上和学生分析、弹奏新曲子，同时还要建立老师在作业簿上标示出需要特别练习部分的习惯，可能这会花去我们课程的大半时间，然而，当习惯建立几个月之后，学生单独在家练习新曲子时也可以使用同样的模式自行练习，这样他将会享受到比从前加倍成功的乐趣！捡拾起练琴的兴趣，练琴时间也就不会再令人头痛了！

有效的奖惩制度

荣誉卡的鼓励。关于这一点，美国的《钢琴》（Klavier）杂志曾刊有一篇文章，由 Phyllis R.Leeke 所写，他提出了一个不错的构想，名为"个人荣誉卡"（The individual honor roll），这种方法适用于六至十二岁的学生，概略介绍如下：

给每个学生一张 16 开大小的亮光厚纸卡片（越厚越好，看起来越正式），将学生的名字写在上方。接下来，与学生、家长讨论可行的练琴时间，这样可以免去家长和孩子日后的争执。例如 Leeke 为他小学阶段的钢琴学生设置如下：

一星期练习六天、每天练习三十分钟，并记在老师的手册里。

他买了一大堆贴纸，并依照季节、即将来临的节日（如圣诞节、复活节等）、当时流行在孩子间的图案（如恐龙、美女与野兽等）而改变贴纸内容。在学年的开始（他是以每年九月到隔年六月为一个学年，暑假不上乐器课），学生处于"狂热期"时，很严谨地遵守：一周必须练习六天，才能给一张贴纸。当一学年快过去了，或有许多额外活动的时节（如圣诞节等），学生的心有点涣散了，便以：一星期练习五天者，就给一张贴纸作为奖励。而在学年将近终了，快放暑假前，一星期练几天，就给几张贴纸。

在使用"荣誉卡"的同时，配合使用一本记录簿，学生记下每天的练习时间，老师很严格地坚持"只有学生执行，才能得到贴纸"。如果学生实在无法记录时间，则由家长说明也可。

然后将所有学生的荣誉卡放在同一个看板上，并放在上课教室的门边，这样家长进出时都能看到：自己的孩子是否疏于练习或是练习得不错。同时提醒老师，贴纸较少的小朋友是否有需要老师特别帮助之处？

而在每学年结束时，发给学生一张看起来像是"证书"的大贴纸，鼓励那些整学年都练习的学生。至于考虑到"练习质量"的问题，Leeke 认为：通常肯练琴的孩子，也会较有效地利用他们的练琴时间，因此"质"的问题，就不必担心了。

练习较勤者，通常半年时间贴纸就贴满"荣誉卡"。对于贴满卡者，或是在每学年结束时，他会坐下来和学生计算：贴纸所呈现这个学生的练习时间有多长。结果常令家长和学生非常惊讶：原来他已在不知不觉中累积练习了几十个小时，许多家长非常感激这种实质的证据——证明孩子曾经非常辛勤地努力过。

这样的方法 Leeke 行之多年，他发现这实在是给予学生练琴动机的好方法。用这种方法，学生几乎没有不肯练习的，并且因"荣誉卡"的实施，使老师和家长为了讨论学生练习的"质"和"量"，保持着更密切的联络。它可以刺激孩子的学习欲望，提醒老师不断检查孩子家庭音乐作业的状况，给家长鼓励，让他知道孩子的进度。

或许有人认为以上"给贴纸"的行为就像在"贿赂"学生，他们认为学生应自行从音乐艺术本身得到乐趣。Leeke 老师却认为，成人应了解：给贴纸，就像观众在听完演奏会后，给演奏者的掌声或轻拍他背部以示称赞的行为。成人也会不时地给自己一些实质的鼓励，想想看，我们所知道的一些音乐家，每当演奏会完毕，总会为自己开个庆祝会，美酒美食总是少不了的！成人都需要实质的鼓励，我们对孩子又何必太苛刻呢？每个人对小礼物都会很感激的，小孩尤其是！

另一种鼓励的形式是举办音乐会。大型、小型的都可以，在学生家里、老师家里，在社区活动中心、小区活动中心、教堂等场合，争取并安排演出的机会，除互相观摩外，也会产生很好的激励作用！

家长与教师相处的艺术

琴童的家长大约分为三类：一类对乐器、音乐毫无概念，一类具有粗浅概念，另一类则有可能本身即为音乐工作者。

不论是哪一类，以我多年从事音乐工作的经验，在与老师相处的过程中，给您几项建议：

具备基本的音乐概念

对于孩子将要学习的乐器项目，最好具备一些基本的知识，这些知识可到书店去买些书参考，也可用电脑网络搜寻。这样您在日常时间也和孩子多了一些更具有建设性的聊天内容，对于较年幼的孩子，也可以起到一些辅导的作用。例如：您的孩子想选择小提琴，那么小提琴的音色像什么？将小提琴夹在脖子上会有什么感觉？手如何持弓？另一手如何按弦？会有什么不同的结果？中国乃至全世界有哪些著名的演奏家？有哪些著名的小提琴作品？你们欣赏过几首了？每首作品带给你们什么感受？……

尊重老师

不管家长对音乐、乐器是否已有概念，老师最忌讳也最怕遇到的家长有如下几种：

过于强势的态度。 半懂不懂的家长，或因自己社会地位不错，或因自己经济实力强大，便不把老师看在眼里，态度不友善，讲话缺乏教养（态度不佳），常令老师不知所措，吃亏的其实是孩子！

爱下指导棋。似懂非懂的家长，站在老师和琴童之间，过度地介入老师与孩子的对话，自认比老师更了解自己的孩子，所以建议老师这样那样。适度的建议有助于师生更有效地沟通，过度的建议就会造成师生之间的困扰。

喧宾夺主。家长坐在一旁看老师上课，老师说一句他要解释三句，说是怕孩子不懂。孩子最后会不知道要听谁的，结果可能是什么都没学会。

家长对待老师的正确态度应该是：

互相尊重。不可因觉得自己"有权有势"，并且是付费给对方了，就可以像上菜市场一样地论斤论两，"教学"不是"买卖"。同样，老师也别因为自己是什么"得奖者"，或是"国家级的"就可以端架子，学生是针对"学问"而来，不是针对"名牌"而来，彼此尊重，大家都开心！

适度地介绍自己的孩子，剩下的让老师自己去感受并发现。有经验的好老师，几次和学生"过招"就可以发现孩子的强项和弱点，从而决定教学方针。交给你认可的好老师，父母其实就可以"退下"了。

安静地在一旁听老师和孩子的对话，有任何问题下课时再和老师沟通，或写在亲师之间的联络簿上。有礼貌地"等待"也是一种为人的素质，孩子也能平心静气地学习！

有关进度，不要逼老师："请老师多给一些功课！"我常常开玩笑说，这就好比上市场买菜，就是爱讲价，不然就是要多捞一点免费的葱蒜，最好给出五元，得到八元的价值才高兴。"教""学"不是买青菜、水果、肉……是无法用斤、两来论价的。一位好的老师，他很清楚如何为学生安排适合的进度，超过学生所能负荷的进度，并不能真正的"物超所值"。

别逼老师让孩子参加考级。鉴定、考级没有绝对的标准。中国的"五级"和美国的"五级"有何不同？这一考级系统和另一考级系统又有何不同？多关心孩子对艺术、美感的领略，在提升生活的质量上，会比考到高等的级别更有实质的意义！

当你周围的朋友纷纷告诉你：我的孩子已经通过第 X 级的钢琴考级，或某种乐器的考级时，你别慌，静下心来问自己，我的孩子适合参加考级吗？这种考试是好的、合理的制度吗？我的孩子需要吗？等等。勇于自我判断，而不被潮流牵着鼻子走，是需要勇气与智慧的。

不用学费来衡量老师

有的人可能会偏向找收费贵的老师。这里，我要多说一些题外话：当老师的也别一味地提高学费！适可而止，不能因为"大牌"就漫天要价。在台湾，我见过一些所谓大牌的音乐人士或教授，因为太大牌了，到处兼差，你已经抓不到他工作的重点在哪里、他在关心什么事，他其实并没有把学生的事处理得很好，却在收费上不断地上扬。于是别的老师也"跟进"，就这样，像"炒楼"一样把学费给普遍炒高了！经济条件好的人无所谓，条件一般的人怎么办？交不起学费却有才能的学生是不是就要被牺牲掉了呢？

矛盾的是，你不要一味地追风、跟进高学费的老师，可你也不能只往廉价学费老师那儿走。要培养一名好的音乐家很不容易，要培养一名好的器乐老师也不容易，耐心、爱心、专业缺一不可。好的器乐老师也是花费了一大笔钱培养出来的，甚至可以说"是用钞票堆出来的"，相对而言，不是以一般打工者的工资来衡量的。尊重老师的专业，付给他应得的报酬，是基本且正确的。

按时付学费

以我多年"收学费""付学费"的经验，我觉得这样最好：

如果是老师到学生家上课，通常是每月的月尾付学费，即每四堂课为一个单位，第四堂课付费。如果是学生到老师家上课，则是月初付费或是每四堂课的第一堂课付费。

请按时缴费，千万不要拖欠，甚至让老师打电话来催缴。因为这是一个月一次的事，如果多人拖欠，就要造成老师在教学外的行政困扰，并且也是很不礼貌的。

学费请以信封装好，上面写学生的姓名及日期。赤裸裸地将钱直接拿给老师，一来如果老师的学生多，就难免会出错；二来让人觉得好像是在进行一种商品的买卖，犹如一手交钱、一手交货。以信封装好，是一种对彼此的尊重。

如果需要请假，一定至少提前一天提出

我曾有过坐等学生一小时，对方还不来上课，也没接到请假电话的经历。白白浪费了老师的时间。

成为孩子学习的好搭档，同时，成为老师的好伙伴，大家都有礼貌、有分寸，这在为人的素质上、生活的层次上，已经做到了最好的"美的教育"！

第七章　建议篇

父母及教师应注意的问题

"漫无目的" 与 "宏伟蓝图"

——正确应对儿童学习乐器的心理

大部分的家长带孩子学乐器，心中不免存有一些幻想。幻想是好的，怕的是错觉或未认清事实。有哪些现实的差异是家长必须了解的？

一、心理上的差异

儿童：认为乐器只是玩具的一种，或是一种会发出声音的物品，价钱高低无关紧要，玩玩就可以丢。他们对此充满了好奇心，一旦保鲜期过了，吸引力就会改变。

家长：花了钱（代价）买的，自己很珍惜（尤其是钢琴这类昂

小女儿五年级时跳的彝族舞蹈。

小女儿很幸运，在美国遇到从北京、台湾来的很棒的中国民间舞蹈老师，得以让她在学习现代舞、芭蕾舞之外，继续她最喜欢的中国民间舞。（2009九年于美国加州，古典舞由陈进老师指导演出）

贵的乐器），更希望孩子也珍惜。

二、生理上的差异

儿童：与视觉有关的能力，如：层次感、方位感、垂直感、形状辨识、距离感、抽象符号的辨识力等，尚在建立中，仍有视觉上的认知困扰。

手指小肌肉的发育，尚无法稳定地执行操作乐器所需的精细动作（尤其是六岁以前的幼儿）。

手眼协调的能力正在建立中，尚有执行上的困扰！

"感觉统合"系统正在建立中，生理上存在许多成人所不了解的学习障碍。

家长：未认清人的生理发育有一定过程和规律，以大人的肌肉发育标准、视觉能力，来要求儿童达到同样的标准。

不了解"感觉统合"及"适合的年龄"在儿童学习乐器时的重要性。

三、出发点不同

儿童：以玩乐、高兴、找玩具、好奇为出发点。

家长：以学习"技术"的心态为出发点。

四、目的不同

儿童：漫无目的。

家长：心中有许多蓝图。

以上"儿童"指的大约是七八岁之前的儿童。为了避免学习乐器时无谓的困扰，家长应先了解亲子间的差异，在分寸的拿捏上，做出适当的处理，对双方才有助益。

要参加音乐比赛吗？

学音乐的人，好像很难脱离"比赛"这两个字。

从高中时代下决心要考音乐系开始，我就和比赛结了缘。如愿考上大学音乐系后，因为主修单簧管及钢琴，常受邀加入数个乐团，于是每年大、小比赛不断，加上每个寒暑假及学期间校内的乐团、校外的乐团，定期、不定期的巡回演出，可以用"活在掌声中"来形容这一时期的生活。

毕业后，我成为学校的老师，教过初中，后转入高中、大专。比赛，又找上了我。而且，根本没有拒绝的余地，因为那是我分内的工作。于是，无论是合唱比赛，还是乐队比赛，都得应付！

既教之，则安之。只要校方决定要比赛，我都会要求自己尽全力配合。幸运的是，只要我出场，成绩大都不错。一年又一年，年年都得应付大大小小的比赛。

最值得纪念的一次，是带领台中一中的合唱团，参加由台湾"行政院新闻局"、中华电视台合办的金音奖合唱比赛。初赛（台中市）、复赛（中部五县市）我们都取得了冠军。到了决赛（全省）那场，地点是在台北国军文艺活动中心，我带着隔天就要参加模拟考（全校性模拟大学联考的大考）、许多人还是背着父母偷偷参加合唱团的高三男生，坐上火车来到大家都很陌生的台北。面对来自合唱界、作曲界的十位裁判，我们很镇定地唱完比赛曲目，对手们也是来自全省经过初赛、复赛后成绩突出的优秀合唱团。经过激烈的角逐，我们最后很"幸运"地得到了总冠军。我一面觉得运气好、侥幸险胜，一面想，有十名裁判，主办单位够慎重了，偏颇的可能性也不大，所以，我的实力应该不差。不过，这次以后，我告别了合唱界，并婉拒了许多慕名而来、请我指导合唱团的教学邀约，不再留恋。

乐团，也在我的坚持下全辞了。因为，我的身体吃不消了，这时候的我，已经很不喜欢比赛了！不过，家中的私人钢琴、直笛学生，偶尔还是有家长要求比赛。所以，比赛，还是我无法脱离的生活的一部分。

在历经各类比赛，立下一些"汗马功劳"后，我的感想是：比赛是一件残忍的事。不管比赛的结果是第一名或是不列名，当您到了比赛结束后宣布名次的时候，目睹有的孩子或抱头痛哭，或泪流满面，或咬牙切齿……得奖的人欣喜若狂，落败的人大叫"不公平"！尤其是看到个人上台的比赛，所有成败的结果都由台上的孩子一人承担，更是不忍。

比赛有时候不一定很公正。我自己也常当裁判，深深了解：当两三个参赛者水平旗鼓相当时，究竟给谁第一名，就全凭个人的喜好了，如果裁判人数不多，偏颇的可能性就更大。还有的音乐比赛，并非由专业的音乐演奏者担任评委，例如同一组裁判，可以从合唱评到钢琴、木管乐、铜管乐甚至到国乐，裁判不

209.

带领台中一中学生参加合唱团比赛。

够专业，其评判的准确度便不免令人怀疑！

比赛，不应该是学习的目的。比赛，本身是一件很好的事，可以知道自己的水平到了哪里，成为再努力的指标。但如果只是为了比赛而学习乐器，势必扭曲了学习的正常内容与进度。尤其程度未达到一定水准者，为了比赛，放弃了正常该有的进度，专攻比赛曲目，这对于学习过程，很难说不是一种破坏。

赛场，犹如战场。本来和谐美丽的音乐艺术，此时却充满杀伐之气。参加比赛的学生，为了追求得名，彼此斗争，转移了追求音乐本身美好境界的目标，让人想起了古罗马的竞技场。或许您觉得我言重了，不过您如果是音乐比赛的沙场老将，自己也常当裁判，您很容易就能体会到个中滋味了！

艺术性的比赛并没有一个明确量化的量表。您去看看体育比赛：跳远、跳高、赛跑、篮球、足球……每一项都有很明确的、显而易见的结果，即便这样，还常常会引来裁判不公的争论。但是看看艺术项目的比赛，如音乐、舞蹈、美术，在那几个程度不相上下的参赛者之间，你能用表来量？你能用计时器来测？你能用进了几个球来决定胜负？都不能！尤其面对实力非常接近的参赛者，看看裁判手里的那支笔有多沉重，你就可以了解，要轻易地划分出高下，是多么难，又是多么不确定。

对于参加比赛的儿童，家长和老师必须给予足够的心理辅导。比赛，可以是"温度计"，看出自己努力的程度够不够，也可以是具有杀伤力的"刀剑"。有人在比赛中心理受到创伤，从此再也不学音乐。其中的分界线，就看参赛者抱着怎么样的心态。"胜不骄，败不馁"，必须体会其中的哲理。**让孩子接受适当的挫折是必要的，但若是承担莫须有的挫折，谁也不能保证是否会造成日后心理上的阴影。**

如果裁判不是只评完分数、给个名次就走人，而能更积极、正面地给予每个参赛的团体或个人一些建议，对于获得高分或低分的原因予以讲评，那么参赛者便能从此次的比赛中发现自己平时未注意到的问题，从而在未来的练习中找到新的解决方法和方向。指导的老师与参赛者的父母也可以从比赛中或裁判的建言中，获得新的建议与认识。

在参赛者当中，不论是团体或个人，都可以在过程中欣赏到更多不同水平的演奏或演唱，这是平常闷在琴房或教室里练习时所得不到的。"他山之石，可以攻玉"，多观摩别人的演出或比赛，也可借机认识自己。而或许就在整个的等待与参赛的过程中，参赛者对自己的音乐学习方向与目标，突然有了新的领悟与更正面、积极的决定，这在我的学生当中也常发生，让人为之雀跃！参加比赛的学生与家长、指导老师，如果能从比赛的"竞技"情绪中跳脱，只注意自己是否尽力练习了，而不过分看重名次和结果，比赛就会利多于弊。

或者，仿效欧美的许多比赛方式，特别是各类非职业性的艺术比赛，如美术、音乐、舞蹈、写作，对于参加比赛人员的评比，就只有两种结果：达到大会预先设定的要求程度，就可获得白金奖，达不到就是金奖之类的。从多年带孩子、学生以及自己在美国参加比赛的经验，并不会因为这样"人人有奖"，参赛者就掉以轻心。事前，不论是团体还是个人，仍是人人都铆足了劲儿，尽最大的努力去练习。比赛后，得到白金奖的人觉得受到肯定，明年还想再参加，而得了金奖的人，也不会觉得丢人或太泄气，毕竟努力过了，没有"白金奖"，还有"金奖"，明年再迎头赶上吧。很少看到不开心的老师、家长或者参赛者，而裁判也会给每个参赛团体或个人以正面、鼓励的评语，于是，每个人都开开心心地抱着奖杯自信满满地离开。当然，欧美也有许多不同类型的比赛，需要以不同的等级评比方式呈现，例如一些非常专业的大型艺术比赛，一定得分出第一名、第二名，等等。然而大部分的比赛都是采取"有参加就有肯定"的做法，使得参赛者对自己仍然有信心再接再厉。

参加各类比赛后，这种鼓励参赛大于竞技意义的比赛方式，仍是最自然、最符合人性的，值得借鉴！

我的孩子将要上台表演了

经过长期的学习、练习，练习、学习，学生终于有了小小的成就，这时老师或家长可以为学生或孩子们安排一些演奏会。演奏会可以是大型的，也可以是小型的。演奏场地可以是正式的，例如一些公共单位、学校的演奏厅，也可以是非正式的，例如小区里面的一个音响效果不错的房间，或是学生当中愿意提供自己的家作为场地。老师或家长邀请几位小朋友来表演，小朋友及家长再负责邀请亲朋好友来当观众，这样一场音乐会就可以开始了！

要成为好的演奏者，过程是相当辛苦的，除了练习还是练习，成功似乎没有捷径。而一个好的演奏者，除了将一首曲子的音符弹奏得正确外，他还需要留意哪些事项？

1. **稳定的速度**。不可忽快忽慢。

2. **充分掌握技巧**。熟练的技巧可以遮盖其他的一些缺陷。

3. **注意音色的要求**。需要甜美如歌还是要饱满浑厚？

4. **注意力度的对比**。需要轻巧细致时，就要有别于雄壮宏伟，做出明显的对比。

5. **乐句的呼吸**。何时是一个句子？要有起伏与段落感。

6. **如歌唱般的旋律线**。掌握一段乐句，除了段落感，还要让乐句如唱歌般地流畅前行。

7. **具有敏锐的音乐性**。对要演奏的曲子充满适当、饱满的激情。

8. **诠释作品的能力**。正确地诠释一首曲子，选择合适的表达方式。

孩子上台表演，是增强他们信心的好方法。即便只是在教堂里上台唱个歌，孩子们也都相当郑重其事。

我们才五岁，穿上漂亮的衣服，大家都很开心。跳舞跳得不整齐也没关系，台下的爸爸妈妈、爷爷奶奶、好朋友都已乐得合不拢嘴。

9. **稳健从容的台风，不慌张。** 从容稳健的台风，一上台就是一道亮眼的风景。

以上要素，缺一不可。说来容易，练习的过程却是非常漫长。父母可帮助孩子在平常练习时掌握前述关键事项，而到了临上台前，就别再叮咛了，给他一个爱的拥抱，然后，开心地享受音乐，成败就可丢到旁边去了。

能上台演奏，不管是正式的或非正式的、独奏或合奏，对平常勤于练琴的学生，都是一项极大的荣誉，是建立他自信心、荣誉感的最好方式。如果是合奏演出，经由团体不断地合作练习，更能培养一个人的群体合作性。能将自己的学习成果与别人分享，独乐乐不如众乐乐，练琴就会是一项虽然辛苦却又迷人的过程！

如何选择适合孩子的音乐会?

维也纳爱乐交响乐团曾数度到台湾演出,三大男高音帕瓦罗蒂(Luciano Pavarotti)、多明戈(Placido Domingo)、卡雷拉斯(José Carreras)也分别多次到台湾演唱,场场都爆满,还需在户外露天搭起电视墙,给数千名买不到票的

在加州、墨西哥的餐厅及街道上,常可看到这类墨西哥走唱歌手Mariachi,人数从两人到十几人不等,通常是边唱边弹乐器,好像是天生的音乐家。他们以非常快乐、热情的歌声来娱乐大众,赚取生活费。

维也纳爱乐交响乐团。

观众同步观赏，以满足乐迷一睹大师风采的愿望。而国内学习音乐的风气渐盛，引进国际知名的音乐人士来演出的几率也越来越高。面对各类型的音乐会，该如何选择呢？

不要受知名度大小的左右

CD 业者推出了一些演奏会场上的新人，漂亮的包装、诱人的宣传也获得场场高出席率的演出结果。的确是增添了社会的文化气息，虽然这并不能代表人们的欣赏水准也同样进步。"卖座与否"与演奏会的水准不一定成正比，群众常常会有"一窝蜂"的现象，很容易就会冷落了一些真正具有实力却不会包装、行销的音乐家。冷静地判断、选择市场上不是那么知名的人，常常可以有意外的惊喜！

不要只相信名牌

同样具有世界级演奏水平的演奏家及乐团，可能因为宣传力度不够，或大多数的人并不熟悉他们，在国内就只能有三四成的观众。每当我在这种音乐会会场中，总不免感到尴尬，也为台上的演奏者叫屈，因为有实力的人并不见得场场卖座。观众要有足够的知识，才不会受惑于宣传与包装，也不会犯下"名牌的盲从者"的行为。不见得必须是有名的才去看，多看多听各种水平的音乐会，总是没错。

目前有关古典音乐、演奏者的书籍越来越多；到书店走一圈，能有相当大的收获，或者上网也可查到。家长自己也该常听音乐，到 CD 行买些经典之作，培养出好的鉴赏力。有了好的鉴赏力，替孩子选择音乐会，也就不再是难事。另外，询问一些内行的音乐老师，也可以得到很好的资讯。

欣赏音乐会应遵守礼节，才不会影响他人。

欣赏的范围越广越好

孩子还太小无法自我约束时，请不要到需要高度安静的音乐会场合，以免干扰别人。等到孩子年龄稍长能控制自己的行为时，可多看各类的表演及各国的民俗艺术表演。同时，各个省份的地方戏曲、民俗舞蹈、庙会等也不可忽略。让孩子接受宽广、多面的文化刺激，自小建立起欣赏艺术的习性。至于表演者是否知名并不重要，多看、多听、多接触才是重点。曾听音乐老师抱怨："学生家长的心理真是难懂，舍得花昂贵的钟点费找大牌老师上课，却舍不得花几十元买一张音乐会的门票。"

我教学时，每学年总要规定所有的学生：每学期每人必须听一场以上的音乐会，并提写报告。不出此下策，可能绝大多数的学生一辈子也不会踏进音乐会的殿堂。此举虽引起学生的哗然、异议，但我鼓励他们把吃冰的钱、玩游戏机的钱省下，至少半年看一场音乐会。在学期结束时，许多学生在报告上写着："谢谢老师'强迫'我们去听音乐会，去了之后才知道欣赏表演艺术真的很有价值。谢谢您，为我们开启了另一扇'知识之窗'！"

欣赏音乐会的礼节

场景一：

1970 年左右，台湾

我当时读高中，因为学习音乐的原因，常常去听音乐会。

当时，大家的经济状况只是普通，欣赏音乐会对大多数的人来说，还很奢侈，所以不可能常去，也因此一直都有"新"的音乐会欣赏者出现。从哪里看出来的呢？

一首音乐，例如：柴可夫斯基的第 1 号钢琴协奏曲（Tchaikovsky: Piano Concerto No.1）共分成三个乐章：

第一乐章——庄严适度的快板（约二十分钟）

第二乐章——纯朴的行板（约七分钟）

第三乐章——热情的快板（约七分钟）

整首作品演奏完，共约三十四分钟左右（这会因为指挥者的不同而有一点变化）。其间在乐章和乐章中间，指挥者会让自己和团员休息一下，或是整理一下乐谱、调整一下乐器、换个乐器（有时打击乐手会兼奏好多种乐器）、擦一擦过多的口水（管乐器）。而依照"国际惯例"，观众此时是不需要拍手的，这主要是怕破坏了整首曲子的连贯气氛，所以观众只要继续保持沉默，咳嗽咳嗽（演奏当中一直忍着不敢咳），调整一下坐姿（有时演奏中，观众太安静了，演奏厅的音响效果又特别好，虽然场地很大，但如果你发出足以打扰别人的声音，会招致别人的白眼，所以大多时候是不敢有任何动作的）。

很快地，指挥的手又举起来，然后美妙的乐章又开始了！观众再度保持"绝对的安静"！可是，常常在这个"乐章与乐章的暂停"当中，会有"不明原因"的新观众，"啪啪啪"地拍起手来，此时立刻可以感觉到，台上的演奏者会吓一跳，脾气不好的指挥还会生气呢！"老观众"也会被"新观众"搞得很尴尬。

特别是像柴可夫斯基第 1 号钢琴协奏曲的第一乐章，是结束在旋律最高潮，节奏紧凑急促，然后趋向柔缓便戛然而止！以中国人看戏看到精彩激扬之处习惯拍手叫好的习惯，很自然会在此处慷慨地拍手献上鼓励。如果指挥太专注于乐曲，在第一乐章结束时，暂停一会儿就会接着指挥第二乐章。此时问题就来了，因为此曲的第二乐章，是长笛以极为安静的如泣如诉的方式独奏开始，观众的拍手声岂不是打扰了演奏者的情绪？并且听众会完全听不到台上的演奏。这在要求绝对安静的古典音乐演奏厅，是一大禁忌。

曾经看过一位欧洲的指挥家，干脆放下指挥棒，回头狠狠地看了观众几眼，并等到观众席完全安静了才再开始！这样一来一往，相当影响彼此的情绪。

场景二：

1995 年左右，台湾已经富起来了一阵子

我常常领着两个分别读幼儿园、小学的女儿去欣赏音乐会，收获非常丰富。观众大多能准时入座。该拍手的时候拍手，该安静的时候安静，该热情的时候热情，该激动的时候激动，大部分人都很清楚，也不太有人会在演奏时未经允许照相、录音。因为经过多年的学校教育、社会教育，大众已形成一种基本的礼节，使得一切井然有序。

场景三：

2007 年，上海歌剧院

演出团体：上海芭蕾舞团

演出剧目：《天鹅湖》

我和先生买好了入场券，怀着非常兴奋的心情，先参观了刚完工不久的演

华丽的音乐厅。

奏厅。从外部看来，演奏厅的设计真是令人叹为观止。演奏厅所有的软、硬件都堪称一流。进了演奏厅，我仍一路赞叹此音乐厅的美轮美奂，感叹于祖国真是进步得太多太快了！我们的位置在楼上。随着人潮，找到位置坐定。渐渐地，我发现了这演奏厅的缺点，座位相当狭小、短浅，又因为是以梯状的形式一排高于一排，角度拉得太陡，所以，只要从座位上站起来，就觉得整个人将要往下栽倒。因此走起路来可以用心惊胆战来形容。

没过多久，灯光暗下来，演奏开始，全场都安静下来。在这个年代，"请勿摄影、请勿录音"，应该是基本的常识吧！演奏舞台两旁也都有告示牌清楚地写着：请勿摄影！只是不到两分钟，好几架照相机的闪光灯出人意料地开始闪烁，楼上楼下都有。工作人员立刻举起很大并透着光亮的告示牌"请勿摄影"站在观众席两旁的走道上，之后再放下。

过了两分钟，告示牌又此起彼伏地举起，因为还是有很多的观众不听劝告！

安静了三分钟。心想，终于可以不受打扰地欣赏完这场音乐会了吧！

再次，"请勿摄影"居然走进了观众席，因为还是有观众在照相，工作人员显然生气了。告示牌走了，因为照相机停止了！啪！这观众可真牛，就在我斜前方不远处，穿着很体面的一位男士，又照起了相，这回举牌的工作人员干脆地把牌子举在那人面前，还不停地晃动！

停了，又走了，音乐继续进行……又有人开始照相，告示牌又开始晃动！这音乐会我还能看吗？是看"请勿摄影"这场龙虎斗，还是看台上的音乐演奏？这可是在上海世界级的新演奏厅呢！

任何人都拿那观众没有办法！他就是要照相。

他破坏了许多人的胃口！

场景四：

2010 年 5 月，美国加州的沃特·迪斯尼演奏厅（Walt Disney Concert Hall）

演奏团体：洛杉矶爱乐交响乐团（Los Angeles Philharmonic）

演奏曲目：勃拉姆斯交响乐第 2 号、第 4 号

我和我的两个女儿踏进了 2003 年完工、音响效果绝佳的音乐厅。在绝大多数场合，台上的演奏者一定是穿着正式的演出服：男士白衬衫黑长裤外加黑西装或燕尾服，女士则为及地黑长裙、全白上衣或黑色上衣。在欧美，观众也常常穿着及地长礼服等正式晚宴服出席音乐会。演奏厅还备有衣帽间，让观众寄放外套等。

今天的节目单上写的却是"Casual Friday"（休闲的星期五），因此观众穿着都很休闲，台上演奏者更是不同于往常，穿着如牛仔裤、T 恤等轻便的服装。但是当音乐一响起，勃拉姆斯那浑厚的音乐却一点不含糊地滑进了观众的耳朵。我非常惊讶有几段长笛和双簧管、单簧管独奏的部分，声音传到坐在二楼的我的耳朵里，像演奏者就坐在我的身旁一般，迪斯尼音乐厅果然是名不虚传。

除了音乐本身让人"如沐春风"外，我抽空观察了一些现象：

一、说是"休闲音乐会"，整场就真的没人穿礼服，美国人"依约定穿着"的默契一点也不出错。

二、整场两千四百人的观众席，大约不超过五名儿童，而且绝对没有发出任何声音。在这连一根针掉到地上都能听得到的场合，真的不适合有任何不安静的小孩，而结果居然就是如此成功！美国人说一不二，不取巧的个性表露无遗！

该拍手的地方，大家绝不吝啬，觉得太精彩了，还会起立鼓掌致意，再加上"Bravo"（太好了）的喝彩声，然后，又是一片安静。静待下一首曲子。

美国是个极端自由的国家。可是，任何行为只要对别人有一点点打扰，就不能做。例如：在音乐会随便鼓掌，这会影响到别人听音乐会的心情，所以就不随便鼓掌；不能随意照相，特别是不能用闪光灯，因为这会影响演出者的情绪，会侵犯演出者、指挥者的权益，会影响观众欣赏音乐会的情绪，因此大家都不会触犯界线。这好像是一种"约定俗成"的观念，小孩子从小在学校、在家中、在教堂都是在这样的气氛中成长，整个社会的人们很自然就会彼此尊重！这似乎成为他们绝对且自然而然遵守的原则！

场景五：

2010 年 4 月中旬，台湾歌星蔡琴在湖南长沙开演唱会，台下有近万名歌迷。有一位坐在前排的男性（座位越靠前，入场券越贵）就在蔡琴演唱得如醉如痴的当儿，在台下大声讲起了手机。

台上的蔡琴当然听到了，并且，突然停止了演唱，一贯幽默的她说："不要再打手机了，这位男士请站起来，接受大家的掌声，对，就是你！你看你还好意思站起来？把手机收起来了喔！收起来！旁边是你女朋友，还是女儿啊？还有很多台下的朋友也在打电话。'我跟你讲，她本人真的长得很好看，唱得也很棒！'"

蔡琴不但风趣地"点名"这位男听众，还模仿他讲手机的一举一动，逗得这位男士既尴尬又好笑！但是，通过蔡琴的幽默来呼吁歌迷专心听唱，才让整场表演顺利进行，接下来大概再也不会有人敢讲手机了吧？

在欣赏音乐会、舞蹈、戏剧表演的场合，无论是古典的、流行的，国内演出者、国外演出者，热闹的节目、安静的节目，舞蹈的内容、音乐的内容，大牌著名的、无名的，正式的、非正式的，观众很少的、观众很多的，大城市的、小城市的各种形式的演出场合，观众该用什么态度来自律？不论是成人或儿童，保持绝对的安静是最基本的礼貌与条件，一个国家的公民是否有公共道德的素养，此时可一览无遗。另外如不许讲手机、不许照相、不许摄像、不许喧哗，父母老师好好地管住儿童，大家保持极度的安静，以免影响了别人的权益，这些基本礼节，您愿意遵守吗？

朋友，你喜欢在哪种场合听音乐会或观看表演呢？那就从我们自己做起吧！

第八章　个案篇

特殊案例讨论

"感觉统合"与音乐学习

——为什么孩子总是弹错音符？

从事音乐教育工作已三十多年了，这期间常遇到一些困扰。例如：为什么有些学生无法安静片刻认真学习？传统的识谱教法，为什么使得那么多人仍不会认五线谱？简单的五条线谱，为什么在有些人眼里，有如千条线穿插着出现？简单的敲对木琴、弹对钢琴键，为什么有些人非常难做到？我逐渐观察到：除了些微的心理因素，其巨大的影响来自微妙的生理因素。感谢一些专家学者从生理学的观点出发，整理出一门"感觉统合"的学科，为现代许多孩子所面对的学习困扰现象，作了相当清楚的分析。许多父母、老师从这门学科中，找到了帮助也找到了答案，且受益良多。

什么是"感觉统合"（Sensory Integration）

是指经由人体的神经系统传导各种感觉、触觉、听觉、视觉等至脑部，在脑部经过整合、组织后再发出命令，然后执行在身体、生活上的一系列活动过程。当我们来探讨一些音乐的学习行为，以及为什么有些音乐的学习对某些人存在那么多的困扰时，从"感觉统合"我们可以找到答案。这使得父母、老师不必再苛责孩子为什么反应迟钝或不爱学习，进而可以找到对策来进行更有效的教学或改进，甚至以"音乐教学"来进行更有效的感觉统合治疗。这是我写这篇文章的最大目的。

为什么无法识谱

为什么四岁前的孩子认识"豆芽菜"（音符）非常困难？为什么许多成人仍不会认五线谱？为什么孩子在学了一年的乐器弹奏后，仍然存在"豆芽菜"搞混的情形？

在前文学习五线谱的章节中我谈过，这些和大脑"前庭功能"运转有关。有这类问题的小孩，应先治疗好他的前庭功能系统障碍，做一些运动，如溜滑梯、荡秋千、跳弹簧垫、跳绳、打球、按摩身体等等，充分地刺激前庭系统，使前述状况得以改善！

还有些孩子前一个音符才告诉过他，那是 Sol，后面再出现一次 ，他居然无

玩沙子是培养感觉统合能力最容易的方式之一。坐在沙滩上，孩子揉、捏、按、捧沙子，让沙子的柔软轻抚身体，绝对是他们的最爱。

法判断是同一位置的音符，这是怎么回事？

这种视觉反应不良的孩子怎么办？带他去**玩分类游戏、走迷宫、玩拼图等，使孩子在这类活动中，得到良好的视知觉刺激，以改善视谱不良的问题**，这样"刺激大脑"一阵子之后，再用很慢的进度学习音符，孩子的学习状况就可以得到很大的改善，同时也非常有助于他日后阅读文字书籍。

为什么总敲错琴键及写错音符

在上木琴课时，明明老师说"敲有黄色贴纸的 Sol"，为什么有的孩子就会敲到蓝色的 Mi……或老师说画第二条线的音符，他却画第一条线的音符？老师说请找出高音部第三线的 Si 是在键盘上的哪一个位置？他却可能指到第二线的 Sol。他没有色盲，智商也不低，却老是犯错，这是怎么回事？

大多是**手眼协调有障碍，或身体左右两侧的交错整合能力失调**，因此当大脑下达命令"在第一条线画个圆"时，他却在别的地方随意地画个圆，或是他想用右手敲较靠左侧的木琴键或钢琴键，却在尚未达到左侧时，混乱的脑波讯息，使他随意就敲出一个音符。

这并非智商有问题，却常被成人以"反应笨拙"来处理，让孩子受到许多不必要的委屈。这样的孩子，应该让他多做以下的活动：揉搓大块的黏土、陶土，在大片的白纸上用粗笔随意涂鸦、跳绳、玩拼图、组合玩具、大块积木、丢接球等，来增强手眼协调的能力。

也有研究方法指出：孩子婴儿时期，妈妈可常常轻轻按摩婴儿全身的肌肤，也是刺激感觉统合的一种好方法。

我的孩子有多动症吗

教书这么多年，遇到过各式各样的孩子，最怕的就是"好动的孩子"。他们进入教室后，有各种深浅程度的"好动"表现。

而好动的孩子也有很多种类型：

有些孩子好动非常严重，心中只有自我，完全无法沟通。严重的程度我只能用"多动儿"来形容他们。这类孩子，我曾多次尝试过教他们，但由于不是单独教学，我也不是这方面的专家，课程非常难进行，最后只好放弃了。至今，我还未听说纯用音乐教学能治疗这类孩子的案例，事实上，这类孩子存在某方面的缺陷，需要专业的治疗师。

另一种比"多动儿"好一点，动的程度少一点，还是有停下来的时候，老师讲的话他听进了一些，也比较能沟通。但上课活动必须用很多有趣的教具及活动来不停地吸引他们，否则，"满场逛"是很有可能的。有些还会不停地发表意见，或爱说一些跟课程完全无关的事。这类孩子的"家庭教育"也许有待修正，父母甚至祖父母对待他们的方式需要探讨改进，或是幼儿园上课的方式、场地不适合他。他们通常都蛮聪明的，但到我这里，一周一小时的课，实在改变不了他已形成或正在形成的许多习惯。

还有一种好动，是一般孩子（特别是男孩子）都会有的那种表现——"像毛毛虫一样动个不停"。但是当老师有什么要求，他们配合得很快，上课也比较专心，偶尔开个小差，没有人会在意。

有趣的是，这三类孩子，男孩子大致占了百分之九十九点九，换句话说，女孩子如果有好动的，除非有智能障碍或有非常严重的家庭问题，一般来说，她们的"好动"都属"正常范围"，没有什么好大惊小怪，老师也不在意。

好动的孩子，既然大多数是男孩子，我想这应该和"人体的发展"有关，否则同样的学习环境、同样的遗传、同样的教学、同样的家庭，为什么会培养出一个非常好动、一个却很安静的孩子？

有人说，这些就是孩子的"特质"或"气质"与生俱来的不同。我认为，他们是"感觉统合"——感觉神经的通路有点不畅，程度的轻重不同而已。

如果想要用学音乐的方式来改进，希望他们借着安静的音乐，用专心学习乐器的状态，来改变"好动"的毛病，我认为非常不适合以"团体"的课程方式进行。因为，好动的孩子，如果真是"感觉统合"有问题，应该尽早治疗或用运动的方式来改善。父母想用静态的方法来改变他，最好是将这些孩子集中在一班，一起上一些经过特殊设计的课程，还要找到很有耐心的老师。过去的经验里，曾带过不下十个属于第二类那种好动的孩子，教他们的过程最长曾经维持三年，累积到最后，他们都有很大的改善。事实上，随着年龄增长，这种情况也可能有所改善。

但是，一个好动的孩子，并不适合在初期就走进音乐教室——尤其是较难的认知活动、很多弹键盘活动的音乐教室。这对孩子自己是一种"酷刑"，对任课老师也是一大考验，需要用四五倍以上的精力，来维持有他们在的那堂课。除非是一对一的音乐教学，也绝不能是钢琴、大小提琴这类需要精密的协调性与细致弹奏技巧的乐器，我想敲敲打打的打击乐器或许更适合他们！

参考书目：

《感觉统合——透视儿童发展的奥秘》第89页，高丽芷著，台湾信谊基金出版社，1980。

《如何帮助情绪困扰的孩子》第185页，郑信雄著，台湾远流出版社，1982。

《如何帮助学习困难的孩子》第54页，郑信雄著，台湾远流出版社，1982。

用音乐活动改善 "感觉统合不良"

在前一篇文章中我们发现，"感觉统合"不良的小孩，在学习有关乐理及乐器时的学习会有障碍，连带感受音乐的喜怒哀乐也会出现障碍。我们可借由感觉统合专家指导，从事某些活动来改善，本篇我再简单举一些以音乐活动来改善的例子。家长和老师可以借鉴。

用音乐刺激听觉

改善"感觉统合不良"，关键是要唤醒儿童的听觉功能。刺激听觉的方法有很多，最好又最有效的方法当属"音乐"刺激——多欣赏音乐，既接受音乐的熏陶，又能刺激听觉功能灵敏。**更有医学证实，听音乐能有效地刺激右脑神经**，真是一举数得。如果能伴随着音乐随意舞蹈，对激发孩子的兴趣、创造性及改善肢体的协调性都将大有裨益。

（一）常常重复欣赏同样的音乐。相同的旋律，相同的节奏，更能引起听觉神经失调者的注意与共鸣。

（二）欣赏曲式短小的音乐。

（三）欣赏旋律线简单、稳定的音乐。

（四）欣赏"主题与变奏"的音乐。

（五）使用两或三种乐器同时演奏，但每一声部都必须非常明显的音乐玩肢体律动。如：帕海贝尔卡农（Pachelbel's Greatest Hit Canon）中的第一首，并配合以下的动作：

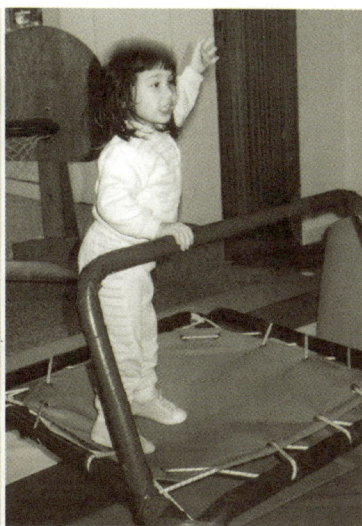

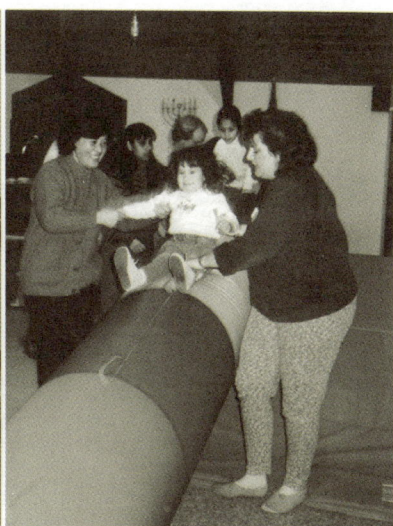

这是我带小甥女去参加"感觉统合"游戏课程的片段。

跳气垫，让我们认识自己的身体，配上快节奏的音乐更有趣。

1. 只有一人时，请孩子选定一条旋律线，如随着大提琴的部分做缓慢、沉重的动作（如老人走路，或熊、大象的缓慢动作）。

2. 两人一组时，一人随着低音部垫底的大提琴声部做缓慢、沉重的移动，另一人则随着高声部小提琴的旋律，做柔美、温和如小天使般飞舞的轻快动作。（为了简化听觉上的难度，使用高、低两声部即可。）这同时进行的两种律动动作，其线条可帮助小朋友们训练听觉神经，并形成辨别声部的能力。

3. 如果很多位小朋友同时开始活动，可从一个声部开始练习。例如全体一起随大提琴的旋律，做老人走路等缓慢、沉重的动作；或全体随着小提琴的旋律，做轻盈的小天使、小仙女或蝴蝶舞动的动作。之后分成两组，同时分开做高低声部的动作，这样可以同时看到各种不同创意的老人走路的形态，或不同小仙女飞舞的姿势，相当有趣，令小朋友难忘。

（六）欣赏旋律及动感鲜明的音乐。如：《芭蕾舞蹈教室》。

1. 小朋友随着音乐，自己创作动作。

2. 使用道具，如杯子、盒子、皮鞋等小件物品，由孩子随着音乐操作道具移动。本项活动因借着音乐来舞动自己（或道具的移动），较容易引起小朋友去"听"的动机，也比较容易投入、持久。而对于较胆小、不愿在人面前"舞动身体"的人，使用道具是最好的转移方法。

"律动教学"刺激协调性

目前流行于欧美的奥尔夫教学法、达尔克洛兹教学法，在教学中采用了大量的律动（Movement）教学，希望通过肢体的各种活动，来"感觉"或"学习"音乐。

这里提到的律动（Movement 或译为动作）并非舞蹈（Dance）。动作是舞蹈的元素之一，而舞蹈可从最单一的形态开始，到一个舞节、一个舞段，是一种要经过组织、学习、需要较难技巧的身体活动。它需要克服重重障碍，并不适合用在只是纯粹从"动"中去学习的活动（如果要加以利用，则需感觉统合专家学者针对个案来设计活动）。而一般性的律动活动，对那些正常的或是失调的孩子，还是有许多帮助的。例如：

（一）配合轻柔的情境音乐（如大自然的录音、情调音乐），做一些认识肢体形象的活动，如在老师的要求下，或轻柔或强烈地做抬右脚、抬右手、抬左脚、抬左手、扭腰、抬头等动作（同样活动也可以躺在地板上进行）。

（二）配合音乐的情境，将自己当成活动的雕像，不时地"雕"自己，以便体会身体能移动、组合的所有可能性。借着不断探索各种身体活动的可能性，更多地发展、延伸、发掘、创造自己的肢体潜力。除了认识身体，刺激肌肉、肢体动觉，在活动过程中形成的肌肉张力，还有助于大脑前庭平衡系统的发育及增进身体两侧的整合能力。

（三）配合音乐两人一组，一人用眼睛活动（身体及头部不能移动），另一人则以一只手指活动。用手指活动者，以食指或快速或缓慢、或上或下、或前或后、或高或低、或横向移动或垂直移动，等等，让对方的眼睛随着手指的移动而移动。这同时让眼珠得到了最好的练习，在促进方位感、手眼协调上也非常有帮助。

刚开始，奥尔夫的这种说法，在欧洲引起了很大的争议，人们不明白"肢体动作"和"音乐学习"之间存在什么关联。引进台湾时，更是不容易被这儿的家长接受。一般人的想法是：学音乐就应该直接学音乐，为什么要绕个圈（律动教学）再回到音乐上？现在，我们可以从"感觉统合"上找到最好的答案。

本文的所有活动，对于一般的孩子或感觉统合不良的孩子，以及常常对父母师长的话不认真执行的孩子都有非常好的教育效果。

做快乐的音乐小神童

在国外游学多年，常常会遇到音乐天才儿童。

记得我在奥地利萨尔斯堡——这座神童莫扎特诞生的城市读书时，有一天和几位同学在莫扎特诞生的房子附近，找到一家中国餐厅用餐，饭后看到一个中小学男孩，独自坐在角落用餐，我想他大概是老板的儿子吧！以后只要到这家餐厅，就会看到他，总是那样衣着整齐、安安静静，脸上没有什么表情。看起来实在不像是属于这家餐厅的一分子。我忍不住上前和他打招呼，原来他才十一岁，是从台湾来这儿学小提琴的"天才儿童"，每天午、晚餐在这家中国餐馆当长期饭客。

他总是独自一个人来，独自一人走，有时候在路上也能看到他独自背个比他身材小不了多少的小提琴走在雪地里。完全没有十一岁小男孩该有的那股调皮、神采飞扬的劲儿。

混熟了，我不禁问他：你的父母呢？孩子的回答是："我爸妈住在台湾，我姐姐大我一岁，一个人住在瑞士学大提琴。"我倒抽了一口气，雪地中，眼泪差点夺眶而出。我自己当时已经是二十几岁的大人了，一人来到这里读书，虽然有朋友、同学，大家也感情融洽，但我内心仍常有落寞，他难道没有任何情绪吗？如何解决呢？他还是在那么需要父母的年龄！

"我讨厌我的父母，他们不该把我一个人送到这儿。"他不会解释，仍然是不多话，静静地盯着眼前雪堆上前人走过的足迹，"妈妈每半年会来看我一次。"语气中没有兴奋也没有期待。

听说他父亲是医生，家境很好。七八年后我在台湾的报纸上看到，他从维也纳回到了台湾，参加在台湾举办的一项国际级的小提琴比赛，共有二十几位参赛者，他在复赛时就被刷下来。他很快又回到了维也纳。

我不知道他的父母当时求的是什么结果？即使他在比赛中得到第一名——他独自用他最宝贵的童年、青少年时期，换得的只是刹那间的荣耀！如果败下阵来，换得的只是更多的挫折和无奈！

类似这样的例子还有很多，许多异乡的音乐学人，都可以告诉你一点儿。

前一阵子，在台湾的埔里镇，一个九岁小女孩已被美国许多学校鉴定为天才儿童。她可以拉柴可夫斯基的小提琴协奏曲，拉得很好，连著名小提琴家梅纽因（Yehudi Menuhin）听了，都认为她的确是神童。

美国许多音乐名校，如寇蒂斯音乐学院、伊斯曼音乐学院、碧芭蒂音乐学院……都愿意给她入学许可。甚至接待家庭都帮她找好，只要她愿意去。那么，

在奥地利萨尔斯堡的街道上，有好几家这样的"莫扎特巧克力糖"专卖店，店面装潢很华美，巧克力价格也很昂贵。莫扎特生前没有享受到他身为"天才儿童"所带来的好处，死后却被人们如此"尊崇"，倘若他泉下有知会作何感想？

她那担任小学老师和护士的父母如何决定呢？

"我们不可能和她一起出国，因为家里没有那么多的经费，她年纪还小，我们还是希望她在台湾。"她已有美国、英国签证，随时可以离开，但是她的父母选择让她留下来。虽然她的父母心里也很惶恐，不知该如何教育她，因为她的其他学科也非常突出，但是他们更了解的是：她现在最需要的是父母！

我们的家长，都在想着把自己的孩子送出国去学习。有些孩子甚至在六岁的时候就被送出去了。这些音乐天才儿童中学习成功、扬名海内外的确实相当多，然而不成功、在国外默默无闻的，因为少有人去追踪、报道，也就少有人知道。不管他们成名或不成名，其实，有许多背后的问题及心酸值得为人父母、师长者深思。

生活上的问题

有人认为，越早让孩子单独或团体生活，越能培养他们的独立性。我却觉得这是残忍、推卸责任的父母的托辞。培养责任感、独立性，在家中一样可以。当然，这要比推给别人来处理困难许多倍。推给别人，让别人来培养，让孩子陷入不得不面对的困境，父母却不必操什么心，就能得到孩子"很快就独立"的效果，当然可能是很多父母的希望，但这样却不是一位好妈妈，也绝不是孩子自己的希望。

想想看，如果是单独生活的小孩，一天的三餐就是问题，若再加上饮食不能习惯，岂不更麻烦？还得自己清洗衣物，解决生病问题、钱财的问题……或许有人认为，这些本来就是孩子自己该处理的事情。但是想想，在家里，家长从来不插手孩子衣着的问题吗？孩子在家生病、牙痛，家长可以请别人带他去看病，而不亲自安慰、拥抱他吗？我不太能想象。

还有课业的问题、文化差异的适应、文化认同的矛盾，这些大小问题都需要父母的辅导和与之沟通。天才，本身已经存在了许多的矛盾或不平衡，例如他们可能也有一两项较差的项目，或因为身为天才所带给他们的困扰，这些更需要父母在身旁协助解决。

心理上的问题

有一位目前住在台湾的四十多岁的女钢琴家，有一次，父母问她："你怎么不再爱我们了呢？"她回答："你们在我那么小的时候把我送出国，现在要我爱你们，我已经没有办法做到了！"

只要是孩子，不管他几岁，就算是十七岁前吧，对父母都还很依恋，年龄越小，依恋的程度越严重。而这些"天才"儿童，大多是单独出国就学，面对全然陌生的社会，没有亲人、朋友或值得信赖的人在身旁。或许他们会被安排在"接待家庭"，也受到非常友善的对待。但是，语言的问题，使得他们无法像在自己家里那样，可以随心所欲地与人沟通，抒发、分享心中的想法。况且，还要面对语言的学习、课业的压力，此外，还必须花相当大量的时间来练习乐器。平常进行的大都只能是日常生活表层的对话，长久下来，只有压抑心中的喜怒哀乐。尤其在十五岁前，许多孩子还不时地妈妈长、妈妈短地跟前跟后，

希望自己的孩子
是天才吗？你晓得如
何陪伴天才儿童吗？

将他们推离父母的身边，实在令人无法想象孩子将如何处理那份因分离所引起的不安情绪。

何况所谓的"天才儿童"，通常是跳级就读，许多心理性、社会性的问题有待克服。这种深处、细微的问题，只有细心、长期观察并了解他的父母才能解决。

孩子需要父母的拥抱、抚慰。这些肌肤上的亲昵举动，可以安抚他们，特别是当他们陷入自己也搞不清楚的情绪变化里，这样的拥抱，是没有人能代替的。年龄越小，越迫切地需要。想想单身在遥远的天涯，大概半年、一年才能与父母见面的孩子，他们要如何面对这些自己并不十分了解的需要？

这些实际的问题，带给我很大的警惕，当我和先生面临"全家移民"或"女儿自己移民，住在阿姨家或朋友家"两个选择时，我们选择了放弃我们俩在台湾原来非常好的工作，与孩子一起移民到美国，全家一起从零开始。

当我们移民后，才发现在美国（特别是加州）有相当大数量的小留学生，从女儿的口中，我们得知她们有许多的亚洲同学是独自在美国合法或非法地居留，其中很多人有行为偏差的问题，例如：吸毒、滥交朋友、深夜不归、携带枪械或搞帮派或课业无法适应等。如果不相信，深夜（午夜一两点）去华人聚集的地方走一趟，即使不是假日，都能看到一帮一帮的初、高中学生在吸烟、聊天；周末或假日，则更是沸沸腾腾的，不禁令人好奇：这些孩子的父母都在哪里？怎么容许青少年深夜不归？

"音乐天才儿童"在全世界都有被"摧残"的可能。著名小提琴家梅纽因此在他的工作所在地成立了一间规模很小的学校，专门"收容"来自各地的"天才儿童"，因为他要保护他们，避免他们受到来自"大人"的摧残。

当然中国目前也产生了许多国际级的天才型钢琴家，如大家所熟知的郎朗和李云迪、王羽佳等。陆续冒出头的天才型音乐家还有许许多多，真是令人高兴。不过，看看他们奋斗的过程，真的不是一般人可以做到的。他们的生活，除了练琴、练琴，还是练琴，人生中许多的乐趣都牺牲掉了，你能了解这样的人生是什么样的情况吗？郎朗还说过："搭飞机、住旅馆就是我的日常生活！"

该如何教育他们？家长应该做出理智的选择。

"左撇子"学乐器

根据医学报告，若是人的左大脑半球为优势脑，就会造成右手使用者；若是右大脑半球为优势脑，则形成左手使用者（即左撇子）。他们在人类中的比例是九比一。换句话说，左撇子只占总人口的一成。

较之西方社会，中国人的社会中左撇子更少。并且许多教育界人士甚至医学界人士，都在建议如何用更好、更有效的方法"改正"左撇子！

幸好，拜媒体的传播所赐，近来常常在电视上看到西方人——甚至美国许多任的总统使用左手写字的镜头，如现任总统奥巴马（Obama），前总统克林顿（Clinton）、老布什（G.H.W. Bush），等等。加上现代的父母比较能以开放的胸襟容许他们的儿女"顺其自然"，在下一代，我们可以发现比较多的左撇子。

所以，这不是遗传基因改变了，而是社会风气、观念改变了。不过，仍坚持传统、强"改左为右"的家长，还是大有人在。而且，纵观整个世界，日常所使用的物品，仍是设计给"右手使用者"的，所以"左撇子"其实一直遭受到许多困扰。我是个左撇子，而且是在"以右手为强势手的社会"价值观中的牺牲品，因此我觉得我有责任为"左撇子"说说话。

左撇子的困扰

当然也有左撇子"左性坚强"，毫不被困于右手世界所带来的不便，悠然自得地找到生存之道；或者是非常开明的家庭，不给予半点干涉，学校的老师也同样能让他顺其自然。所以他能很幸运地自由运用自己的左手。

回想我的成长过程，以当时的社会风气，不容许使用左手，于是在家、在学校、在各类需要用手的场合，如吃饭、写字、画图、缝衣、切菜、投球，等等，总要遭到许多"好心人士"不断地纠正：请用右手！但在我被迫换到右手之后，不一会儿，又自动回到左手。生活中，不断地被这样的挫折困扰着。

直到念初中三年级时，我才能确实分辨左、右手。因为，从两三岁开始，就被周围的人，左右左右地呼来唤去，左脑、右脑的神经大概已经在我的脑袋中瘫成一团糨糊了。

常听人说："左撇子都很聪明！"的确，在各行各业，很容易找到左撇子成功、突出的例证，如美国历任总统，约有四分之一是左撇子呢！而控制左手的右脑，和艺术、语言等才能有关，当弹奏乐器需要双手并用时，左撇子学习乐器的确比右手强势者有利。

但是，它的前提必须是：顺利地使用左手，而未遭阻拦。否则左撇子必须有很强的毅力，才能在成年后进行自我心理重建，才能回到正常。

左撇子的障碍

左撇子在家人或学校老师不断地"纠正"下，学习过程会受到严重的干扰。在我的音乐课堂上，经过观察我将他们所遭到的困扰大致归纳如下：

行为上的障碍

1. 操作、敲奏乐器时，学习进度较慢。

2. 遇有强调左右手的使用时，通常无法在短期内进入状态。

3. 遇有前进、后退、左转、右转、顺时针、逆时针等有关方向的团体游戏、舞蹈、土风舞时，通常会有与一般人相反的反应，或是慢半拍的迟滞反应出现。

4. 偶尔会有口吃的情形。

情绪上的障碍

1. 在学习新的项目时，比较退缩。

2. 在"即兴表现"音乐、肢体动作时，常拒绝表现。

3. 害怕成为大家注目的焦点，遇有"单独表现"的机会，通常会思虑再三，裹足不前。

4. 缺乏自信心。

5. 做事较不容易专心，或者会留在自己的世界里，自顾自地想着、做着自己的事。

以上现象，常常互为因果牵连着。虽然不一定全部出现在同一位左撇子身上，但比例要比右手强势者高出许多。

身为人师，或为人父母的您，遇到这类孩子时，本篇文章或许可以提供您一点参考：这类孩子，绝不是笨、反应迟钝、用错了手等。一定要用更多的耐心，或更谨慎的态度，去面对这类可能已在学习过程中受到伤害的孩子。

家人应该立刻停止"改正"的要求，请学校老师也配合。别再对孩子说：

"用右手，右手才是对的！

左手拿笔姿势好难看哦！

用右手写字，字才会好看！

用右手拿筷子才不会和旁边的人'打架'！

你真笨！怎么用左手拿笔！

请举起右手，右手就是你拿筷子的那只手！

向右转！右边就是你吃饭的那只手！"

……

请顺其自然！医学研究已经发现，左手还是右手是强势手，完全是与生俱来的，甚至和遗传有关。这样，想要与之对抗，我认为是非常错误且没有必要的！

　　"球池"是小孩子的最爱，球是软的、滑的，孩子在抚摸和触感中活动四肢，对安抚情绪等都很有助益，是"感觉统合"课程最爱使用的游戏。

用音乐律动游戏平衡双手力度

本篇的音乐游戏可用来平衡双手的力度，适用于所有的孩子，对左撇子更有加分的效果。

一、尽量从事户外的体能活动，尤其需要活动四肢、强烈使用双手的活动更好。如跳绳、丢接球、爬绳梯、爬竹竿、翻跟斗、吊单杠、吊绳，等等，在同时活动双手的时候，刺激双边的脑神经（左脑、右脑）。

二、使用轻快的音乐，如现代乐派德彪西的钢琴小品、黑娃娃的步态舞等。孩子面对大镜子，直视镜中的自己，并做各种动作，母亲在旁欣赏。之后，由孩子欣赏，母亲做动作（尽可能地大胆伸展肢体）。

三、亲子近距离（约隔一小步的距离）面对面（如果孩子还很矮小，家长就需要跪下来，以便于孩子观察），使用轻柔的音乐，如德彪西的《月光》等。一人先当主导者，另一人模仿主导者的动作，进行"模仿镜中人"的游戏，然后交换主导。

四、远距离（约成人三大步的距离）面对面，一人主导另一人模仿。一面做一面将距离拉近再退回原位面对面，之后交换主导。

以上的活动，可在每次活动进行时配合不同的情境音乐，以制造不同的气氛、产生不同的动作，可一玩再玩。对于平衡双手力度，是非常有益的。

第九章　访问篇

专家学者谈少儿音乐教育

母亲的回忆

引子

郑又慧

我的父母在最艰苦的环境下，接二连三地抚养我们长大（家中有六个兄弟姐妹）。我们不只长大成人，还每人从小学习两种以上的乐器及其他才艺，至今

60年代，我和父母及姐妹。背景是我们住过的日式房舍，虽然简陋，却充满欢乐。

父亲就是用这辆脚踏车轮流载着六个孩子去学习乐器，刮风下雨都不轻易请假。

每人在欧洲或美国至少都得到了硕士以上的学位。

你认为我们的家境相当富裕吗？恰恰相反！这种在父母心目中纯粹是"无心插柳柳成荫"的结果，令我们周围的许多朋友都感到好奇，相信读者可能也想知道，他们究竟是如何栽培我们这群萝卜头的？

1947年，我的母亲离开她那从事木材业的富有大家庭，坐了三天三夜的小帆船来到台湾，那是一艘在底层运载了三十条猪仔要开往台湾卖的小货船。母亲的好朋友和那艘小船的主人有点亲戚关系，便央求他让她们三人坐在甲板上一同前往台湾。年轻的她们，哪知道坐在那种马力非常小的船"晃"到台湾有多辛苦？母亲说，三天三夜下来，她们连胆汁都快吐完了，吃不下任何东西。因为，当时福建老家思想封闭的嫂嫂不许她继续升学，要她出嫁，十七岁的她带着几件简单的衣物及非常少量的钱，偷偷地在夜间离开年迈、爱她的老父亲，希望来台湾读大学。来到台湾，没有任何的朋友，也没有任何的资助。（真不知她是怎么熬过来的，每次问她，她都笑说：反正都熬过来了！）

而来自福建莆田县的父亲，也是为了想到台湾读大学，只携带了微薄的盘缠（心想注册后再回家准备家当），坐上没有动力的帆船，随风漂啊漂的漂到台中市，离开了拥有一家大鞋厂的富裕老家。他们当时是想着毕业后就会马上回家乡服务的。谁知山河变换，他们不但与亲人失去了联络，也失去了经济资助。两手空空之下，当年的富家子弟，只有凭着双手建立自己非常拮据的小天地。

1950 年，妈妈二十二岁时，正是台湾的"白色恐惧时期"。参加教会小组聚会的妈妈，以"莫须有"的罪名而遭监禁，被刑囚三个月仍查不出罪行而被释放的她，心理上遭受了极大的惊吓，但心里未曾怀有怨恨，真不知是什么样的力量支撑她走过如此多的风雨！

都就读台中市中兴大学的他们，终于大学毕业了。在异乡相遇的他们结了婚，却回不了家乡。当时微薄的公务员收入，不但要养活他们自己，还要养活一张又一张陆续降临的"小嘴"，爸爸只好在下班后，骑着单车到处加班，常常工作直到深更半夜。其他时间还要送我们去学琴——为了省钱，他骑着单车，后座轮流载着手抱乐器盒的孩子，在烈日下、在风雨交加中，不论多远的路途，他绝不让我们随意请假。

我们姐妹们兴趣广泛，乐器、游泳、心算、合唱……只要我们想学什么，父母就一律支持。有好长一段时间，他们的薪水加起来，只够支付我们所有的才艺学费。其他的生活开支，只得靠借贷过日子！大学念的都是"经济"的他们，一点不在这事上"精打细算"，只有在其他方面尽量节省。直到我和姐姐都大学毕业，开始教书有了收入后，才有能力买摩托车和电视、洗衣机送给爸妈，并同心协力将积欠的许多债务慢慢还清。

如今爸妈回想这段过去的日子，他们不但不觉得清苦，反而眉开眼笑地回忆着。从妈妈文章的字里行间洋溢的喜乐之情，可轻易地察觉——他们似乎甘心乐意为子女不断地付出！

251.

母亲的回忆

郑刘慧嫦

我是郑又慧的母亲。我出生在福建省的乡下——枫亭霞桥。从小在教会学校读书，那里的环境，及一切人、事、物对我一生的影响很大。好喜欢礼拜天可以到教会聚会，可以听到琴声、赞美神的声音和歌唱声。虽然我对音乐有浓厚的兴趣，想学琴却是不可能的，不是家里没有钱，而是生不逢时。我的家乡是旧思想非常浓厚的乡下，而在传统封建的观念里，女孩子是不许读书的，至于学音乐，那真的是在做梦！万幸的是，两位姐姐把读书的机会让给我，我才能有机会读到中学，并离家出走到台湾完成大学学业。如今万万想不到，我的梦想竟在孩子们身上实现了。

一个新的开始

因为环境的变迁，我来到台湾，也考取一所大学，但是觉得前途茫然。当时离开家人举目无亲，并且因为是半夜和两位要好的女同学偷偷地离家，因此身上只带着几套简单的衣服。看着家里许多的金条，知道自己只是个被嫂嫂"逼婚"的女孩，所以虽然被老年得女的爸爸视为掌上明珠，却是一点金子也不敢动，只想尽快逃离嫂嫂的虐待，拿了几张小钞就匆忙离开心爱的爸爸及疼我的哥哥、姐姐。双手空空如也，心里很难过。这时就想到找教会、信耶稣。找到教会后，我决定将我的一生奉献在教会中，人生就这样有了个新的开始。

大学毕业之后就在台湾成家，接着孩子一个一个出来报到。孩子从小都被带到教会参加聚会。教会里有一台小风琴，但常常聚会唱歌时没有人司琴，很可惜。这时我已经是四个孩子的妈妈了，决心去学琴，心想能为教会做司琴该多好。学了一年，进度太慢了，还是无法在教会司琴，这时大女儿进了小学，可以换她来学琴。慢慢地，她先在儿童班司琴，然后在大人的聚会里司琴。老大学琴老二不能不学，那对她是不公平的，于是老大直到老六，个个都让他们学琴。

虽然实现了我的梦想，却也难为了做父母的我们。由于都是公务员，当时薪水非常微薄，不但给孩子学琴要缴学费，回家还需要有乐器给他们练习。想到要买一架钢琴，又是一个难以实现的梦想！常常孩子们上完课回到家里，就看着五线谱，在地上用小指头按着没有声音的纸键盘，就是这样地练习钢琴。

1998年女儿又慧组织的竹子乐团（于台湾），图为部分乐器。

父母的心愿

我们常常带着孩子到琴行，只是想去摸一下钢琴，给孩子们过过瘾而已。若真要买的话，那还早呢！根本没有这种能力。直到有一天，教会买了琴，我们也祷告，向主祈求给我们买架钢琴。有一次，琴行老板看我们那么喜欢钢琴，告诉我们只要先付些头期款，然后给我们两年分期付款。就这样，家里有架钢琴了。当然家里负担就更重了，孩子的爸爸兼课、卖肥皂、养乌骨鸡、养小鸟来卖，我则白天在政府机关上班，再利用下班时间，一面照顾孩子，一面打毛衣赚外快，贴补孩子学琴的费用。

我们生活过得很简朴，连电视机、洗衣机都没有买（在当时的台湾，这种设备几乎家家户户都有的）。每个孩子过生日都是一视同仁，买个两块钱的海绵蛋糕就打发了，孩子们从小都没有给零用钱。记得有一次大女儿告诉我："今天下课时，同学要我陪他到福利社买东西吃，他们在吃零食时，我就一直低头看着我的皮鞋。"听起来真令我心酸。又有一次，老四有事骑单车到五里外的城市

254.

找同学,回家途中,因为单车坏掉了,口袋里没有一毛钱,只好一路推着车回家,这些做父母的听了都很难过。但孩子也慢慢长大了,高中联考时,前面四位姐妹都考取省立台中女中,大学也都考取国立大学,减轻了家里许多负担。直到老六考进大学,家里才买电视机。

当初让孩子学琴,一则希望他们能从小在教会里蒙神保佑,一则希望等他们长大时,能在当地教会司琴,我就心满意足了。后来她们都到国外深造,也都留在当地教会司琴,并且在教会生活中过得很快乐,这是做父母的最大心愿与满足。

父母的挑战

在孩子们小的时候,学琴、练琴对父母来说都是很大的挑战。孩子的爸爸负责骑单车接送,真是风雨无阻。不论多远,而且她们不只学琴,每个人都学第二种乐器(我和孩子的爸爸,只知道钢琴,其他乐器都是她们自己选择的)。

每天放学回家,为她们每个人安排好练琴的时间与地点,这样互不冲突。有的在小阁楼上,有的在后院,钢琴则是在客厅。小小的日式公家宿舍,隔间是以"纸门"做成的,完全隔不了音,因此,住家充满了各种声音。我下班了就在厨房烧饭，若听不到小提琴或长笛或大提琴的声音时，就会放下手边的工作过去看，直到她们有乐器声音出来为止。到八点开始做功课，我们没有花补习费，只有花学琴费，当然孩子们也很配合，不会因练琴影响功课，无论高中、大学，她们都考取了第一志愿。

只有感谢

孩子小时候练琴，大部分的时间仍需要妈妈陪在旁边，软硬兼施。当她们个个进入状态之后，每天练琴、做功课便成了习惯，不再需要我们督导。即使我们夫妻午睡或半夜睡觉时间，她们仍然勤于练琴，这时要叫她们不要练琴，我们都开不了口，后来也养成了不管有多少孩子在练琴、有多吵我们都能照睡不误的本事。我们常有家庭音乐会，有钢琴、大提琴、小提琴、长笛、单簧管，还有妈妈唱女高音、爸爸当指挥（他只是比画比画，乱指挥一通而已），家庭气氛很融洽。现在回想起来，也是蛮甜蜜和值得欣慰的。

很快，孩子们长大了。老大台湾师范大学毕业后到美国深造，转往音乐方向发展，主修钢琴；老二（又慧）台湾师范大学毕业后到奥地利继续深造儿童音乐教育；老三、老四到美国攻读机械、环保硕士；老五到奥地利深造，主修直笛；老六到德国学经济。现在回想起来，就像昨天的情形，好像日式的旧宿舍仍充满了乐器声及孩子的吵闹声，但是现在连老六都已经拿到经济博士学位，并任教于德国的大学了。

姐弟俩来一段乐器合奏，这是外孙的家庭音乐会。

小女儿安慧（左一）在德国的家庭音乐会。

　　时间过得真快，如今我早已退休在家。因为女儿都住在美国及德国，我和孩子的爸常做空中飞人，在国外住半年，国内住半年。我已是六个孩子的妈妈，十个孙子女的祖母。如今，孙女也开始在教会司琴，曾孙也已在美国诞生。欢度晚年快乐的日子，回忆起来，都要感谢主耶稣的带领与祝福！

访美籍音乐教授罗芳华

罗芳华教授（Dr.Juanelva Rose），美国德州人。1965年来到台湾省台中市私立东海大学开设音乐课程，1968年回美国攻读博士学位，1970年完成了博士论文，再回到台湾。至今，为台湾的音乐学子提供了许多与国际接轨的音乐教育方法及非常珍贵的学习渠道与理念。

郑：对于钢琴老师教琴的方式，您有什么看法或建议？

罗：老师必须重视初学者的弹奏技巧。许多学生往往在学到一个程度后，便无法突破！这跟小的时候学琴的技巧有关，因为很少有老师会去注意到小孩子的发育。小孩子的手可以做许多动作，但若姿势、动作不对，长久累积下来一定会受伤的。

郑：几岁的小孩才适合弹琴？

罗：这跟是否能遇上一位好的老师有绝大的关系。有些家长心想：我只要找一位音乐系的学生来教我的孩子就足够了。其实并非每位会弹

为台湾音乐节贡献四十多年的罗老师。

257.

琴的老师都懂得如何正确地教导。所以一位好的老师，应该是很了解小孩子，甚至了解他们肌肉的发育。目前的中小学生里，有许多认真的学生，但他们的表现却未必良好，主要是初学时留下一些不良习惯，到长大后要他们改正过来时，已经很难，遇到瓶颈，便无法突破，这是很严重的问题。建议音乐老师，应该不断地充实自己，有机会多参加国外的 Workshop（研习会），不断进修、吸收新的东西，才能给学生更好的弹奏教法。

郑：有的学生同时学习两种乐器，您怎么看？

罗：在台湾念音乐科系的学生，除了主修，还得有副修。同时学两种乐器，对学生来说，实在是一大负担，而此种情况在国外并不常见。

我觉得，有些乐器可以花很长时间去学习。譬如我到现在还在每天练琴，回美国还会去参加研习会，不断地修正自己的技巧。不一定要在短时间内就匆匆忙忙地学习两种乐器，毕竟学生不是超人。我自己五岁开始学钢琴，以后常常在教会里司琴（弹钢琴、管风琴），参加唱诗班，这些自然的音乐环境，慢慢地形成我在音乐方面的能力，给我很多的帮助，而不是压力。

郑：对于坊间的考级制度及目前的一些中小学音乐班的做法，您的看法如何？

罗：学生每学期得去应付期末的考试、比赛或考级，往往为了准备这些曲目，而忽略了正常的学习进度。许多指定曲目也未必适合每一位学生的程度，每位学生有他不同的需要和进度。例如有些人过去基础有问题却不知道，经过几年后，应该花时间来修改坏习惯，但马上来临的期末考或考级的指定曲，却必须先去应付，这对他整个学习历程是很不好的。老师也很难好好地帮助学生。

所以老师、家长必须了解孩子的学习程度并做适当的配合。好的基础很重要，选曲也很重要，你已经会的技巧必须比演奏需要的技巧多，否则缺乏技巧的演奏，将会令人感到不安。因此，不要为了应付比赛或考级，一直弹奏大曲子，这样就是演奏需要的技巧大于你已经会的技巧，是一种本末倒置的现象。而且超过个人技巧的大曲子，在弹奏时会使手的肌肉太过紧张，手一紧，很多不好的问题就要跟着产生。选一些小曲子，容许学生慢慢进步，我想会更好。

郑：对于考试或考级的评分方式，您的看法？

罗：打分数的问题，我认为不应以"分数"来评定，例如95分、85分等。使用A、B、C……的等级来评定会比较好（这是在欧美教育界所普遍使用的评分法）。

家长也不应该一直给孩子压力，孩子也会有弹好及弹不好的时候。况且评审所评定的成绩不一定是客观的，甚至有时也会有因"裙带关系"而产生不公平、不准确的评定。如此的情况，最可怜的还是孩子，其实他们的表现已经很好了，希望家长不要去责备已尽到心力去弹奏的孩子，也不要一直拿他们跟别人比较，这是非常不好的。多鼓励、欣赏、尊重孩子更重要。

郑：一个人从小花大量的时间学习乐器你同意吗？

罗：把生活全部限制在大量学习乐器的范围，对孩子来说并不好，也太可惜了，因为世界上需要学习的东西太多了。他们应该好好去玩，好好地做些家事，养几只小动物（我访问时，她养的一只狗Piccolo、三只猫，其中一只是失明的小黑猫，正在到处追逐戏耍着）。

孩子们从小也应该有些家庭责任，像打扫环境、整理自己的房间等等。我常常发现音乐系里有很多学生很自私，琴房很脏没有人理会，而且还彼此推脱责任，这是很不好的。我认为好好生活比你只会弹乐器更重要。去关心别人、帮助别人，成为"Well rounded musician"，对你的音乐也很有帮助。

郑：对家长，您有什么要强调的？

罗：其实老师、学生、家长都蛮用心、认真的。只可惜有少部分的家长，带孩子到我这里学琴，孩子已经很用功，家长还是不满意，常常骂孩子，甚至说"你怎么可以输给某某某……"这类的话。如果你常骂孩子"差劲"，孩子听久了会自认为就是这样，让他们Feel bad（感觉差劲）是很不好的（说到这里罗老师又很腼腆地笑笑，她不习惯批评别人，当不得不指出别人的缺点时，就会带着歉意的微笑），应该多用建设性的话题来和孩子沟通，不要去批评他们。

"给孩子机会去想象、去玩耍，不要只学会和别人竞争，让他们自己慢慢进步就好。还有父母会打孩子，大概想跟贝多芬的爸爸学习吧！这些都不是好现象。如果孩子实在不想学音乐也没关系，让他们多听音乐也是有益处的。"

罗老师"言轻意重"的这番话，使我手中的访问稿顿时沉重了许多！

访美籍音乐老师周路得

周路得（Dr.Ruth Jobes），出身音乐家庭，在美国音乐名校伊斯曼音乐学院（Eastman School of Music）受过完整的音乐教育，在台湾马礼逊美国学校（从幼儿园到高中）教学三十多年，与中国、美国父母接触频繁（这里不乏华裔美籍的台湾学生）。

中美两国父母态度的差异

郑：中美两国的父母，对孩子学习音乐所持的态度有什么差异？

周：马礼逊除了一般的音乐课，小学五年级到高三的学生还可选择参加合唱团、乐队、管弦乐团及钢琴等课程。父母对学生参加这些音乐活动都抱着非常支持的态度。至于孩子要选择哪种乐器，父母只抱着建议的态度，等孩子先听过每样乐器的音色，知道乐器的形状、拉或吹奏的方式后，再自己决定。毕竟以后要练习的是孩子自己，一定要他发自内心喜欢才可以。决定以后，家长大多先租乐器，让孩子有一段"试验期"，以确定是不是真的喜欢。最后决定买下所租的乐器，租金还可以抵扣掉。

中国的父母多半自己替孩子决定该学什么乐器，尤其在乐队里，常常是学校乐团缺什么乐器，就规定学生甲吹单簧管、乙拉小提琴等，孩子自己较少有选择的机会，也不太敢自己决定。而父母此时配合度很高，通常很快就为学生买乐器，而且是买很贵的乐器……这样做的缺点是：如果孩子有一天想换乐器，根本就不可能，他被卡住了，因为父母认为，我已经花了这么多钱，你必须好好地练下去。

　　我教小提琴时，采用了一小部分特殊的方式，所以我要求家长必须在旁边看我上课。外国籍的父母，会坐在远远的地方做记录；中国的家长则一定会走到孩子旁边，当孩子表现不好或不专心，就会马上责备、责打孩子。我很不高兴，告诉他们不可以这样，请您坐到旁边。但是他们回到家有没有打骂孩子，我就不知道了。不过，家长管得越多的孩子往往会越快结束他们学琴的生涯，这点是非常清楚的。因为他们用这样的方法，孩子怎么可能会喜欢音乐？应该用耐心的态度教孩子。如果孩子自己有音乐天分，他自己会督促自己，而无须外来的压力。

做帮助孩子的老师

　　郑：在帮助孩子练琴方面，你有什么好的建议？
　　周：可以慢慢帮他们建立习惯，最好是每天固定一段时间。例如我自己的孩子，小的时候，因为我知道他们白天在学校一定都玩得很累了（很多的运动项

高中生正在排练歌舞剧。

女生合唱团

目），回到家一定不想练琴，所以，他们小学时，我要他们晚上九点睡觉，中学时九点半睡觉，然后早上早起，六点半练琴（当然以不干扰邻居为原则）。实在不行，可在一放学时就练琴。练琴的地方则必须是没有电视声音、没有人走动的安静空间。

绝对不可以打孩子，让学生怕老师是不对的。学生可以尊敬老师，自己去喜欢老师，而不是怕老师，这样他才会喜欢音乐。还有，台湾有很多老师常是为比赛、考级而教学，只给学生一两首曲子，让他去练然后参加比赛、考级，这也是很奇怪的事。最奇怪的是家长的心态，他们喜欢花很高的学费，因为他们认为，学费越高越好。有些家长要面子，给孩子买贵的乐器、找学费高的老师、逼孩子学琴、弹大的曲子……中国人为什么那么爱面子呢？我不懂。这里的音乐钟点费是世界最高的，即使美国茱莉亚音乐学院（Juilliard School）里最有名的老师 Dorothy DeLay（林昭亮，韩国神童张莎拉等人的老师）学费每小时也不过七十五美元，现在国内也有这种现象。

周老师在台湾已经住了三十多年，她爱这里的一切，但她始终无法接受、也无法被中国家长一些奇怪的态度"同化"。是啊！因为父母的观念与心态，许多问题被搞得复杂起来，谁能解释、谁能再教育这样的父母呢？

奥地利音乐人士谈音乐教育

哈特曼

哈特曼教授（Wolfgang Hartman），奥地利根腾州（Krntner Landeskon-servatorium）州立音乐学院院长、奥尔夫基金会前会长。曾任教于奥地利奥尔夫音乐院，教学方式非常受欢迎。并曾受邀于美国、德国、意大利、挪威、捷克、中国台湾（由我所策划的系列国际讲座）、中国北京等地讲学。从1976年至今，在德国巴伐利亚广播电台制作一系列儿童音乐节目，并编写了一系列小学音乐课本。

上音乐课的奥地利儿童。

上音乐课的奥地利中学生——看来并不是所有的中学生都喜欢上音乐课。

从玩乐的音乐课过渡到严肃、需要练习的个别乐器课、需要好长一段时间的适应期。这批小学童正在表演给来参访的朋友们听。

本篇文章，是哈特曼教授受邀于维也纳的一个音乐会议所提出的一份报告，这份报告所提的观念，使得即使是维也纳（音乐之都）的与会音乐学者都格外重视。他希望音乐界人士，特别是从事乐器教学的老师们，重视"幼儿音乐教育的教学方式与内容"，以及如何"从幼儿音乐教学过渡到传统乐器教学"，必须"抛开传统艺术观念的包袱"，"从功利主义压力下获得解放"。这些观念敲醒了奥地利的教育界，也希望同样对中国的父母、音乐界有所帮助！

"游戏停止——现在开始正式的学习"——基础幼儿音乐教学到乐器教学的衔接

在德语语系国家中（德国、奥地利、瑞士），很早之前就已发展出相当完善的音乐学校，可提供给儿童、青少年学习，当然也有成年人的学习场所。它是属于一般义务教育之外的课程，人们可以自由地选择参加。

在音乐学校中，除了器乐教学之外，也有合奏课、理论课，偶尔也穿插舞蹈、戏剧等课程。几乎各所音乐学校里，都以达尔克洛兹和奥尔夫等教育学家所提倡的音乐教学系统为基础，为四岁以上儿童的学习提供"幼儿基础音乐教育"。这种教育的主要目的是：释放儿童们对于音乐的喜悦和本能，以便进一步为器乐学习做准备。

当儿童们接受两三年的幼儿音乐教育之后，我们会发现：从轻松的基础音乐学习到严谨的器乐学习，是两种差别相当大的学习方式，这对儿童而言，是很难适应和理解的。

身为乐器教师，该对这一过程做整体性的判断，谨慎小心地处理这个过渡期。可以找一些对现代儿童教育深入研究的书籍，借由这些资料，帮助我们引导儿童进入初步的乐器学习课程，为日后进一步发展奠定基础。

身为一位"正规音乐教育活动"的工作者，曾在多所音乐学校担任"校长"一职的我（并同时以一个观察者的角度），从各国教育情况中知道，在许多音乐学校，针对这种转接过程所使用的教育方式，太过老旧、传统化，儿童们难以从中得到帮助。而且各学校所采用的器乐教材，也是太偏于传统保守的一面。

"游戏停止——现在开始正式的学习"这句话，常过度使用于器乐学习的课程中。我不是在批评什么，只是在指出这存在的事实。

我也提出一个疑问：为什么多数器乐教育者，难以接受这种幼儿基础音乐教学法？而这种方法不论如何困难，却是一般的小学老师很乐意接受的。这可能

温室中的音乐飨宴温暖了奥地利的寒冬。

是在幼儿音乐教育和乐器教学间，存在着某种障碍，限制着初期器乐学习者的成效，使得系统化的幼儿音乐教育难以和器乐教育衔接。

针对可能的障碍因素，提出我个人的三个基本看法：

1. 想轻松地学习乐器是不太可能的。
2. 器乐教育者所背负的是一种"文化传承的使命"。
3. 缺乏对器乐老师的年龄及教学对象的区分与限制。

"游戏教学"的范围

典型的幼儿基础音乐教学是活泼多样化的（唱歌、跳舞、敲打乐器合奏……），依儿童年龄的差别，可以从各种活动和生活中，找出一个整体性。我们可以把它视为一个独立的系统。

这种"游戏"的观念，也就是整个幼儿基础音乐教育发展的中心。例如：小朋友们总是很自然地以八分音符的节奏来跳跃，因为他们从中可得到乐趣，或是恰好适用于某首歌曲的节奏。他们的目的，不是为了要使八分音符更平均而练习，他们就只是想跳啊跳的，而刚好就是那样的节奏。这种练习的主要影响

音乐就是生活——奥地利高中生的街头表演。

和动机，小朋友是无概念的，只有任课的老师们最清楚。

幼儿教师们应留意，随着时间的流逝，游戏本身会慢慢失去趣味。让我们回想小时候常做的课余游戏，一阵子流行跳房子，一阵子流行跳橡皮筋……对一种游戏的热潮并不可能是长久维持的。

就让我拿"火"来做比喻：当我们点燃火柴，它开始燃烧，并且传出热能。燃尽之后，热能也消失了。同样的，当游戏的魅力消失时，同时也失去了练习的动力。就上面的例子，我们可以清楚地了解，幼儿音乐教育是借由这种游戏魅力来达成教学目的的。

同理，器乐教师们应该多利用游戏魅力来达成学习效果。但是器乐学习有另一种特性——就是"练习"的重要性。若不把练习列为弹奏乐器演奏的重点，日后会发现，因技巧的限制，会影响到音乐的表现。也就是先得克服技巧的障碍，才能发展表现美好的音乐。这个"技巧"障碍问题，就好比跑马道上的障碍物，会妨碍马儿们的奔跑。

然而从"以游戏为动机"到"练习效果"的过程中，有时却发生在尚未达到所要求的效果时，游戏已失去它的魅力。糟了！教师们会慢慢失去耐心，而且找不到其他游戏可以代替。学生们也会很快地发现：老师们所使用的游戏，只不过是个手段。他们不会重视老师背后所花的心血，对他们而言，"游戏"才是重点，其他都不重要。

如何克服从幼儿音乐教学到器乐教学的障碍呢？器乐教师们，应以诚恳的态度参与学生们的游戏，且用丰富的幻想力、创造力，谨慎设计游戏教材，才能从游戏中得到音乐能力的目的。

文化使命

另一点令器乐教师们为难的，就是他们感觉没有那么多时间来从事幼儿教育般的教学方式。他们有一种压力，一种幼儿音乐教师们无法感觉的压力。

有时候从奥地利各传播媒体的醒目标题中可以看到：我们国家的年轻提琴新秀在哪里啊？也常可以听到，在参加奥地利乐团甄试中，七十位选手其中只有两位来自奥地利，而且经过甄试后，被其他国籍的乐者打败。传播媒体预感到"音乐之国奥地利"正处于危机之中，当然器乐教师们常常觉得该负起这个文

奥地利儿童的
小型合唱表演。

化上的责任。

当他们教导一般人或学生学音乐时，并不是在实现个人的成就感，而是在对"文化的保护和维持"上尽力。

相同的，除了上述的情形之外，也有一些地方性的压力，例如：受乡里敬重的单簧管教师，觉得有责任尽快去培养乡里的管乐新手；钢琴老师认为，应偶尔把学生送去比赛，他们认为借此可以提高地方的水平——这些压力及目标，使得器乐教师不断强调"游戏停止，让我们开始弹奏……"

对器乐教师"教学期限"的看法

对器乐教师们而言，他们很难接受把偏向于传统功利主义的教育和幼儿音乐教育衔接起来的可能性。

器乐教师的教学期限和教学范围，并不受公立学校的规定。人们期望或估计着：一个老师可以教导学生从初级到高级。这可以由学生跟随同一个老师超过十年的学习例子中得到证明。

不像一般小学的教师们，接收从幼儿园上来的小朋友，然后引导、教育他们，再把他们送上中学。

或是一位中学的老师，他若擅长于高级班，那他就留在高级班，继续接受新的学生，教导他们。

幼儿教师和一般学校的老师一样，是根据学生的年龄做教学目标的区分。

而器乐教师则以环境和学生的身心发展程度为教学依据。这是器乐教师和幼儿音乐教师的不同。

器乐教师启发学生们，希望他们达到他所立的高远目标——我们可以想象，器乐教师给予初学者的压力是蛮大的。在这种情况下，我们可以轻易了解"在游戏中学习"，对这些教师而言，不过是多余的。

由以上的种种陈述，我们得知：

——为什么幼儿基础音乐教学不容易被器乐教师所采纳？

——为什么幼儿音乐教学和器乐教学之间存在着衔接问题？

我并不是借此说：为了减少幼儿音乐教学到器乐教学的困难，幼儿音乐教师需为小朋友多做器乐课程的准备工作。

在奥地利，音乐老师常常会把音乐课带到行人徒步区进行，顺便就让学生做成果表演！走在街头，随时遇见音乐。

确立器乐教师的角色

幼儿音乐教育者应将他们的工作重点放在让儿童从音乐中得到普遍性的乐趣，得到完整的音乐经验。我相信，经由这种依儿童特性而发展的教育方式，可以稳固日后器乐学习的基础。

另一方面，我认为，器乐教师所受的职业训练仍不够专业化，目标模糊，没有明确的定义。他们还得应付社会各种不同层面的要求，使得他们无法正常地发展教学。

有些人视器乐教师在艺术领域所扮演的角色如十九世纪的"图书管理员"、或"文化的保护者"（意喻使学生不弄错各乐派或作曲家的诠释）。有些人则视器乐教师如二十世纪"嗜好的推动者"，教导儿童，使他们从自由的乐器学习中，变得更可爱。

而我有这种感觉：器乐教师应确立自己正确的角色，然后，为自己下各种不同的定义。

在幼儿学习音乐期间，小朋友对器乐基本概念的有无并不是重点。重要的是"衔接的过程"中，多参与、有耐心、愿意克服重重的困难，多被父母师长了解等。

教师们更要让学生了解：器乐教育只不过是幼儿基础音乐教育的延续，只不过是多添加了一项"器物"而已。

从不少例子中，我们得知，仍有一部分秉持着"抛开传统艺术观念的包袱"和"从功利主义压力下获得解放"观念的器乐教育者，他们一直从事着扎实的基础音乐工作，其实早就在不知不觉中成了幼儿音乐教育的好伙伴。

瑞士音乐人士谈音乐教育

凯洛

　　凯洛（Carol Bauer），美裔瑞士籍。在美国修完大学音乐学位，之后曾在南非、伊拉克、科威特等地任教。专长于儿童音乐教学，教学中糅合奥尔夫教学法、达尔克洛兹教学法及她个人的特色。曾受邀于奥地利、法国、德国、南美、瑞士、中国台湾和一些阿拉伯国家讲学。

　　凯洛丰富的文化背景及女人和母亲特有的对孩子那份细腻的了解，提供给儿童音乐工作者相当丰富精彩的教学素材。我很高兴能通过她知道一些瑞士的音乐教育状况。

　　瑞士的教育体系相当特殊，它的教育政策不是由中央统筹拟定，乃是由各州（瑞士共有二十四个州）及其各区考虑当地居民的最大利益而制定的。所以本文所涉及的内容仅局限于我工作及居住所在地——Argau 州。

社区音乐学校的特色

免费的音乐启蒙课。一般来说，政府及父母都很重视孩子的音乐教育，

一只"动物"来到了音乐公园，请循着地上的节奏、强弱的指示向前——凯洛（Carol）老师上课的一幕。

272.

社区音乐学校提供的是音乐启蒙教育，对象为幼儿园阶段及小学一、二年级的孩童。于正规的上课时间，在学校内由专业音乐老师来校授课，每周上一至二次，每次四十五至五十分钟，八至十二位学童一组。每位孩童都有机会上这些音乐课，上课的经费通常由社区补助，以期所有家庭都有能力负担小孩上音乐课。

先接受音乐启蒙课，完成之后才学习有压力的乐器弹奏。我们认为，借着启蒙音乐的熏陶，能发掘孩童的创造潜能，而事实上，在这种课程上学的也都是一些很天然的前导性乐器（Pre-instrumental）。此阶段的目的不是要特别教某种乐器，乃是要孩童在通过律动、说故事、歌唱、幽默剧表演、节奏性游戏、舞蹈，及奥尔夫敲打乐器等方式，自己去摸索并体会音乐的基础概念，并且不希望接触到会有学习压力的弹奏技巧问题。

很显然，这种教学方式与瑞士著名的教育改革家佩斯塔洛齐（J.H. Pestalozzi）主张的口到、心到、手到、眼到相吻合。

尊重孩子的选择

选择合适的乐器。至于要选哪种乐器来学，因受限于个人的经济能力、住宅空间的大小、或体型上的差异，如：有的个子高，有的娇小玲珑，有的或有手指、口唇等生理差别，所以很难明确回答。有一份研究报告指出，我们可以用科学的方法来判断哪种乐器适合哪类人，不过依我个人的亲身经验，由于兴趣等原因，有的小孩也能学"不适合他"的乐器。就像我女儿，因为家中有钢琴，所以我就顺理成章，让她学钢琴，学了两年，表现很突出，这时她开始提出学小提琴的事，我认为此时开始学小提琴，她似乎有点"太老"了，何况她钢琴弹得棒极了。但是她坚持她的看法，我就不再坚持了。现在，她是一个既有天赋又热衷于小提琴弹奏的年轻小提琴家，我很高兴自己在当时并没有固执己见。

愉快的音乐之旅

何时开始学乐器？ 大部分的孩童在小学一二年级才正式开始学习弹奏乐器，但是如果一个小孩发觉自己对音乐很有兴趣，且学习弹奏的意愿很高，也可以提早学习。

上课的时间与费用。 一般而言，每周的乐器课程是排在学校正规的上课时段内，另外还可以安排一个时段，由当地的音乐学校另外聘请专业老师来授课，上课时间三十至六十分钟不等。另聘的师资经费，由该社区补助，而因为乐器

凯洛（Carol）老师在她的戏剧表演课程里善用各种道具，常有意想不到的效果。

是向乐器行租的，所以家长要负担部分的租借费用。

参加乐队。当地除了有音乐学校外，也有一些音乐团体，如行进乐队、铜管乐队、鼓笛队等等，为年轻人提供学乐器的机会，有些学生最后还加入该社团并参与社团的演出活动。这类社团开的课，收费不高，所使用的乐器通常由该社团提供，并酌收低廉使用费。

帮助孩子度过学习的低潮。我认为，没有人能（或应该）强迫孩子学习乐器，而且做父母的必须很明智、感觉细腻，这样才能适时适地地在孩子遇到学习乐器的低潮或瓶颈时，给予鼓励与支持。而当非常不得已要用一点胁迫的力量，他们才肯再学时，最好是让他们改学其他他们有兴趣的乐器。在这段时期，我们也不要忽视"在团体中演奏"的功能，如果他能感受到在"合奏"时玩乐器的乐趣及满足，那么他在学习上的难处，往往会就此消除。

如何练习。至于练习时间的长短，是很难一概而论的，应依其才能及兴趣而定。每天专心练习十至二十分钟，比心不在焉地在房里花上一小时更有成果，所以身为父母，你可以帮他规定练习时应有的心态，例如：要先慢慢练习各小节难弹的音，每次练习时，不要草草弹完整曲，免得到头来，同样的错误一再出现。

最后，我建议家长们：你们自身也要喜爱音乐——Love music yourself！这并不是要求你们必须是很出色的演奏家，只是希望你们对音乐要有真挚的心。音乐不是一辆昂贵的汽车，你可以开出去到处"炫耀"，使别人对你刮目相看。它是你内在深处"自我"的一部分，不妨让你的小孩知道，你对音乐也有兴趣，并且你也随时准备鼓励并支持他。

希望你们的音乐之旅愉快！

德国音乐人士谈音乐教育

郑安慧

郑安慧，华裔德籍，毕业于奥地利莫扎特音乐学院，为第一位毕业于此音乐学院、主修直笛的亚裔。目前任教于德国音乐学校之直笛与儿童音乐课程，专精于奥尔夫音乐教学。

从窗外照进来的阳光正移向钢琴，徐徐柔风摇动外边的树枝，一切是那么的和谐。我十五岁的女儿 Sina 正在练琴，时而传出易变的节奏，时而传出易怒的敲击声，时而是柔美的琴声。我的情绪也随之起伏不定……梦想有一天 Sina 会爱极了钢琴。

我生长在一个充满音乐气氛的家庭，父母都是清廉的公务员。但他们乐于为六个小孩付出一切，甚至超过他们所及的范围。父亲年轻力壮时，为了让每个小孩学习不同的乐器，一人兼三职，每天只能睡上四个小时。那时家中的大姐决定所有弟妹都要学习乐器，而她自己也是我的钢琴启蒙老师。因为家境的关系，我的起步比别人晚了许多，但严厉的姐姐从不容许我懈怠。

一年后加上了第二个乐器——大提琴。记得那时上初中，每天都得赶在上学前练上三十分钟琴。而每隔两个星期的周末，就独自背着沉重的大提琴北上找名师上课。在此必须很郑重地提及我二姐——郑又慧。她在帮助妹妹们的过程中从不吝惜，无论在物质还是精神上，总是让人羡慕我有一个好姐姐。

女儿Sina正在认真地拉小提琴。

儿子Samuel在为吹小喇叭的同学伴奏。

在奥地利音乐院求学

我不是"马友友"型的天才，但前后只有四年的努力学习，也让我考进当时的国立艺术专科学校音乐科大提琴组。毕业工作两年后，也顺利申请到奥地利萨尔斯堡莫扎特音乐学院的儿童音乐教育组继续深造。我在这一年开始接触直笛，也疯狂地迷上了它。白天上课、晚上练琴，周末仍旧"闭门造车"，研读上课教材，想考进"直笛"演奏科的心愿不断地增强，因此，每天要求自己练三四个小时的直笛。

第一位亚裔人士

我的第一位教授 Mrs. Tenta 得知我想参加直笛入学考试，则很委婉地要我放弃这个不能实现的梦想。只有一年的学习，是不可能考进这所国际闻名的音乐学院的。但人生最美的事不也就是朝着目标不断地前进吗？看着周围来自各国的优秀同学们，不也都那样咬紧牙根努力吗？大家都希望有朝一日能在国际乐坛上有所表现。

很感谢神看见了我的努力，使我能顺利地通过入学考试，那份成功的喜悦真是从天而降。当然，这只不过是个开始，接下来的学习更辛苦。

虽是身处音乐之都，但一面要让自己的德语更精湛，一面要在直笛的技巧方面建立更深更广的基础，在其中磨炼自己以达到演奏技巧与演奏意境合一的境界。经过五年半的学习，我终于顺利地通过文凭考试。当从系主任手中接过文凭时，真想放一天一夜的鞭炮以昭示众人。过去几年来的辛酸日子、无数的练琴时间、靠打工教学生赚钱来维持自己的生活……这一切的一切，都在这一天有了回报！

德国的学制及音乐课程

毕业后，我嫁给了从小在黑森林边长大的德国先生，也开始了另一种完全不同的生活。由于先生的支持，我开始了教琴生涯。

德国的义务教育从六岁到十八岁，共十二年。公立学校的学费是全免的。在德国，各邦（共十六个邦）都设有幼儿园。但基于一般的教育行政工作由各邦主管，因此各邦之间的制度会产生很大的差异，除了少数基本原则由联邦政府统一制定外，为促进各邦的教育制度能趋向一致，也有协调方式。入幼儿园的年龄为三至六岁，教学项目为语言、合群性和音乐游戏（分户内外）及简单的儿歌。

德国的学童在六岁以后便开始为期至少九年的普通教育。普通教育分为小学、中学、大学三阶段。现分述如下：

基础小学（Grundschule）：从一年级到四年级。

中学：分三种等级，依照小学第四年上半年的德文与数学的分数来评鉴上哪类学校：第一等级为高级中学（Gymnasium），第二等级为实科中学（Realschule），第三等级为普通中学（Hauptschule）。

高级中学（Gymnasium）：在有些邦实行八年制，有些则是九年制。在音乐课程方面，孩子们要在这期间学会音符、节拍、音乐术语、音程、大小调，甚至必须辨识曲子的大或小调；学唱许多不同时代的歌曲（也有老师较偏重于当下

Jugend musiziert in Bestform

Preisträgerkonzert in Bad Wildbad begeistert mit hervorragenden Darbietungen – Um Nachwuchs nicht bange

Von PZ-Mitarbeiterin
Ilona Prokoph

BAD WILDBAD. Beim Preisträgerkonzert des Regionalwettbewerbs „Jugend musiziert", der erstmals von der Jugendmusikschule Bad Wildbad ausgetragen wurde, zeigten die Besten ihr Bestes.

Gespannte Erwartung lag über dem Wildbader Kursaal. Dort drängten sich über 200 Eltern und ihre Kinder, die am Regionalwettbewerb „Jugend musiziert" teilgenommen hatten, um beim ersten Preisträgerkonzert die sehr guten Leistungen der Sprösslinge zu Gehör zu bekommen. Insgesamt 260 Jugendliche im Alter zwischen sechs und 26 Jahren aus Pforzheim, dem Enzkreis, den Kreisen Calw und Freudenstadt hatten sich mit ihrer musikalischen Kunstfertigkeit am Wochenende einer hochkarätigen Jury gestellt (PZ hat berichtet). Das zweite Preisträgerkonzert fand am Sonntagabend im Kursaal statt.

Und was die Kinder und Jugendlichen im Alter zwischen 8 und 16 Jahren darboten, war wirklich erste Sahne. Mit Respekt und mucksmäuschenstill verfolgte das Publikum die Leistungen der Kleinsten, wie zum Beispiel vom achtjährigen Igor-Alexander Knebel aus Pforzheim, dessen Finger flugs über die Tasten des Flügels flogen. Aber auch Samuel Ruck aus Neuenbürg, der auch zum Landeswettbewerb weitergeleitet wird, hatte die ganze Aufmerksamkeit der Zuhörer bei seinem einfühlsamen Klavierspiel. Herausragend kann man aber auch die Leistung von Fabian Gehring (14) aus Ostelsheim werten, der den zweiten Satz „Adagio" von Mozarts Sonate F-Dur perfekt zu Gehör brachte. Mit ihren wunderbaren Stimmen erfreuten die elfjährige Silvin Bumiller aus Gechingen oder Deborah Tepper (14) aus Wildberg.

Alle Teilnehmer einzeln zu würdigen, würde den Rahmen sprengen. Eines aber kann man mit Sicherheit sagen, um den musikalischen Nachwuchs muss einem nicht bange sein. Auch das Ensemble aus Pforzheim und Mühlacker, das der „besonderen Besetzung" neuer Musik zuzurechnen ist, überzeugte mit Violine, Viola, Violoncello und Gitarre bei „Suite Buenos Aires" von Maximo Diego Pujol. Hingebungsvoll und perfekt darf man alle Beiträge des zweistündigen Vorspiels werten.

Voller Stolz freute sich Musiklehrer Ralph Gundel, der in Calmbach geboren ist und in Nagold an der Musikschule unterrichtet, dass seine Saxofonbläser-Ensembles jetzt zum Landeswettbewerb „Jugend musiziert" weitergeleitet werden. Aus Bad Wildbad gehören dazu Jelena Milutinovic und Ilona Vogel, aus Enzklösterle Benedikt Tobler, aus Schömberg Michael Illenseer, aus Pforzheim Laurenz Noack und aus Neuenbürg Tina Fretz. „Da behaupte mal einer, mit unserer heutigen Jugend sei nichts los", würdigte Martin Koch, der Leiter der Wildbader Musikschule, der den Wettbewerb organisatorisch durchführte, diese hervorragenden Leistungen, die teilweise schon fast zu sphärischen Klängen gerieten.

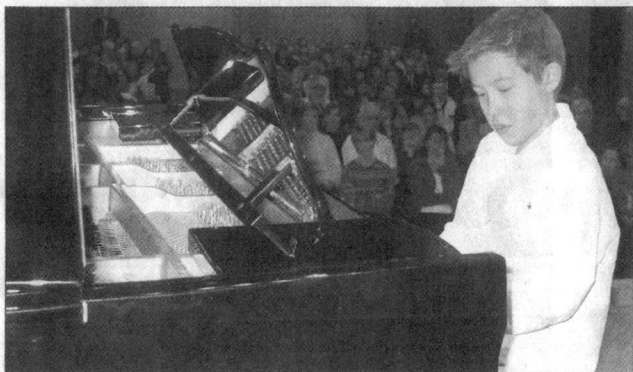

Gespannt lauschten über 200 Gäste beim Preisträgerkonzert von „Jugend musiziert" in Wildbad. Auch der elfjährige Samuel Ruck aus Neuenbürg überzeugte.　　　　　Foto: Prokoph

儿子的演奏会上了当地的报纸新闻。

在德国，从幼儿园直至大学，校方除了重视音乐教育也很重视学生的体育活动。儿子下了课，除了练琴，最爱的是踢足球。

父母是孩子最好的音乐老师

278.

的流行歌曲），也可以组成小乐队争取获得更高的分数，还要认识不同时期的作曲家。在最后一年高中毕业考试中，也可选择音乐作为考试科目。方式为：演奏乐器二十分钟左右或音乐理论的考试（每半年都会有一次笔试）。由此可见，在德国的教育制度中对音乐学科的重视程度。

实科中学（Realschule 或 Mittelschule）：为六年制，是专门负责培养中等阶层之一般公务员的。而行政、商业式管理方面的人才，要到五年级至十年级，才具有资格进入专业准备学校（Fachoberschule 或 Berufsfachschule）。若成绩好，愿意继续接受这项教育，也可以通过申请考试进入高级中学。在此期间的音乐课则为：团体制作音乐、声乐、乐器演奏、舞蹈、听不同时代作曲家的音乐等，但音乐不算入毕业考试的科目之内。

普通中学（Hauptschule）：大部分的学生（约占百分之五十）在结束基础小学教育后，都进入普通中学。五年的普通中学毕业后，皆入各行业学习一技之长，而在普通中学期间的音乐课程则以唱歌、节奏或一些理论课程为主，但要求并不高。

德国在世界乐坛上的地位是非常高的，没有任何一个国家能在历史的发展过程中产生那么多优秀的作曲家及音乐家。纵观全德国，在较大的城市中，都设有交响乐团，另外还有大量的音乐厅和戏剧厅，来自各个阶层及不同年龄层的听众很踊跃。可以说，音乐非常普遍地广泛深入到许多家庭中。

就拿我的家庭来举例吧。在德国，如果父母用心想让孩子们更多地接触和学习音乐，这样的机会是很多的。一般城市乡镇都设有音乐学校，提供从两岁就可以开始的亲子免费音乐列车（即音乐课）——当然，这是采用较偏向奥尔夫的教学方式。四岁起则是同年龄小孩子的团体小班制。我个人拥有此专业文凭，所以被聘为当地音乐学校的老师，教孩子们在肢体、游戏、律动中去感受、认识音乐，这是非常有乐趣的方式。它不以在某个时限内见到某种程度的结果来评鉴好坏。但由于现代小孩太具有个人意识、意见，也不太能听别人说话或轻易服从别人，所以，这样的教学可以说是日趋艰难。

儿女的音乐学习历程

1993 年，我的长子 Samuel 诞生，像天下所有父母一样，我开始忙碌于喂奶、换尿布，为孩子编织一套理想和美梦。我的大部分学生是到家里来上课，所以 Sam 从小耳濡目染。九岁时，在老师的推荐和教导下，他参加了第一次整个北黑森林区域的钢琴独奏比赛。对任何人而言，能参加比赛已不是一件易事，而他还拿下了第一名！这不是件偶然而简单的事，这是他持续不断地努力才取得的成果。十岁，他拿下四手联弹第一名；十一岁，为小喇叭伴奏也获得第一名。

我并不是一个容易放松的妈妈，每天在家陪小孩练琴是个很艰难的工作。我教了这么多年的学生，能自动自发练琴的小孩我用一只手都数得过来。但我也是个不轻言放弃的妈妈，无论是学琴，还是完成学校的功课，我始终如一地做他背后的鞭策者。这也使他在十三岁时，经历了几次激烈的竞争比赛，而勇夺全国国家钢琴四手联弹的第三名。在喜爱音乐的同时，他还非常热衷于踢足球，最近还被本市一支有名的球队看上。

而我的女儿 Sina 也同样在音乐方面很有天赋，九岁时参加小提琴独奏比赛也拿下第一名，之后每一年陆续参加钢琴独奏、四手联弹、声乐伴奏等，皆蝉联第一名。也许你们会认为得奖真容易，实际上，一个小孩要在正确的启蒙时间、受教于正确的指导老师，加上父母在精神及财力上一贯地全力配合，才能塑造这些"小小英雄"！

我当然能很自豪地说：感谢神给我这双可爱的儿女，也给他们毅力和努力不懈的态度。我相信，这也是他们日后求学、求职、成家立业最基本的成功条件。这是我努力培养他们的原因，可惜他们两人都无意专业从事音乐行业。

曾有一家杂志采访我先生（他是当地一家著名企业的老板），问到他最爱听的音乐是哪些，他回答说：最爱听的是我小孩子弹奏的音乐。这不正是当爸爸最大的自豪与安慰吗？

我是个音乐工作者，我热爱我的学生，热爱把音乐的灵魂传播给他人及自己的小孩。音乐是谐和人类很好的桥梁，我真心希望音乐能走进每个家庭。这里的"音乐"，不是指那些粗俗、无意义的一些流行音乐，而是那些能安静人心、培养美好心境的音乐。在此鼓励所有父母和各个阶层的人士，多听好音乐，让音乐温暖、融化人心，让大家能追求更加美好、和平的世界！

美国音乐人士谈音乐教育

郑筱慧

郑筱慧，华裔美籍，美国罗彻斯特大学音乐硕士，目前居住于美国亚特兰大，为当地杰出的音乐教师。

我在美国乔治亚州的公立小学担任音乐老师已有二十多年了。我热爱我的学生，对这份工作也倾注了很大的热情。我简单地通过在美国从事音乐教育的经历，谈谈我对美国教育的一些体会。

音乐教育概况

美国的教育政策与教学计划及教育经费，并不由国家统一决定，而是交由各州、各地方的学区教育委员会来自行决策、管理和执行。全美国共有约一万两千多个这样的小学区，也因此，各地区的教育经费受到当地税收多寡的影响，每个城市音乐课程的硬件设备的丰富程度都不一致。

我所在的学校，设置有从四岁的幼儿班到五年级，每个班级一般有二十二位左右的学生。幼儿班和学前班分别有一位班主任及老师助理，每班学生每周有一次五十分钟的音乐课。

在我的音乐教室的墙上，装饰着写着简单音乐常识的图片，这是一个介绍音乐年代的布置。这样的布置，我会经常更换，其实在美国可买到一大堆现成的音乐教室布置图，还有特别针对节庆的，如圣诞节、感恩节、万圣节等。但是学校的经费有限，所以绝大部分都是我自己亲手做的。

学校的各科教科书每五六年就要更换一次，包括音乐课程。市面上共有五六套非常有系统、内容相当丰富的音乐教科书可供我们选择。这对老师是个很大的挑战，刚刚熟悉了的教学内容，又要花费许多精力去准备新的教学内容。

每学期的教材总有三四百页的厚度，学生们不需要买课本，每学期由校方借给学生，期末归还即可。这些教材编写的初衷，并不是要教师照本宣科，而只是给教师们提供大量的资料来使用。因此教师不需要教完所有的教材，我因此拥有很大的教学弹性与空间。

总体而言，各个地区都鼓励学生在各种科目中，有均衡的发展，尤其不能轻视艺术和体育，具体到每个学区又有不同的规定。但大致上从小学四五年级开始，学生可选择一种乐器学习或参加合唱团，学生享有自由选择、发挥的机会。经由学习乐器、合唱，学生可学到扎实的乐理及文化背景知识和历史。

一旦开始学习，不论是学生、老师、家长或校方都会投入相当多的时间与精力，好像他们将来都要选择音乐作为专业似的，当然也会有些人存在力不从心的状况。

事实上，这些音乐课程的最大目的并不是为了培养专业的音乐家，而是为了培养和提高学生的素质，最重要的，是培养学生的创造力——这是在许多全国性的音乐教育年会及宣言制定时所强调的核心概念。

注重趣味性

我所任教的这所学校，从地方政府得到的经费并不多，因此学校的硬件设施并不丰富，甚至音乐教室里并没有钢琴，只有一台简单的电子琴（但在大礼堂里有一台平台钢琴）。即便如此，地区教委、校方及学生们对课程的要求还是很高，不仅是要能学到知识，还要有趣、吸引人，对老师来说，不但要深切了解需要给孩子们传输的学科内容，还要懂得儿童心理学，最重要的，要让他们觉得上课好玩儿、充满趣味。否则，孩子会很快觉得乏味，对上课失去兴趣。而且，他们往往有意见会当面直说，完全不给老师留面子。例如，对过度重复无趣的授课方式，会立刻反应：现在好无聊！那么，老师就知道他的意思，并且

访问篇·美国音乐人士谈音乐教育

我曾经踢足球、弹钢琴、弹吉他、玩乐团，现在我是小儿科医生（右一是本文作者郑筱慧的儿子）。

最好赶快改进。这意味着音乐课程要花很长时间准备，使得内容丰富多变、趣味化以能引起学生的注意力及兴趣。

所以，我们这些当老师的在一起聊起此事，都开玩笑说，"趣味"（Fun）真是个"邪恶"（Evil）的字眼。然而，不可否认，美国人大多都充满幽默感，不拘泥、不死板。所以，我们仍然要说，"趣味"教学真的有很大的可取之处。

例如在"认识乐谱、学习节奏"的教学上，我们会用一些特别有趣的方法，比如大量的教具、让学生亲自操作游戏，而非一味地手抄重复记忆来调动学生的学习兴趣。

还要适时地加入富有地区特色的需要，或因季节、节日变化来设计不同的主题与歌曲。例如当美国人最重视的圣诞节来临前，我给四、五年级的学生设计了一场圣诞音乐会，我将许多圣诞歌曲重新编排并串联，形成一出歌舞剧。学生分为合唱组、边唱边跳组、演奏乐器三大组别，每位学生都有机会上台。演出前学生也要参与制作充满圣诞气氛的道具、布景、设计台词等。演出当日则邀请全校师生、学生家长同来观赏，这是全校师生最开心的时刻！

重视鼓励

美国式教育的另外一大特点就是：鼓励。一般情况下，老师都会尽可能地褒奖每一个孩子，即便学生的表现不好，也会正面地微笑着用鼓励来取代厉声的指责，小心翼翼地保护孩子们的自尊心。课程设计时，绝对避开会造成竞争的因素，不强调个人的杰出，只要参与就值得鼓励！因此，绝大多数的孩子都是自信满满的，在课堂上，即使遇到不会回答的问题，也会把小手举得高高的，而完全不用害怕答不上来会被取笑或是轻视。

教室的墙壁上，除了挂着些"注意事项"，满满挂着的几乎都是学生们自己制作的艺术品，或作文，或各个学科的优秀成果，旁边写着老师的评语，这又是另一种鼓励的形式。

注重思考能力的锻炼

教师们非常强调锻炼孩子的独立思考能力。我们学校在两年前增加了名为

在上音乐课时，常可以发现对音乐很有天分的学生，我会尽量鼓励他们表现，即使他们来自很穷困的家庭，校方也会尽量成全他们。图中这个学生，在上课中显露出很强的节奏感，我安排他打套鼓，他完全无师自通，打得好极了，我们有任何表演都安排他上场。他也从一个不爱念书、调皮捣蛋的学生脱胎换骨为一个好学生。

"重要问题"（Essential Questions）的教学方式，即：针对所有当时正在教学的内容，提出一些刺激孩子们做深层次思考的问题，并贴在墙上。这些问题的答案不可以仅为"是"或者"不是"。例如：我若正教小四的学生"音乐曲式（Form）"，那么我的问题就不可以只是"这首曲子是二部曲式吗？"而应该是"为什么我们要学习曲式？请解释曲式是什么？"等到校长或校董来查堂，他们会挑选几个学生到教室外面去，然后分别询问他们这些挂在墙上的问题，从而达到让孩子们知其然更知其所以然的目的。

每间教室里的教具都非常多，分别用袋子、盒子以及箱子装着。每个学生都有自己挂外套的衣架，还各自有个小架子，专门给老师用来挂一些纸张，比如给家长的沟通单，或者孩子当天要完成的功课，等等。此外，学生都有自己的橱柜，用来存放书籍或学习用品。如此多的东西堆放在教室里，却一点都不乱，所有的物品都井井有条地摆放着，都是学生们自己收拾的。孩子们的组织能力从小就这样很自然地训练出来了。

学校与民间团体的互动

美国的商业界和当地学校大多很有交情，所以每个学校大约有平均十个左右的公司作为赞助商，帮助学校购买需要的教学用具、种花种草美化学校环境，或者给老师们送水果点心等。这是厂商支持地方教育、对老师们表达敬意的方式，没有任何利益输送或个人条件交换的意思，因此校方很欢迎这类单纯的赞助。

有家日本公司 NACOM 一直与我们学校保持着极好的关系。记得十年前公司开张时，曾邀请我们学校去表演歌唱、舞蹈，于是我带了一小队学生，用心地为他们演了一场。此后，每年的圣诞节，我都会受邀带领学生去给他们的员工表演歌舞节目。大约六七年前，这家公司的日本总裁来巡场，我们又被邀请。我向来很注重节目的民族化和国际化，面对这么多的日本职员，我很自然地选了两首日本歌曲。表演结束后，这位总裁先生非常感动，请一名高层职员写了

父母是孩子最好的音乐老师

286.

我在美国为儿童上音乐课的情景。

一封声情并茂的感谢信给我，还亲自给我们校长打电话，询问学校需要些什么。校长提出教学需要电视机，于是，公司为我们学校的每间教室都添置了一台电视，餐厅里还摆了两台大电视。此外，他们还常常派员工来帮助学生阅读文章，有时候，员工的太太们还会来学校教学生做东方的折纸，等等。这种互动极有意义，公司借机多了解学校，学生也有机会接触到社会的方方面面。

创造音乐学习的环境

我一直觉得美国的孩子很幸福，尤其是小学生们，他们除了学习，更多的时间是玩，社会也为孩子们提供了各式各样的便利条件，让他们的童年和少年时期充满了快乐，让他们自由自在地呼吸。我们中国的孩子，从小被要求读书再读书，很少有机会去倾听外面世界的声音，即便是学这学那，在很大程度上也是家长们的意愿，小小的身体从小就开始背负着沉重的压力。

我们所在的小镇上有个音乐经纪团体，他们每年都会从外地请来极具规模和水准的音乐表演团队，表演唱歌、民俗乐器，等等，无论是演出类型还是表演者的素质都不同凡响。这样的表演，每年有五场之多，人们可预订年票，也可以买单次的票。

而为了培养学生们听音乐的习惯，只要有成年人陪同，镇上所有学生都可以免费进场。正因为如此，家长们才能毫无顾虑地带着孩子们去欣赏这种价格不菲的音乐会。

与音乐教育并重的球类运动

说到美国孩子的幸运，还有一点值得一提，那就是无论经费多少，在每个小镇上总有一样少不了，那就是从三四岁开始就有的不同年龄层的各种球队、拉拉队、运动团体等等组织，让孩子们都能有机会免费参加各种各样的运动练习，无论是个人身心发展，还是团队合作精神，他们都得到了很好的锻炼。而运动团队的资金是由学生家长们赞助的，教练也是有能力的家长志愿无薪担任的。大部分的家长及老师都是让孩子从小先参加球类等运动活动，几年之后，再有意愿的孩子，还可去参加音乐乐器类的学习。

我在美国的音乐教室。

　　我的孩子们除了从小直到大学都踢足球外，也学习钢琴，并且都有相当好的水准，而这些丝毫不影响他们的功课。我的女儿本科毕业于乔治·华盛顿大学的法学院（George Washington University Law School），已成为一名执业律师；儿子毕业于艾默利医学院（Emory Medical School），已成为一名专科医生。踢球、玩乐器、读书、上教堂就是他们的日常生活。

　　我有一个好朋友，她的儿子现在正在上高中，双簧管（oboe）吹得非常好，目前在乔治亚州东南部的一个乐团，经常去各地参加比赛及表演。许多个周末，乐队的成员们都到她家，她总会准备极为丰盛的餐食给他们，招待非常好。她对我说，这些孩子们个个都很有个性，社交能力很强，和家长的关系亲密无间，情商（EQ）高，很容易交到好朋友，而且性情大多稳重、成熟，几乎都没有出现过什么青少年问题。

　　他们也同时爱好踢球并积极参与。而在打球时彼此间虽然也有着激烈的竞争，但是因为经过了团队合作的训练，他们学会了互相鼓励，而不是彼此倾轧与伤害，形成了良性的竞争环境，所以孩子们的心态都十分健康。

　　美国的学生，经由参加乐器、乐队、合唱等训练，除了获得兴趣，他们更得到了相当多的好处，归类如下：

一、经由每天练习乐器、声乐，在很大的程度上，培养学生坚忍不拔、不轻易放弃的性格。

二、经由乐团、合唱团的练习、比赛、演出，培养学生团队合作的精神。

三、许多的演出、比赛还是跨地区的、经常性的，校方无法提供经费。因此，学生及家长们必须自己组织团体、筹募经费、寻找广告赞助商，甚至推销小礼品、门票等，学生从这些过程中所学到的，远远大过了音乐能力的学习。其中所受到的组织、领导、营销能力的锻炼和培养，会让他们终生受益无穷！

以上就是我在美国教学二十多年来所看、所听、所经历种种的一个缩影，希望您看了之后，除了音乐教育，也对美国的一般教育有些了解，能有所借鉴。

美国Doug Goodking教授是旧金山地区具特殊才能的音乐教育家，擅长三至十五岁孩子的音乐教学。

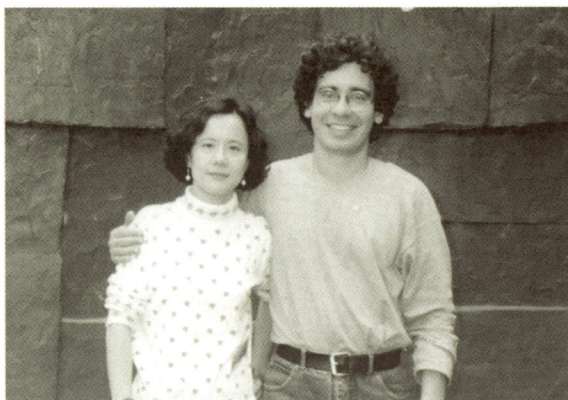

美国 Jeff Kriske 老师（后排左）及 Randy Delelles 老师（后排右）均被登录于"美国教师名人录"。

德国Dudu Tucci教授擅长拉丁节奏的各式鼓乐。

美国Herbert H.Henke教授（前排中）任教于University of Michigan，擅长于达而克洛兹教学法。

以上教授均受作者邀请至台湾讲学。

第十章　花絮篇

音乐教育活动

社区音乐活动——美国

　　我居住的南加州附近有一座名为克莱蒙（Claremont）的城市，是因一所著名的私立大学（Claremont College）而得名，2013 年底，最新出炉的全美十大大学排行榜，此校的 Pomona 学院，获得全国第二名的荣誉。这里经常举办文化艺术活动。

　　在这座寸土寸金、地价昂贵的城市，市中心有许多店家，最令人讶异的是其中居然有一家乐器行，它卖的不是钢琴这种利润高的乐器，而全是世界各地奇奇怪怪、不常见、利润很低的小乐器，当然也包括中国乐器。店面很大，你走进去把弄各式各样的乐器，并发出各式各样的声音也不会有人来干涉你。据说很多居住在当地的退休教授、学者及居民都会捐钱赞助这家乐器行，希望它能继续营业，以保持这座城市的文化艺术水平，让其不是只有商业行为而已。这家乐器行每年会定时或不定时地举办许多活动演出及讲座，内容涵盖音乐、舞蹈、美术、捏陶土等。其中相当著名的一项名为"Folk Festival"（民俗节庆）的活动，是以世界各国的音乐、舞蹈、陶土为内容的研习营。

　　每年我都会去个一整天，充分沐浴在丰富多样的文化洗礼中。

　　活动选在每年五月的第一个星期日。五月初，南加州的克莱蒙是鸟语花香、百花齐放、气候怡人的好时节。早上十点开始，就有许多人迫不及待地扶老携幼到达活动的场地——当地的一所小学。

　　活动内容共分四大区：音乐研习区、表演区、舞蹈研习专区、杂项区。

　　音乐研习区的内容非常丰富，共使用该小学的十三间大教室，从早上十点到下午五点，同时进行的共有二十八种不同的研习内容，如：1. 巴西打击乐器；

2. 夏威夷的四弦琴（Ukulele）；3. 音乐汤匙乐器的制作（Musical Spoon）；4. 日本太鼓（Taiko Drumming）；5. 土著的笛子；6. 美国扬琴——德新马（Dulcimer）；7. 美国本土的竖琴（Folk Harp）；8. 口琴（Harmonica）；9. 身体节奏乐器（Body Rhythm）；10. 中东音乐；11. 劳工歌曲教唱；12. 凯尔特人的竖琴（Celtic Harp）；13. 儿童鼓；14. 五弦琴（Bluegrass Banjo）；15. 澳洲土著的大型木管喇叭（Didgeridoo）；16. 山区居民的唱歌法等。

舞蹈研习专区则提供有交际舞如探戈（Tango）、拉丁舞（Salsa）、肚皮舞（Belly Dance）、欧洲五月节花柱舞（May pole Dance）、西非洲的鼓类舞蹈，等等。

表演区共设有三个大型舞台，其中两个舞台提供适合全家人共同欣赏的节目，另一个舞台专门提供针对孩子的表演（Kids' Stage），也同样从早上十点到下午五点不间断地提供各种不同的表演：鼓类、爵士乐队、孩子的摇滚、美国的五弦琴、夏威夷的四弦琴、竖琴、山区居民唱腔的小乐团、舞蹈表演，等等，

克莱蒙市区中心的民俗乐器店。

当天的社区音乐活动中的儿童打击乐课程。

成人的非洲鼓打击乐课程。

在露天舞台的音乐表演。

热闹非凡。

杂项区则有：歌曲创作、手拉坯黏土制作、大型木偶剧演出（由孩子担纲演出）、脸部彩绘（Face Painting）、基督教福音诗歌表演，等等。

这些持续整天的活动精彩有趣、内容丰富，可惜时间太有限，例如音乐研习部分，每堂课平均需一个半小时，一天下来，大约只能参加四种课程，然后用中间一些零碎的时间到不同的表演区欣赏一番。我恨不得自己有好几个分身，可以同时参加不同的活动与课程。

最令人讶异的是，一整天的门票：成人十五美元，儿童五美元。这之中没有广告、没有商业买卖，更没有任何卖小吃的摊贩，只有一个由大会提供的固定摊位，贩售简单的午餐与饮料。这么多个表演团体与授课者，门票收入又不高，显然是有许多好心人士在背后默默地赞助！大会还有非常多的义工在维持许多工作的运转，这也可以省下一大笔的开销！

在美国或欧洲，这种由民间、社区或教会团体自发组织的文艺活动相当多，不论是大城市或乡间，他们借由举办这些观摩活动来联络感情，并促进大家对文化艺术活动的更多参与及了解。

略述本项活动，希望给文化内容同样丰富的中国，提供更多样的参考！

音乐活动巴士——美国

这不是一辆普通的巴士，这是一辆音乐巴士。

由罗兰岗（Rowland Heights）学区所支持的"音乐活动巴士"（Mobile Music Bus）成立满三十周年，将于罗兰高中（Rowland High School）举办一场从早晨九点到下午四点不间断的音乐节目，该演出名为"音乐马拉松盛宴"。

让音乐在罗兰岗流转！（Keep the music Rolling at Rowland！）

这是 2010 年 5 月 22 日，加州当地报纸的头条！看来真是新鲜，我一定要去瞧一瞧。况且住在美国十几年了，罗兰岗在我居住地的西南边，从高速公路开车到那里只要半小时。平常我只知道这个城市住了许多的华人及韩裔、西语裔的居民，所以有相当密集的华人、韩国人的店家，去罗兰岗通常只是去买菜、去餐馆而已，却不知道那里有那么有趣又新鲜的音乐活动！

来到了活动地点：罗兰高中。在学校的入口处，老远看到三辆漆成蓝色的大巴士，分别写有：音乐机器（Music Machine）、音符船（Note Boat），且画有音符及乐器，外观看来和一般巴士无异。走到写着"欢迎参观"的开着车门的车里一看，里面的座椅全被拆掉了，改成放有键盘乐器及许多谱架、活动椅子、乐器、乐谱和音响设备的巴士！

创新的构想和命名

谈到"音乐活动巴士"这项创新的教学构想与由来，现任"音符船"三号（Note Boat Ⅲ）船长兼音乐老师的理查德·雪默（Richard Schermer）先生回忆起三十年前的往事仍记忆犹新：1979年罗兰高中乐团主任谷雷特（George Gullett）先生和罗兰联合学区（Rowland unified school district）小学部副督导史密斯女士（Dolores Smith）是两位催生者。

当谷雷特和史密斯告诉雪默先生这项奇特的构想时，他认为他们在开玩笑！但是没多久，学区真的买来了三辆巴士，并且拆掉所有乘客坐的座椅，这使得雪默大受感动并知道：这下子，音乐教学会变得更有趣了！

这三辆改装成音乐教室的活动音乐巴士，终于开始上路，一家乐器行还赞助该学区举办巴士命名比赛，学生们反响热烈，最后票选出"音符船""音乐机器"和"曲调电车"（Tune Trolley）三个名字，然后将这三个名字分别漆在蓝色巴士的外面。

由美国加州罗兰岗（Rowland Heights）学区所支持的"音乐活动巴士"。

教学及成就

这三辆巴士，每天分别穿梭于罗兰岗八个不同学区的许多所小学、初中及高中，他们鼓励每个学生都参加。其中一名已在此学区教了二十三年音乐课的老师托娃女士（Laura Tovar）说："我希望每个学生都能有一对音乐耳朵！"她也惊讶于孩子们学习音乐的能力："别看这些初学者现在连看谱都还不会，几个月后，当圣诞节来临，你们就会看到他们惊人的进步。看到他们的进步我真高兴！"她还说："一个人能做一些事来回馈社会是非常重要的，我和学生们正在尽我们的所能演奏音乐使别人开心，这是我们回馈社会的方法之一！"

这些任课的音乐老师们每天开着巴士到固定的学校播下音乐的种子，他们的心血真的没有白费，罗兰学区的这项音乐教学活动，三十年来已获得许多奖项，如罗兰高中及诺加高中的乐队分别多次获得全美及地区乐队比赛的如下奖项：

·2009 年，诺加高中成为唯一从美国西岸地区受邀参加感恩节梅西（Macy's）百货公司所举办的大游行队伍

·罗兰地区小学联合爵士乐队受邀参加全加州乐队大会的特别表演队伍

·本地区的"资优管弦乐队"获得全学区及本地的音乐节庆评出的"优良杰出"（Superior ratings）团队

·罗兰学区因拥有"全加州优良乐器教学计划"而著名

令人敬佩的教师群

这项活动已持续了三十年，当天的音乐马拉松盛宴在该校的大礼堂——由"小学初级乐队联合团队"的表演拉开序幕，参加表演的有："小学中级乐队联合团队""初级弦乐队联合团队""小学中级弦乐队联合团队""资优管弦乐

队""小学爵士乐队""Alvarado（地方名称）乐队""罗兰高中乐队""诺加高中乐队"等。

所谓"乐队联合团队"是合并该区各校的同性质的团队一起表演。当你看到表演的学生团队一个接一个地上台下台，像麻雀一样唧唧喳喳换场，上了台却又有板有眼地陶醉在他们自己演奏的音乐当中，你会对这群学生刮目相看！而在这其中忙进忙出指挥乐队并帮忙学生就位的老师群，是几十年来默默付出的最大功臣！

将近六十岁的雪默老师，长期与活动巴士为伍，至今仍乐此不疲，微胖的他与这些小小音乐家互动时仍充满活力，他说："是这艘音乐船的魅力惊人！"而托娃老师则说："这群孩子们太棒了！"其实，没有这群教师的长期付出，怎么可能将麻雀变成凤凰？他们以巴士为家，巴士开到哪儿就教到哪儿，学校场地如果够大就到教室上课（当然还得把车上的家当搬上搬下），不够大就以巴士当教室。说是克难也行，说是创意也是，因为"移动教室"的经费，一定小于每个学校各自购买设备的支出，况且这样的移动虽然难为了老师，却使整个学区互通有无、互相联合、切磋观摩，避免了小学校的闭门造车！

除此，该学区因为拥有这些热心的老师、热心的家长及丰富的设备，还定期开办了许多的研习营。如从6月14日至7月1日为期三个星期的夏令营，招收小二至小六的学生，内容有音乐、舞蹈及戏剧课程。而包括学费及设备费，三星期只收美金一百八十元，这在物价高昂的美国，这些钱连付教师群的钟点

雪默（Richard Schermer）老师奉献了三十年的时光，与音乐巴士及许许多多的音乐学子一同成长。

30TH ANNIVERSARY OF ROWLAND'S MUSIC BUS
&
MUSIC-A-THON

♫ 30 Years

RUSD

Join Us For A Non-Stop
Music Celebration
To Keep the Music Rollin'
at Rowland!

SATURDAY, MAY 22
9 A.M. - 4:30 P.M.

@ ROWLAND HIGH SCHOOL
2000 S. OTTERBEIN, ROWLAND HEIGHTS

费都不够呢！所以报名单上写：请尽快报名，以免向隅！

校内免费学习乐器

其实以上的所有活动都需要有赞助者！美国虽然经济实力强大，国家也愿意花相当多的经费在教育上，但毕竟学生上学是"义务"的，不必缴学费。不缴学费，学校的活动又多，设备又不能太差，相对的每一项目能分到的经费就很有限了。因此，要让这三辆"音乐巴士"能继续行驶而不停下来，就需要家长及校外人士大量且长期地赞助。（参加"音乐巴士"学校课程的学生，全是免费且长期学习乐器！）

这是生活在美国很令人感动的地方。虽然这是一个商业行为非常热络且成熟的国家，但总是有大量在财物上的赞助者、人力上的支援者（义工）及组织完善的基金会长期支持许多活动的运作，特别是在艺术、文化活动这一块！没有赞助经费，"艺术""文化"的传播与教学是很难自我维持的。

能长期大量地支持并参与文化活动，是提高公民的个人素质、教养水平的最好方法吧！

破铜烂铁节奏乐团（STOMP）——英国

这是一场没有对白、没有旋律的"音乐剧"！

它很容易懂，但是很难将这个团体分类，是戏剧类？舞蹈类？音乐类？或表演艺术？不论你喜欢哪种类型的舞蹈或音乐：传统的、古典的、创新的、热门的、摇滚的，在这里，你都能找到切入点！

这就是 STOMP!

这个很特殊的团体，由 Luke Cresswel 及 Steve McNicholas 于 1981 年成立于英国。他们本来是英国布利顿街（Brighton）上的两位街头卖艺者（Busker），他们自认不是传统的"表演艺术工作者"，只是想从日常生活中，探索"节奏"（Rhythm）的各种可能性。于是他们成立了团体，名为"STOMP"，原意为：用力踏响地板的一种爵士舞（曲）。

STOMP 征选团员的标准并不宽松，成员有舞者、音乐家、演员，入团前几乎都未受过专业的打击乐训练。除了层层的考验，征选还相当重视个人特质，必须是体能够好、够热情、爱秀！

十年前初次在洛杉矶看到他们的表演，我在视觉、听觉上都受到了相当大的震撼！它颠覆了太多表演艺术的传统：

（一）穿着家居服（当然不是睡衣），甚至是破烂的衣服在台上表演，目的是想拉近与观众的距离与参与感，而非高高在上、遥不可及的梦幻表演。

（二）使用的全是不花大钱的"乐器"道具：

1. 厨房里的锅、碗、瓢、盆、刀具、餐具……

2. 各种木制品：地板、箱形椅、扫把、带木柄的长刷子……

3. 各式大小的塑胶桶、纽约街道特有的中型铝制垃圾桶及带把的垃圾桶盖子、各式容器……

4. 篮球。篮球拍在木地板上、拍在大街小巷里，由一人或多人同时拍，通过这些方式，来制造出复杂多样、大小音量不同、节奏各异的音效合奏。

5. 揉成团的报纸、大小纸袋、塑胶袋……

6. 街道、车子、家庭里各式的废弃物、铜类小管、不锈钢的洗衣台、排气管、路标、告示牌、各种厂牌的轮胎钢圈、头盔、安全帽、汽车的保险杆……

（三）他们的表演舞台可以在正式的表演场地——纽约百老汇的 Orpheum Theatre 剧场、巴塞罗那奥运会的艺术节表演地、伦敦的 Royal Festival Hall、纽约时代广场、雅典的 Acropolis 等重要场合举行大型的表演；也可以在纽约穷人区的后街巷弄、破旧公寓的长长短短的层层铁制楼梯上、大小厨房里、篮球场上、空旷的荒郊野外。

（四）你无法立刻将它归类为舞蹈表演、打击乐表演，还是戏剧表演。创团

多年，STOMP 不断地探索，即便是废弃物，也有很大的可能性产生不同的声学特质！把任何物品变成声音的创造者，创新了他们的演出内容与形式，也丰富了观众的视觉与听觉。

他们的剧目包括：

扫地：扫把扫地时的窸窣声，编织成一首细密的节奏乐；扫把的把柄对打，交织成"竹林武功"式错落有致的音响；带长把的刷子、塑胶刷子的刷地声，以刷子侧边木头打地板的啪啪声，穿插脚底踢踏鞋的踢踏声，还不忘穿插一些幽默的、严肃的、搞笑的乱中有序的肢体语言。除了听觉享受，视觉上的、情绪上的享受也没忽略。

废物墙：将各式大小的废弃物制作成一大面直立的"乐器墙"，将演奏者悬空吊挂在这面墙的前方，然后仍能充满律动感地完成"节奏游戏"表演。

厨房：一个厨师、两个厨师、三个厨师……手拿锅铲或刀子、瓢……独奏或合奏，穿插着吆喝声、切菜声、炒菜声、锅子碰撞声，你以为进了一个人声鼎沸的大厨房，仔细一听，怎么是一首莫名和谐的节奏交响曲？从未听过却又那么熟悉、悦耳！垃圾桶、篮球、废纸团……每天在我们身边不说话的小东西，全都活过来，节奏的巨响如波浪般地来来回回……

目前 STOMP 共有五个团，其中两个团在美国、三个团在英国，它们不断巡回于世界各地表演，也不断地开发新的剧目，发展为各具特色的团体。即便这些秀的内容都是通过事前严密的设计，但编排之中还是留有许多空间给团员自己，来发挥他们各自的特色与想法，因此团员们强烈的个人特质，可以通过肢体语言将节奏不仅是以"听觉"方式更是成为可以看见的节奏来呈现给世人。这十来年，我已在美国许多场合看过他们的表演。

使用简单的材料，创造出伟大的复杂！

欣赏之余，想象中国的偏远地区，同样的元素，再加上中国人、中国文化（特别如新疆和西藏的民族音乐、舞蹈、肢体语言）的地方特色，不用花太多钱，将一些儿童、青少年组织起来，组成类似 STOMP 的团体，那真是令人期待！

（图片下载自STOMP网站，使用经过许可）

February 11-12, 2011
at the State Theatre
New Brunswick, NJ
www.StateTheatreNJ.org
732-246-SHOW (7469)

记一场难忘的国际音乐年会——欧洲

近年来，西方音乐教育发展的主流，已越来越趋向多元化、多种文化的交流，并且都在接受、学习、理解、尊重各种文化所形成的世界音乐。这让我们看到一个事实：经由认识各个国家丰富多样的音乐文化，为国际间提供更多彼此理解、合作与和平共处的平台。我在此记录一次国际音乐会议，给国内正在起步的新的音乐教学方式，提供可以参考的线索。

I.G.M.F. 全名是"国际音乐教学法教育协会"（Internationale Gesellschaft für Musikpädagogishe Fortbildung e.v.），成立于西德，已有四十年的历史，会员来自西德、奥地利、瑞士、丹麦、法国、英国、芬兰、挪威、美国及阿拉伯联合酋长国等许多国家的优秀音乐家，共有七名理事，包括音乐教育家、作曲家、音乐教学法的杰出研究人士。大会主席于 1990 年 1 月正式邀请我加入协会理事会，

I.G.M.F.培训课程之一。

我和团员们在
德国演奏中国名乐
《鸭子拌嘴》。

在"打击乐与
音乐教育"的课程
上,我们认真地练
习敲奏立式钟琴。

成为亚洲国家第一位理事(要成为此协会理事,需经由其他各国会员审核背景、资历之后,投票表决是否通过)。

此协会成立的目的,是每年由理事开会,讨论隔年将提供哪些类别的音乐相关课程,并决定师资,定案后,开放给全世界各地的音乐、舞蹈、相关从业人员参加。平均每年提供约三十种不同项目的音乐教学研习课程。

研习会内容包罗甚广,如:奥尔夫教学法、打击乐与音乐教育、爵士乐、欧洲宫廷舞与音乐、套鼓打击、亲子音乐活动设计、幼儿音乐教育、残障者音乐、律动舞蹈、舞蹈与音乐、舞蹈与打击乐、舞蹈与非洲鼓乐、节奏教学,等等,是音乐教师、音乐家及舞蹈从业人员等在职进修的好机会。因此它每年的活动,已在欧美音乐界引起了广泛的关注,场场爆满。

城堡内举办的研习会

我在台湾也甄选了十位音乐教师报名,结果全被录取,颇感幸运。报到当天,得知共有来自十五个国家的成员,大伙儿都很兴奋。研习会会场设在奥地利维也纳的一座位于黑森林旁边的古代公爵城堡，占地近两英亩，美轮美奂，似梦境一般。室内的墙壁及天花板仍留有古时的雕刻及壁画，每天在这种环境中上课，颇有种似梦似幻、不太真实的感觉。因此虽然课程非常紧凑，又唱又跳，又敲又打，快喘不过气来，但那"宫廷"的氛围，难免令人有来此当贵族度假的错觉，颇能减轻一点上课的压力。

1. 内容多样化的开幕式

为了欢迎此次到会的会员，大会还准备了节目在开幕时表演。节目设计当然是针对研习会的内容，由奥地利小学、高中音乐学校的学生表演，内容相当精彩。而与中国同年龄的儿童音乐班节目比较，最大不同也最吸引我的是：节目内容轻松活泼，音乐不再只是以传统严肃的演奏面貌出现，而是融入了律动、即兴演奏与流行乐，小孩子们忘情地在台上表现自己并享受音乐，而不只是努力地表现技巧而已。最令人难忘的是一个十岁小男孩，大伙儿都叫他"小帅哥"，他表演了三个节目：弹钢琴伴奏、与同伴跳舞和敲奏爵士套鼓为合唱伴奏。他不只长得帅，动作也"帅"，只见他沉醉在自己的节奏与旋律当中，技巧又好。我的感想是：学音乐的小孩，在学习古典音乐之余，演奏一些轻松、流行的音乐，

奥地利的传统舞表演者在台上表演完又到台下表演，其中一名男舞者还特别邀请我与他共舞，令我非常讶异。

在奥地利上课时，教授为了让我们更了解奥地利的音乐和传统舞蹈，特别安排同学们到这家终年表演奥地利传统舞蹈和音乐的表演厅观看节目。

享受自由演奏的乐趣，会令人觉得生机盎然，从而体会到音乐的魅力。

另有三位十五岁的高中男孩，以钢琴、低音大提琴和立奏式木琴，即兴演奏爵士乐，除了技巧好，又充分地掌握了爵士音乐即兴演奏时的节奏与风格，对这种年龄的孩子来说，在学习古典演奏技巧之外，竟然还有余力学习爵士乐，令人惊讶。指导老师事后报告：他们三人常常在下课后聚在一起玩乐器，今天演奏的曲子，是他们自己玩出来的！

2. 多样化的课程内容

接下来是一星期的课程，教授群来自瑞士、奥地利、德国、美国。内容除了奥尔夫教学外，还有打击乐、创造性的律动、节奏与舞蹈、即兴能力与社会性的统合、国际土风舞、音乐与身体乐器、教学态度、奥尔夫教学老师如何使用爵士及摇滚乐的资源、美国式的奥尔夫教学过程介绍、小学生通用的管弦乐法、书目资源研究，等等，涉猎广泛。

3. 丰富的师资群

来自瑞士的老师 Carol，年纪轻轻就已受邀去过八个国家讲课，也曾应我的邀请到台湾开课。她上课最大的特色是：能信手拈来各种教具放入教学过程中，令人惊叹，目不暇接，方法平易近人又实用。因为大量地使用教具，增加了可看性与可操作性。应用在孩子的音乐课堂上，能为他们提供更多趣味的学习媒介，打破了传统学生只能静坐听课的单向教学模式。

来自德国"音乐与舞蹈"专才的大学教授 Ulla，身为女人，却留个小平头，举手投足相当潇洒，但跳舞时又极为妩媚。她在诠释音乐和舞蹈的关系时，从比利时 Jos Wytack 教授，精通七种语言，曾受邀至二十多个国家讲课。

奥地利Wolfgang Hartman教授，奥地利Kärntner州立音乐学院院长。

瑞士著名的奥尔夫音乐教学法专家Carol Bauer教授（中坐者）。

以上教授均曾受我邀请至台湾讲学。

最简单的节奏搭配，到复杂的节奏变化；从传统优雅的宫廷舞，到现代流行的热门舞，示范哪种舞蹈，就有哪个时代的气质。这对个性拘谨的中国人，有很好的"熏染"作用。

来自美国的 Nancy，是美国奥尔夫协会的前任会长及美国亚利桑那州立大学的音乐教授。大概是因为来自沙漠地区，她皮肤较黑，但一双大眼睛却炯炯有神。她的"奥尔夫教学"属于"美国式"，步骤设计得非常紧密，使用美国的音乐、童谣、Boogie Woogie 舞，给人年轻、充满活力的感觉。与欧洲的教学方式比较，似乎更容易被中国人接受。

而来自德国的年轻打击乐家 Matthias，全身充满节奏感，各种简单的节奏乐器，拿在他手里，就像被施了魔法似的，一下子活跃起来。最喜欢的就是他教康加鼓的拍奏法，每人一个鼓，在鼓面上，他引导大家找出各种可能的发声法，并配上特殊形式的节奏，全体合奏时，好像走入非洲的鼓阵中。自由且原始开放的感觉，将所有的烦恼、忧虑都一扫而空。

其余教授，限于篇幅不再另述。

4. 国际土风舞之夜

最令人感动的是国际土风舞之夜。大会还请来奥地利传统舞蹈团，男女团员们均穿着传统奥地利服装，并现场伴奏——用传统的奥地利乐器演奏传统奥

维也纳市政厅的外观。　　　　　　　　　　　市长所设的欢迎宴。

地利音乐。在众多国家的音乐与土风舞中，我最偏爱奥地利的土风舞。此次的"身临其境"，一切都在"现场"的真实气氛下进行，真是令人难忘。他们先表演五首舞曲，再邀请大伙儿一起跳，场地位于城堡正前方的大广场，跳完已是晚上九点半，日头却还没有下山的意思。真希望时间也能如同这太阳一样，更长久地驻留在此时、此地。

5. 市长邀约的晚宴

有两个晚上的特别活动值得提及：研习会的第二天晚上，由维也纳市长代表维也纳市民，邀请 I.G.M.F. 研习会的全体会员到维也纳市政厅参加晚宴。看到市政厅的第一眼，我就被这古色古香的旧式建筑的外表所吸引。进了大门，穿过一栋又一栋的建筑，来到大厅楼下，走上层层楼梯，经过几重回廊，终于来到晚会宴客厅。除了大座的水晶灯给人现代豪华的感觉外，随处可见的是经过深厚的文化浸透的各种摆设，巴洛克式的家具、十七世纪的名画、大盆的插花、悬挂的旗帜、璀璨的灯光，连食物、饮料容器的色调都搭配得高雅、细致。

会场中，还有十二人

德国籍的打击乐专家 Matthias 全身充满节奏感，各种鼓拿在他的手里就立即响起跳跃的音乐。

欧洲的五月节花柱舞（May Pole Dance）中的一景。

的小型室内乐队演奏古典音乐、维也纳乐派音乐、各国流行音乐，甚至恰恰、探戈等，曲目涵盖甚广，随时有人"闻乐起舞"，欢乐充满全场，那情那景，同样令人难忘。

6. 节目丰富的闭幕式

最后一晚的闭幕式，大会请每个国家的团员表演一个节目，我让团员演唱《天黑黑》《丢丢铜仔》《高山青》等台湾民谣，配上中国打击乐器及原住民舞蹈来凸显民族特色；另外，小女儿也加入演出阵容，一起演出鼓乐器的《滚核桃》、铜锣类的《鸭子拌嘴》（在台湾时，由中国打击乐名家安志顺、李民雄亲自指导我们）。

在演出前，我还对大多数不懂中国音乐的观众解释了中国音乐的特点。演出时观众反应奇佳，显然他们从来没见过、听过中国音乐的这一面。毕竟，学习各种音乐教学法的国际人士，最有兴趣的还是一些具有地方特色的音乐，而非演奏技巧的好坏。散场后，观众对我们的道贺声不断，我们的演出照片，还被大会放在隔年招生简介中的头版，真是荣幸。其他国家的演出，同样也都在设计节目时，注意到"国家特色"的安排，真不愧是一群学习"音乐教学法"的专家。同样是"音乐会"，但以不同的手法呈现，如加入图片、道具、戏剧的形式，灯光的特殊设计、幻灯机的使用、歌词的变化、乐器的特别使用，等等，便能显现出令人叹为观止的效果。

这大概就是新颖的音乐教学法（如奥尔夫、达尔克洛兹教学法）之所以吸引人的地方吧。你永远有变化不完的材料，节目内容永远出人意料！

后记

本书许多篇章曾在台湾多种刊物上发表过，是针对当时的音乐教育问题而写，后结集成书，1994年定名为《音乐百宝箱》于台湾出版。移居美国后，我接触到许多内地移民，也常受邀至内地开讲习会。亦曾为文发表于内地育儿杂志。许多读者来函，希望知晓育儿之大方向与原则。发现有关音乐学习、教育子女之问题，举凡华人，不论居住世界何处皆大同小异。甚至三十余年前家长之困扰与现时代者，也所差无几。

回首检视自己年轻时，身为"新手父母"，也同样战战兢兢怕教错孩子。捏重了？捏轻了？每天都要如此自我检讨几番，希望教给女儿最好、最正确的一切。所幸二十余年来，女儿在台湾及美国社会表现虽非顶尖（那太辛苦了），然都从美国加州大学圣地亚哥分校（U. C. San Diego）生化系毕业。姐姐目前刚从克莱蒙大学（Claremont College）生化医药管理硕士（Master of Bioscience Administration）毕业，妹妹也刚在美国拿到中医硕士，正准备前往上海攻读中医博士。无论在校内或实习单位，她们表现还算优秀，前途、感情、生活与工作都不需父母操心。虽皆非从事音乐专业，但仍对艺术保持热爱。姐姐业余自组乐团，担任键盘手；妹妹从小学至今，一直持续学习中国民族舞、现代舞，在美国加州常受专业或业余舞团之邀请，表演独舞或团体舞。当然，这一切与她们从小所受音乐、美育养分之熏陶密不可分。女儿在其他领域之天赋高于音乐表现，我虽然盼望训练她们成为专业音乐人才，但也只好尊重其决定与兴趣。

一路行来，自己许多做法尚无甚偏差，心中焦虑总算放下。常常女儿从外地返家，谈到她们有今日之表现，由衷地感谢父母对其点滴之教导，听闻颇觉欣慰。

笔者曾在乐团担任首席（单簧管），参与过大量演出与比赛。将近四十年教学生涯中，从幼儿园、小学、初中、高中、大学、师范大学的学生，再到培训以上各级学校任教的音乐老师，都有长期或短期教学及带领参加比赛的经验。另又组织乐团、开办国内外音乐教师研习会。除了"好为人师"外，我也要带着自己的两个女儿拜师学艺，并"被迫"陪她们参加比赛（校方或老师的规定）。自认"球员兼裁判"的资历还算完整，够资格谈音乐教育，遂不揣浅陋，汇整自认不错之育儿方法与音乐教学理念，在原书的基础上，并综合近年在美国之教学心得，及对美国各种族裔、各阶段教育方法与态度之观察，另结集成册，于内地出版。盼借由本书提供一份音乐教育寻宝图，引领父母与孩子一同探寻音乐世界里的宝藏，经由学习音乐、喜欢音乐而获得更美好之现在与未来。很高兴能借此机会与内地家长及老师们分享观念，诸君或可从书中探寻一二，更好甚或能举一反三，让我们共同为改善下一代之音乐教育环境而努力。

完成此书颇有难度，收集整理素材颇费精力，另有必要的中文、英文、法文、德文还有音符穿插其中，更有两岸对人名、地名、音乐作品名称之不同翻译方式，甚至某些生活用语都有些许差异。感谢编校者不厌其烦地校订此书，因他们的努力使本书更适合国内读者阅读。即便如此，疏漏亦在所难免，尚祈读者诸君海涵指正！

郑又慧

2012 年 3 月于美国加州

附录

奥尔夫教学法

卡尔·奥尔夫（1895~1982）是二十世纪德国著名的作曲家及音乐教育家，他从小就显露出很高的天分，会弹奏钢琴、管风琴、大提琴等乐器，也尝试着作曲。他一生中除了在音乐教育方面有卓越的贡献外，也有许多管弦乐作品、歌剧及音乐剧流传于世，最有名的是清唱剧（Cantata，由独唱、重唱、合唱加上管弦乐伴奏的大型声乐曲，也是神剧或抒情歌剧的一种）《布兰诗歌》（Carmina Burana）。

这首作品的问世，充分证明了奥尔夫先生一直在追求一种音乐风格：能让听的人感受到音乐元素本身那种震慑人心的原始力量！

奥尔夫音乐教育的源起和发展

教学概念的源起

早些时候，当他和 Mary Wigman（E. J. Dalcroze 及 Von Laban 两位舞蹈名师的得意门生）在一起工作时，对音乐和律动的关系产生了兴趣。他观察到他的一些音乐学生在身体律动上对音乐的反应很不灵活。因此，在他所办的学校内，他要求学生们一定要自己即兴创作"音乐"来为舞蹈伴奏的能力，而此处的"音乐"，并不是专指传统强调旋律与和声的音乐，如交响乐等，而应该说是一种音乐与声效的结合。所以，一开始需要的并不是弹奏键盘乐器或弦乐器等乐器的能力。而舞蹈也不是专指传统的舞蹈，只需要是一种律动形式的

戏剧游戏也是奥尔夫教学中被广泛应用的方式。

动作。

　　1924 年，他和当时一位杰出的音乐教师 Dorothee Günther 在德国慕尼黑合办了一所音乐、体育、舞蹈同位教学的学校，强调音乐与律动的相关性及两者合一的重要性。他对音乐教育的许多独特见解便由此逐渐公布于世，当然，都引起了相当大的震撼与争论。

广播节目

　　1930 年，奥尔夫在奥地利的实验教学引起了德国文化部的关注，于是邀请他以同样的教学方法，在柏林地区的小学部实行。直到如今，德国北部到南部几乎所有小学的音乐课本都已将他的教学法糅合在音乐课程里。

　　1932 年，他与胡贝尔（Kurt Huber）先生一道，从事编辑巴伐利亚民间音乐（Bavarian Folk Music）的工作。我个人认为，这段经历对他产生了很大的影响，因为从那以后他喜欢找寻并使用中古世纪的古音乐、古诗词，并鼓励音乐工作者、教育者使用自己国家的民谣。

　　1949 年，德国的新闻部也认为奥尔夫教育儿童的有趣方法非常具有潜在价值，便说服卡尔·奥尔夫先生通过德国巴伐利亚国家广播电台的广播将这些音乐呈现给小朋友。在节目里，他使用最简单的发声及说话（Spoken Words）方式、传统的歌谣、旋律的说唱（Singing of Melodic Phrases）——大多数是使用木琴、铁琴的五声音阶敲奏旋律及伴奏。将这些重新整理后，介绍给收音机前的听众。这个广播节目持续了五年之久。

开设学校

然而，奥尔夫发现"广播节目"仍有它的局限，他认为：音乐不应以单一的方式教小朋友，而应该和舞蹈、律动、歌剧完全结合，再加上语言、节奏、歌唱、乐器等，全部融合在一起来教小朋友。在这种状况下，他便计划在奥地利国立莫扎特音乐院专门成立一个研究及教学部门。在这里，克特曼女士（Gunild Keetman）于1949年开始了课程，而在广播节目中所做不到的律动教学，才终于得以实行。随着短期教师研习课程、国际性研习课程（1961年）的设立，奥尔夫学院（Orff Institute）于1963年在萨尔斯堡正式成立（附属于莫扎特音乐学院）。从此，奥尔夫教学法得以散播到欧美许许多多的国家。1962年，奥尔夫与

道格（Doug Goodking）教授擅长于使用"身体节奏乐器"及将儿童音乐爵士化。轻松活泼的内容广受各国音乐教师的欢迎。

克特曼应日本 NHK 电台之邀请，到日本讲学四星期，于是，奥尔夫教学法与东方国家也有了初步的接触。

"给儿童的音乐"

而 1930 年至 1935 年间，奥尔夫与他的两位优秀的学生 Hans Bergese 及 Wilhem Twittennoff 出版了一系列约二十本的小作品集，改变了许多传统的教育观念，且奠定了日后写作"给儿童的音乐"系列书籍的基础。

奥尔夫音乐教育以广播的形式呈现，时值第二次世界大战刚刚结束，德国一片残破，收音机便成为用来"再教育"并安抚大众身心的最有效工具，奥尔夫的这个节目获得了非常好的反响。之后，他们将这些节目内容连续地出版成书籍，包括预备练习、歌谣、舞曲，有作曲的（Composed）、即兴的（Improvised）形式。

1950 年至 1954 年间，奥尔夫与克特曼女士又将"给儿童的音乐"系列重新整理并添加内容，成为五册谱集，名为"Music für Kinder"（给儿童的音乐，Music for Children）或又称"Orff-Schulwerk"出版。

随着奥尔夫教学的向外传播，这五册"给儿童的音乐"也传向国外。许多国家以它为蓝本，以类似的作曲手法，配上自己国家的童谣、语言、乐器、游戏，或直接译自德文版的作品，形成自己国家的"Music for Children"（给儿童的音乐）。其中有加拿大、英国的威尔士、美国、法国、意大利、西班牙、拉丁美洲国家、葡萄牙、澳大利亚、巴西、荷兰、丹麦、瑞典、希腊、日本、比利时、捷克、非洲（加纳）、中国内地和台湾等，目前仍在继续增加。除了图书外，也有许多国家将之演奏并录成 CD 发行问世。最早的当属德国，在 1956 年，就有一套十张的唱片问世。

奥尔夫音乐教育的基本理念

（一）中心思想：音乐、韵律和言语（Speech）是不可分的。

我们通过观察发现：当孩子在最自然、未经组织的状态中表达思想时，常常也同时说说唱唱；而当他们唱歌时，也常会带着动作。音乐对儿童而言，并不是单独存在的，而总是伴随着舞蹈、律动、童谣吟唱（言语）、游戏等。具体的做法有：

1. 从最简单的概念开始

奥尔夫也注意到：人类的音乐发展历史，是从最简单的概念和最简单的歌曲开始，所以他为孩子设计的课程是由简入繁，以渐进的方式，由单音旋律进入两音的旋律，从小三度音程（如 Mi 到 Sol 的音程）到五声音阶。

2. 从"听"开始

人最本能的音乐学习方式是从"听"和制造声音开始，然后才是读、写音符。这如同我们学习语言的过程：听—说—读—写。

3. 从幼童的生活经验中找题材

音乐教学应从幼儿期开始，以孩子喜欢做的事为起点，如歌唱、拍手、踏脚、拍奏身边的任何物件及舞动肢体等。在教学过程中，采用孩童自己的生活经验为题材，如孩子们的姓名、熟悉的词语、歌谣、动物名称、水果名称等。

4. 使用有趣的基本素材

以诗词（传统的或原始的）、游戏、歌曲、念谣、舞蹈等作为基本素材，从而发展出更多的可能性。

5. 最好的元素与开始点就是节奏

奥尔夫认为节奏是语言、律动和音乐共有的元素，因此在他的音乐教学法中，主张最好的开始点就是节奏。

6. 音乐常识与音乐基本能力可从游戏中学习

可以让儿童在游戏中学习到许多音乐常识及音乐基本能力，这是奥尔夫教学法与一般教学法最不同之处，也是它最吸引人的原因。

7. 音乐的基本能力从感性教导开始

音乐的基本能力有：音乐的强弱、音乐的大小、音乐的明暗、音乐的快慢、音乐的高低。

他强调，这些基本能力，可以通过游戏、戏剧、美术、舞蹈等感性的方式来培养与训练孩子，而不只是干坐着，被动地接受（强迫性地）知识的灌输。以感性的方式教导这种理念，在音乐的基础教育里，对音乐基本元素的认识与应用，起到了相当大的启发作用。当然这个方式对中国家长来说也是最容易引起争议的，因为它并非立即可见成果，而家长通常只想看到显著、快速的结果。

（二）任何年龄、任何程度都可以开始即兴创作

因为开始时所使用的素材是非常简单的，因此即兴的创作对孩子而言随时

都可以开始，并不需要经过传统式的繁难训练。例如使用五声音阶、顽固低音、和弦的平行移动等，甚至只是单音的吟唱（只有节奏的变化，而没有音高的改变），都能使儿童产生兴趣与成就感！

（三）没有竞技的压力

学习及创造音乐是在没有竞技的压力下产生的，所得到的回报是：与伙伴们一起制造好听的音乐所获得的喜悦。

（四）带领孩子进入"创造"的境界

现在的儿童学习才艺项目比从前多了许多，除了音乐、舞蹈，还有美术、陶艺、心算、电脑、英语等。不管什么才艺的学习，从教育心理上来分析，大致可分为两类方式：一是使用"刺激反应"的方式，来进行填鸭式的教学；另一种则是使用"启发培养"的创造性方式教学。

我在实验中发现，常有幼儿园老师本来只是来我这儿接受"奥尔夫教学法"教育，在经过一段时间后，却意外地发现，他们在设计其他的课程时，方法更为灵活、更有创意。因此，有越来越多的园长认为，不管园里的老师是否是专职音乐教师，都应该接受奥尔夫式的创意教育训练，以便脱离八股式的教学法，来嘉惠孩子们。

从1989年开始，我加入美国奥尔夫音乐教学年会（简称A.O.S.A.），到2010年，美国各州大约有五千多名音乐教师（拥有音乐学士及以上学位）加入，其中大多数的教师同时兼职于幼儿园及小学的音乐课（从幼儿园到八年级）。在和他们讨论时发现，奥尔夫教学法在美国目前正非常快速地开展，只要是思想不太闭塞、不太保守的人，接触到这种教学法，都会喜欢它。奥尔夫教学法在本来就已经很开放、以启发式为主的欧美都受到如此的肯定，更何况在教学法还比较僵化的中国，更是迫切地需要采用，让孩子在即兴式、创作式的教学中得到更多、更好的大脑启发。

但在教学过程中，有两个问题需要特别注意：

1. 教学方式以"模仿"入门，但不要停留太久，就要进入"探索"阶段，即：脱离模仿，学生开始尝试自己"发明、创造"，以便过渡到创造或是创作阶段。参见"如何选择正确的奥尔夫"。

2. 每次教学中使用较少量的"模仿"即可，而"探索、创造"则需占用较大量的时间。

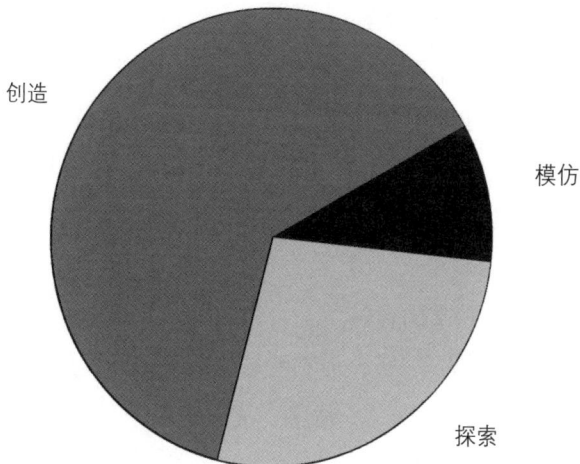

创造　模仿　探索

奥尔夫音乐课的特点

（一）没有世界通用的固定教材

我从奥地利回国后，常应邀演讲奥尔夫教学法的一些内容。席中以幼教老师与幼儿园园长、小学老师居多，她们最常问的问题是：能不能买到教材教法的书，以便依循？答案是否定的。奥尔夫本人强调，最好的教学法，应采用当地的民谣、儿歌、游戏，甚至使用具有当地特色的乐器。也就是说，要以每个国家自己的材料来教自己的儿童。因此，没有世界通行的教材，只有世界通行的"概念"。

在奥尔夫研究所里，有上万册的书，但提供的只有"参考资料"，而没有任何"教科书"或是"课程"的书，必须由老师以自己国家的材料来设计教案。这也正是它极大的特色及可贵之处：不让自己国家成为别国音乐文化的殖民地——甚至从幼儿教育就开始了。

奥尔夫教学法提供给各国的只是一种基本概念而已。"奥尔夫教学法"，其实只是采用它的教育哲学，并不代表一种固定并统一的教材课本。我自己常想：这种教学法，在中国目前尚处于萌芽时期，可以暂时使用"奥尔夫教学法"的名称，等到苗壮时期，就应正名为"中国教学法"之类的名称，才符合它真正的原意。这也正是它之所以风行全世界、特别是欧洲等音乐先进国家的最主要原因。

（二）是一种"全人格"教育

我从事音乐教育工作至今已经三十多年了，教学对象包括幼儿到大学生，但却一直钟情于幼儿音乐教学的研究。如今，我已全心研究四至六岁儿童的音乐教学法，希望在理论及实际教学上有更大的进展。而我越深入研究，也就越发现它的深奥，更觉得"奥尔夫教学法"其实非常适合在基层教育中采用。原因如下：

1. 内容不只限于狭义的音乐。

虽然说它是"音乐教学法"，但它涉足的却绝对不只是音乐，前面提过，还有律动、语言节奏、戏剧、美术，等等，范围非常广。

2. 教学过程自由、有弹性。

3. 强调要激发孩子的即兴、创作能力（非指传统式的作曲创作）。

4. 激发孩子发掘并表现自己的潜能。

5. 十足的启发式教学。

6. 培养独立思考、快速反应的能力。

1988年，应台中县幼儿教育学会邀请，讲授"奥尔夫音乐"。

7. 培养领导能力。

8. 领会"集中注意力"的要义。

9. 群体性的活动。能培养孩子等待、分享、欣赏别人的合群性格（这是中国的独生子女们极需要培养的性格）。

如果能具备这些能力，孩子的收获就绝对不只是"音乐的能力"而已，因此，说得更广阔一点，那应该是一种"全人格"的教育。

（三）课程全部免费，有儿童课程、师资训练

直到如今，在奥地利奥尔夫研究所内，每年有上百个幸运的儿童接受由政府资助、免费的奥尔夫儿童音乐课程。所有在这里进修研读的老师，全都接受由奥地利政府资助、免费的奥尔夫儿童音乐教学课程，且都必须参与音乐班的教学与观摩。

（四）自在地上课

谈到在这里上音乐班的小朋友的情形，可能大家很有兴趣了解：奥地利的中、小学生，一般都是下午一点就下课了，星期六整天没课。所以，音乐班的学习都是在晚饭以前就完成。时间一到，由父母带来，热热闹闹的，一个班大约十四人左右，一律光脚。

1. 穿着宽松、简便以利活动。

穿着很简便的衣服或韵律服，以便上课可以尽情地活动。

2. 教室宽敞，没有桌椅。

这里的每间教室面积大约都有一百平方米，有舒适的地板或是厚厚的塑胶地毯。孩子们蹦蹦跳跳不怕有任何伤害。每个班由一位经验较丰富的老师和两位实习老师带领，大家席地而坐，或躺或卧，自在极了。

（五）课堂内容充满趣味

1. 上课较少使用钢琴。

上课时几乎不用钢琴，大多是清唱或使用直笛、木琴及许多的小型节奏乐器伴奏。

2. 上课过程轻声细语。

大概奥地利人讲话大多轻声细语的，小朋友很少拉直嗓门大声唱歌，都是用很轻的自然喉声歌唱！年纪小的幼儿，虽然唱的是非常简单的歌，听起来却依然很美。

3. 上课过程多属动态。

这里设有许多班别，从四岁到十五岁不等。小朋友们敲木琴、玩乐器、歌唱、游戏，没有人死板地坐着，整个过程显得非常活泼、自由，但仍保持良好的秩序，气氛非常祥和。

4. 使用身体乐器。

说、唱歌曲或念谣时，可使用每个人都具有的"身体乐器"，如拍手、拍膝、踏脚、捻指来当伴奏。

5. 使用敲奏乐器。

除了身体乐器，也可使用简单的敲奏乐器。没有音高的如：曼波鼓、节奏棍、铃、手鼓等；有音高的如：高、中、低音木琴、钟琴、音砖等旋律片乐器。

（六）课程内容设计灵活

1. 课程内容没有识谱、弹钢琴等活动。

可以看得出所有的教学课程都不重弹琴、看谱等内容。

2. 课程内容由教师参考课程大纲后自行设计。

每堂课的内容都由任课教师自行设计，非常有弹性，没有"课本"。律动、戏剧、游戏占了上课的大部分时间，这在不了解课程的人看来，真是不可思议，但这也正是它的教学特色之一。

（七）父母留在教室外

父母一律不准进入教室，免得干扰老师及儿童的上课情绪。连我们这些想参观的老师，一堂课也只准许两人进入，而且，必须事先预约，否则一律不准进入。

用了这么多的篇幅来介绍一种音乐教学法，占了本书相当大的比重，原因是我个人很喜欢这种教学法，我相信它对任何年龄层的学习者都能起到极大的作用。但是必须补充说明的是：中国人喜欢一窝蜂、凑热闹，说难听点是盲从。当我从奥地利回到台湾，决定投身儿童音乐教育的行列，才发现这是一条相当艰苦的道路。因为在台湾，传统的日本式僵化的音乐教育模式，包袱相当沉重。而绝大多数的家长对学习音乐没有正确的概念，全都只听信广告。而广告词上那些"语不惊人死不休"的夸张语言，鼓励孩子尽早学琴，又有多少人抵挡得住？"什么奥尔夫教学法，别说那么多了，谁让我的孩子很快会弹两首曲子，我就找谁！"而奥尔夫教学法偏又是感性的培养多于理性的知识记忆和弹奏训练，看不到什么具体的表现。

经过好几年"赤手空拳"的实际教学表现以及与家长们无数次的沟通，终于，在我的一方小花园中，绿意盎然，颇有收获，得到越来越多家长们的认同。而我的"音乐教学法"的学生们遍布台湾各城镇，大家都很认真地在进修、找资料，为的就是让自己成为更好的音乐老师。在约十年的耕耘后，又有意外的发现：怎么突然之间，大街小巷的幼儿园、音乐班的招牌上都写着："本园附设奥尔夫音乐班"或"本园采用奥尔夫教学法"，等等。我真是又喜又忧：喜的是，辛苦地南北奔波讲学，开办大师研习营，终于有了成果，我的学生们也都可以找到收入很好的工作！忧的却是，全台湾这么多的奥尔夫音乐课开班，师资从哪里来？接受这么短期的训练，就能成为一名称职的老师？究竟谁是在"挂羊头卖狗肉"，谁又是"货真价实"？我也没这么多精神去了解这些事，但总是让人担心这些是否只是一些商业行为。

现在，这股风潮也吹向内地，会产生什么效果，目前还是未知数。内地是否也会发生与在台湾同样的事？令人忧心！提醒大家：当老师的，一定要不断地充实自己，多找资料来作参考，才能成为一名好老师。为了下一代的进步，这是非常重要的。没有准备好，就别太早跳入这个行列，把一种美好的教学法弄成了十足的商业行为！而我估计，要让内地具有足够优良的师资，还有很长很长的一段路要走。为了中国的进步，希望大家一起努力，扎扎实实地来耕耘！

从 "法国儿歌" 看 "儿童音乐"

　　大多数人欣赏音乐，多由浪漫乐派入手，然后是国民乐派、古典乐派，再后是巴洛克音乐。但听过这么多曲子后，若非专业人士，对于音乐的架构、曲式、和声、配器法、节奏变化等，仍感到高深莫测，无法入门。

　　我数次到德国、奥地利参加国际音乐教育协会（I.G.M.F.）研习，认识了许多来自各国的教师代表，从好几位很优秀的与会者手中，买到了许多他们自制的儿童音乐 CD，如葡萄牙、澳大利亚、瑞士、波兰、德国、美国、黎巴嫩等。所有这些以 "教育" 为 "经"、"地方性" 为 "纬" 的儿童演唱、演奏作品，其共同性都是：音色甜美、清纯，结构简单，曲式短小，在紧张繁忙的工作之余，欣赏这些音乐，就好像在酷暑吃了一客冰淇淋，沁人心脾。

　　有感于此，我建议家长和小朋友不妨从此类儿歌、小品类 "儿童音乐" 入手。

何为 "儿童音乐"

　　从十九世纪末二十世纪初开始，由于欧洲的柯达伊、达尔克洛兹、奥尔夫等人在音乐教学法上开创了许多新的教学理念，欧洲的大部分国家在儿童音乐教学法上，开始了新的尝试与做法。除了教学法上的革新，许多国家，如德国、法国、英国、荷兰、西班牙等，在传统的古典音乐之外，也开始谱写、录制许多儿歌。这些儿歌不像传统儿歌那样，强调的只是儿童歌曲简单的旋律与歌词，而是发展成具体且略具作曲形式的小作品。我们就称这些作品为 "儿童音

乐"吧。

　　所有国家的这些"儿童音乐"都有以下的共同特点：1. 使用自己国家的语言；2. 使用自己国家的民谣、儿歌、民间游戏；3. 使用自己国家的自然发声法；4. 以奥尔夫式的打击乐器为基础，另有直笛，加上该国的一些特殊乐器。如果能将这些大约三十多个国家的"儿童音乐"都收集在一块儿，就俨然形成一个"国际儿童音乐资料库"，要了解一个国家的民间文化、语言、音乐，这些资料应是很好的媒介。

　　此外，这些儿童音乐，不论是由大公司制作的还是由老师、音乐家们私下录制的，听起来都非常舒服，真是一种"轻松小品"。

"儿童音乐"的特点（可供参考的教学实例）

　　说它是"轻松小品"，因为和交响曲比起来，它是"迷你型"的作品，而它平易近人的原因何在？就拿我最喜欢的几卷"法国儿歌"说起吧！大致可归纳为以下几点：

一、旋律从两音、三音的旋律到五声音阶

只有两个音组成的旋律也能令人耳目一新！而五声音阶的旋律，中国人最易接受，听来备觉亲切。对孩子来说更是人人能懂、人人能创作，信手拈来便成曲调，听者、学者都高兴。而法国的许多儿歌，如大家熟悉的《阿维侬桥上》（Le Pont D'Avignon）、《姨妈的花园》（Au jardin de ma tante）等，朗朗上口的曲子，加上几样小节奏乐器的伴奏，一首好听的小演奏曲就诞生了！

二、节奏的四种表现方式

（一）简单的一段"节奏型"（Rhythm Pattern）

在曲中通过不同的表现方式，如吟唱、打击乐敲奏、旋律乐器敲奏等，不断重复地出现。

（二）不同的形态

如打击乐器合奏、独奏等来表现节奏。这两项是大家所熟悉的方式，另外还有随手可得却不为人所常用的节奏形态，也可以尝试。

（三）身体节奏乐器

捻指、拍手、拍腿、踏脚、嘴里发出的各种非语言的声音都是身体节奏乐器。如果你身边正好没有乐器，将这些"身体乐器"稍加组织，就能形成一首音乐。例如：拍手本来是为喝彩的，想过它也可以形成一首乐章吗？用双手拍拍看！它能形成至少八种以上不同的音色，再加上强弱、节奏、人数的变化，特殊又神气的乐章就形成了。西班牙弗拉门戈歌舞，常是用"拍手"形成复杂又精彩的节奏来为舞者伴奏；踢踏舞者以双脚"跳"出复杂的节奏及舞蹈；甚至中国的藏族舞中，也有一部分是如踢踏舞般，以脚跳出复杂的节奏。这些都是使用"身体节奏乐器"的完美案例。

（四）以说白节奏（Speech）形成乐章

1. 以朗诵的方式，将文章的内容夸张地加上大小声、渐强、渐弱、快慢等的变化，像变魔术般的乐章就出现了。例如法文世界儿歌中的男女朗诵《新衣裳》（La robe nouvelle）。

2. 不同国籍的人，同时以不同的语言，念相同或不同的文章，加上如上所述的变化，滑稽的"音乐"立刻出现。

3. 同一国籍的人，同时以不同的方言念相同或不同的文章，加上如上所述的变化。用中国上百种的方言，奇妙的"音乐"就产生了。当我受邀在北京师范大学讲授奥尔夫教学法时，就用这种方式，请四位来自四川、广州、湖南、安徽的学员，用当地方言念说同一篇文章加上不同的抑扬顿挫，效果令人叫绝！

4. "念"一首童谣，使用清楚、快速的节奏，再加上低音的伴奏，感觉真的很不一样，就像现在年轻人流行的饶舌音乐（Rap Music）。其实，在奥尔夫音乐的概念中，早有这样的创意。

三、曲式

试试这些法国、德国小品吧！因为它曲式短小、单纯，大多数由回旋（Rondo）、卡农（Canon）、三段式（A.B.C）等构成，初入门者及儿童非常容易掌握。例如法国世界儿歌中的《阿维侬桥上》，即以回旋曲的形式写成：

A B C　　A B' C'　　A B" C"　　A

A：主旋律童声合唱

B：大二度音的吟唱（独唱）

C：顽固低音（五度音歌唱）＋主旋律（由一台钟琴演奏）

B'：同 B →变化（二人齐声吟唱）

C': 同 C，但乐器部分→变化（钟琴 + 中音排笛）

B": 同 B →变化（三人齐声吟唱）

C": 同 C →变化（钟琴 + 中音排笛 + 中音直笛）

四、顽固低音（Ostinato）

不论是说白节奏、旋律乐器（如木琴等），还是无音高节奏的乐器，都使用大量的顽固低音形态。而顽固低音的出现，不但没有枯燥感，反而有安定、沉稳旋律的作用，易于演奏、易于欣赏，同样令人喜欢。例如《玛格拉纽那之女》（Malague pa）演奏曲中，以吉他、排钟带出顽固低音的旋律：

吉他：Re Re Re Re

排钟：La Sol Fa Fa

从头到尾顽固低音持续着（旋律不变，乐器部分交给古大提琴继续着），其上由许多乐器交织着旋律——在安定中求发展——似乎含有这样的人生哲理。

五、乐器

在这样的小品里，使用的乐器都不是高难度的乐器，容易学习、容易合奏，毫不费力就能进入并享受音乐。几样小节奏乐器，即使只有手鼓、三角铁、响板合奏，就能产生如乡村姑娘般灵巧的音乐，令人爱不释手，如《荷美尼亚的阿拉真舞》（Jota do Romeria）。这也是我们推广一些更先进的音乐教学法的目的之一——音乐不应该是贵族式的，只有特别富有或特别有天赋的人才能拥有；它应该是平民化的，任何人都能学会。因此，在这类"演奏团"中，名称并非"管弦乐团"，而是一个"即兴式的实验场"，孩子们从中能学到节奏、正确的音高、音乐的各种形式等，还能配合歌曲做即兴的律动、即兴的乐器伴奏等。同样的还有奥尔夫式教学。

儿童音乐的传播

台湾上扬唱片公司曾出版三卷法文"儿童歌曲"（原出版公司为法国的

Harmonia Mundi France），名为《法文世界儿歌》《法国儿歌与圆舞曲（一）（二）》。这些"儿童歌曲"是根据德文原作中的一些作品翻译成法文，依据德国卡尔·奥尔夫先生的音乐教育理念，以法文歌曲重新编写的作品集。

至于德文的这类系列"儿童音乐"，是由奥地利萨尔斯堡的 Fidula 音乐公司出版。这些产品内容更多样，可供亲子、音乐课玩游戏、跳舞等使用，在网站上直接输入 Fidula 就可看到产品目录及图片。

在本文中，我尝试通过解析这一系列的"法国儿歌"，为想了解奥尔夫音乐教学、音乐初入门者及想做"亲子音乐教育"的父母，提供一些线索及资料，希望对其有所帮助。

关于记谱法

现代交通发达，信息借由科技传递快速。某些事物渐渐同一化，形成相同的特色。在此之前，世界各大洲、大国、小国，甚至每个偏远山区、地区的少数民族，都各自拥有大不相同的音乐、舞蹈，又各自存在着不同种类的乐器、音律、唱腔、记谱方法，等等。音乐的"记谱法"是世界同一化的典型表现之一。中国拥有五千年悠久的历史文化，记谱法的方式也非常丰富多样。非常遗憾的是，其中有些方法早已失传，甚至不可考。身为中国人，应该保护和继承这些珍贵的智慧遗产，否则，将是多么可惜。

细数这些记谱法，不下二十种，有些流传到韩国、日本至今仍在沿用。他们在传承、记录、保存中国音乐历史上，有历史性的巨大贡献。整理记录这些乐谱是一项非常艰巨的工作，感谢一些史学家让我们还有机会一窥其貌。在此仅概述几种较为著名的记谱法。

文字谱

"琴"是一种弹拨乐器，在汉代时已逐步确立它的七弦十三徽的形制，并且一直沿用至今。随着琴在形制上的定型、演奏技巧的成熟，有人创造了最初文字式的曲谱，改变了琴曲保存此前完全依靠口传心授的传统方式。虽然文字谱繁琐而不精确，却有助于琴曲的传授与流传，为以后较精确简明的记谱法打下了基础。

"文字谱是演奏琴的奏法的说明文字，以文字解释古琴曲的定弦法、弹奏手法及分句法。琴曲《碣石调·幽兰》是南朝梁代丘明（公元 493～公元 590）的传谱，现存谱式原件是唐人手写的卷子谱，存于日本京都西贺茂的神光院"[1]，是隋唐间琴人通用的记谱法，也是中国现存最早的以文字谱记录的古琴曲。

"文字谱相当繁琐，古人说它：其文极繁，动越两行，未成一句。仅《幽兰》一曲就用了 4954 个文字，唐代音乐家曹柔有感于此，创造了最初的减字谱。"[2] 在中国音乐史上，这是一个极为重要的变革。

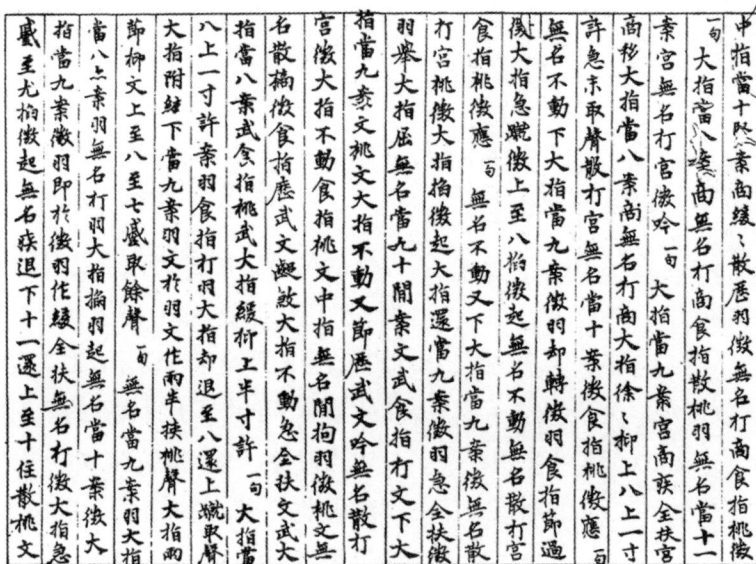

文字谱《碣石调·幽兰》

减字谱

减字谱从字面的意思就可理解，它将文字谱中的一句话，简化为一个近似汉字的符号，用许多符号来记录乐曲。"它用减字笔画拼成某种符号作为左右两手在古琴上弹奏手法的标记，是一种只记弹奏音位与方法、指法而不记音名节奏的记谱法"[3]，"如'𢭥'上半部的'𠂉'表示空弦，下半部的'丁'为无名指向内勾弦，是'打'字的减笔画。'一'代表第一弦。这个符号意为无名指向

1.《中国乐理》第309页。

2.《中国乐理》第310页。

3.《中国音乐通史简编》第97页。

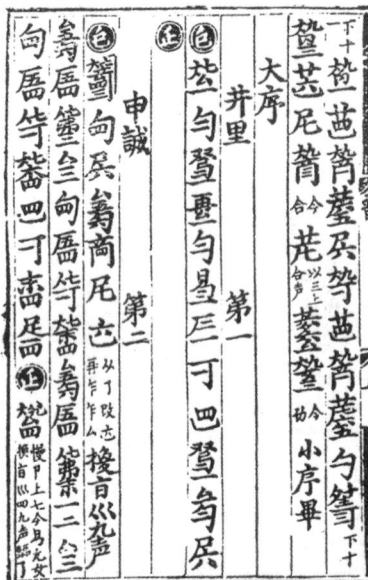

减字谱《广陵散》

336.

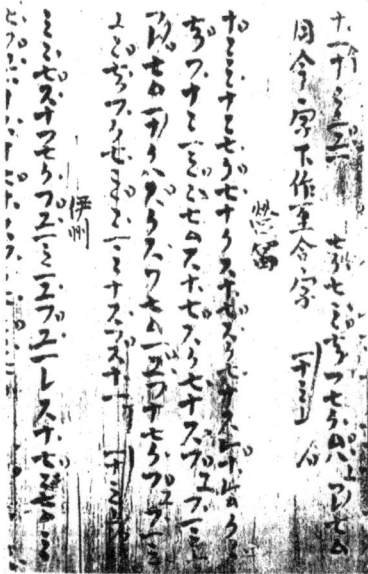

燕乐半字谱《敦煌曲谱》

内勾一弦，发出空弦音。"[1]

减字谱流行于唐代，"字简而义尽，文约而音赅"。有了它，使得晚唐时期的陈康士、陈拙得以据此整理大批隋唐以前的琴谱，使之传于后世，目前仍为古琴演奏者所使用。"减字谱是我国琴谱系统沿用千年而未被取代的一种古老记谱法。"[2]

燕乐半字谱

唐朝是中国古代音乐发展的巅峰时期，此时乐器演奏家、歌者技艺高超，谱曲家、音乐理论家、设计者都具有深厚的文化修养，创作了大批优秀的音乐作品。

当时除了使用减字谱外，还使用了"燕乐半字谱"记录音乐。其中的许多符号像是半个汉字，又因多用于记录燕乐，故而得名。"又分弦索谱（是一种指位谱，与今日的吉他指位谱相仿）及管色谱（一种音位谱，可能由管乐器的指法符号演变来），此种谱式在宋代因用于与雅乐相对的俗乐中，故又称'俗字谱'，采用十个基本谱字（代表音高）按固定唱名记谱。"[3]

近代的民间音乐中仍使用着俗字谱，它与工尺谱有所不同，是工尺谱早期形式

1.《中国乐理》第310页。
2.《中国音乐通史简编》第97页。
3.《中国乐理》第313页。

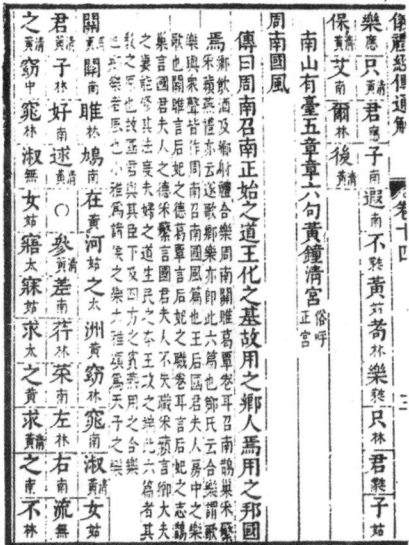

律吕字谱《唐开元风雅十二诗谱·关雎》

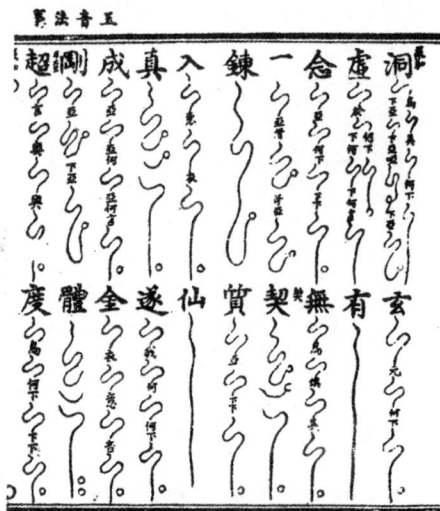

曲线谱《玉音法式》

的一种。日本奏尺八、琵琶等民族乐器时，还在使用俗字谱。

律吕字谱

律吕字谱是用十二律吕名称记录曲调音高的乐谱，并以画格子的方式来记录时值，是唐代使用的谱式之一，曾以其记录雅乐。目前所能考据到最早的律吕字谱是《唐开元风雅十二诗谱》，也是现存最早的《诗经》乐谱。

同属律吕字谱系统的谱式，还有元代的方格谱（一种音图）和明代的笙谱。

曲线谱

用曲线来描述曲调进行的乐谱，称之为"曲线谱"。明代的"声曲折"，藏族的"央移谱"和"查巴谱"都是曲线谱。其中每个唱词下纵向书写的曲折线条，大致描画出唱说该字时音的高低变化，也大致的表示时值的长短。[1]

工尺谱

"是中国民间普遍应用的一种文字

337.

1.《中国乐理》第322页。

工尺字	合	四	一	上	尺	工	凡	六	五	乙	仩	伬	仜	伍
唱　名	鹤	氏	衣	上	测	宫	翻	逻	乌	衣				
简谱首调唱名	$\underset{\cdot}{5}$	$\underset{\cdot}{6}$	$\underset{\cdot}{7}$	1	2	3	4	5	6	7	$\dot{1}$	$\dot{2}$	$\dot{3}$	$\dot{4}$	$\dot{5}$

工尺谱字唱名和简谱唱名对照表

谱，它从燕乐俗字谱发展而来，但仍保持隋唐燕乐的传统。"[1]明、清以来许多的器乐曲与歌曲，都以此谱记录，使得许多乐曲得以保存至今。十九世纪上半叶，民间常可见到各种戏曲、器乐曲、说唱曲的工尺谱刊本或手抄本。"一些古代的琴谱、筝谱、宫廷雅乐谱等，也加注了工尺谱以便阅读，因此工尺谱的总量相当惊人。"[2]即便简谱、五线谱从西方传入中国多年，一些民间音乐家仍然保存并使用着工尺谱。明、清时期对工尺谱的广泛使用，在记录中国传统音乐和明清戏曲、民歌、器乐的发展史上，发挥了极其重要的作用。

锣鼓经

338.

是一种使用汉字模仿打击乐器的声音来记录打击乐器演奏的乐谱。近代也有以拼音字母代替汉字的，再加上以简谱的符号记录节拍，成为一般民众普遍

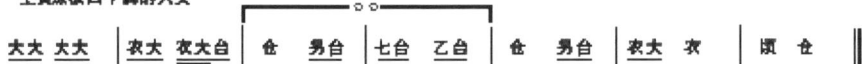

锣鼓经

1.《中国乐理》第328页。

1.《中国乐理》第329页。

采用的打击乐谱。"用'经'而不用'乐',是因为它可如诵经一样的读出;又因它是固定的,不能即兴改变,具有如'经典'、'范本'的作用,故称锣鼓经。"[1]锣鼓经在记录锣鼓乐合奏、演奏方式及节奏、力度上,有极高的使用价值与方便性,易于阅读流传与使用。

简谱

公元 467 年,西罗马帝国灭亡,欧洲开始进入中世纪。此时借由基督教的流传,音乐也随着散布至各地。基督徒做礼拜时,吟唱赞美诗是一项重要的环节,这些赞美诗就是最早的教会音乐。之后罗马教皇要求统一赞美诗的多样局面,因为是由公元 590 ~ 公元 604 年间在位的教皇葛丽果一世完成的,故称其为"葛丽果圣歌"。

同古希腊音乐一样,葛丽果圣歌也是单声部音乐,初唱时没有伴奏乐器,节奏非常自由,可随演唱者及歌词的变化而变化。实际上,它像是一种朗诵诗词般的音乐。从九世纪开始,教会中一些不甘寂寞的音乐家,尝试着把葛丽果圣歌变成多声部结构。经过了几个世纪的努力,方得打开音乐殿堂的另一扇门——复调音乐。

因为复调音乐的出现,使节奏变化和记谱方法产生了巨大的变化。葛丽果一世在编写《赞美诗歌合集》时,使用的是"纽姆谱"(Neumes),这种记谱法很不精确。随着复调音乐的普及,开始出现了用线谱记录音高的做法:十世纪,

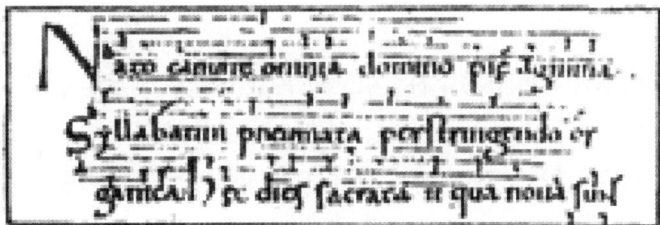

纽姆谱

发展出四线谱;十二世纪,教士弗兰克开始用不同的音符来区分音的长短;十五世纪,与现代五级谱相像的记谱法已非常流行,还出现了升降记号。

1.《中国乐理》第325页。

但在唱谱时，出现了音名唱法和唱名唱法两种分歧。音名唱法：使用ＣＤＥＦＧＡＢ（Ｈ）的英文字母念法来唱音符，如：德、奥、瑞士（德语系区）、捷克等国；唱名唱法：使用Do Re Mi Fa Sol La Si Do来唱音符，使用的国家大致为"音名唱法"以外的国家，如：中、法、英、意、美、南欧等国。

1665年，巴黎方济会的修士苏埃蒂（Souhaitty）在《学习素质与音乐的新方法》一书中提出：将阿拉伯数字中的"1–7"带入唱名。后来，德国人的改良更精确，便形成了"简谱"形式。简谱当时在西方并不普及，只有德、法、荷、俄等小部分国家使用。

简谱从欧洲流传到日本，中国留学生李叔同等人于1904年间将其引入中国。因为它简单易学、清楚方便，连保守的民族乐器界都张开双手拥抱欢迎，并渐渐放弃了工尺谱或口口相授的方式，并被广大的群众使用直至今日。

目前绝大多数的欧美人士并不知道历史上他们曾经使用过简谱。我在奥地利读书时，班上同学来自许多国家，而后参加各种国际性研习会也会遇上各国人士。每当我随手以简谱记一段临时听到的好听旋律时，总要引起旁人羡慕地围观：你在写什么呀？就像我以中文做笔记，他们总会瞪大眼睛瞧一样，我觉得很得意。简谱很方便，没有五线谱表在手边也能快速地记下旋律（太复杂的多声部则不在此列）。例如我在印度尼西亚某个岛屿的乡下，一些土著的基督徒唱着他们非常特别的赞美诗，在当时、当地根本没有录音器材的情况下，立刻以简谱方式记录下旋律并带到别的地区传唱；在台湾山区，听到原住民歌唱，也能以简谱记录下来（布农族的八音合唱当然例外，现在有手机、iPad、iPhone，要记录音乐当然是方便多了）。

简谱有其简易性与方便易学性。在偏远地区和山区地方的人们可能一辈子也不会离开，也不容易与外地人接触，却仍自得其乐地唱唱跳跳，那么，学习五线谱对他们来说无异是多此一举。而中国的许多民族乐器和民间歌曲、词曲用简谱记录已经形成规律与默契，使用起来已如鱼得水、悠闲自在。因其非常简单易学，将来不打算要学习西洋乐器的人，继续使用简谱也是件好事。对于成人想要学习乐器（特别是中国乐器），使用简谱绝对是不二的选择。特别是现在传唱的大量流行歌曲、校园民歌、民谣，并以吉他伴奏，简谱也有其绝对的方便性。因此，切勿妄自菲薄，丢掉了简谱的学习。学不会五线谱，至少不要连简谱都看不懂。小学生可在一至五年级慢慢地、重复地教会他们五线谱（就当是一种脑力激荡、刺激也好），六年级则一定要教他们简谱（事实上，大约两堂课就可学会）。

最后，有一点小诀窍提醒大家：对于要学习西洋乐器的儿童，应先学五线谱。五线谱看起来简单，但因音符之间对某些人来说相似度太高，容易搞混而变得难学。简谱相对却是非常容易学，若是让孩子先学简谱，再要他们学五线谱，往往会受到排斥而被拒绝。

有些家长或老师，喜欢在儿童的五线谱（特别是钢琴谱）上加注简谱：1 2 3 4 5……，这会使得儿童立刻知道音符的唱名，也可在乐器上很快找到对应的位置，但是接下来要他自己从五线谱上认唱名与位置，却已形成惰性（这是指学习西洋乐器者，学习中国乐器则不在此限）。为人师长，不可不慎！

参考书目：

1.《格罗夫音乐辞典》（Grove's Dictionary of Music）第 1425 页、1428 页，Sir George Grove 主编，牛津大学出版社，1878。

2. 维基百科。

3.《中国古代音乐史稿》，杨荫浏著，台湾丹青图书有限公司，1985。

4.《工尺谱浅说》，杨荫浏著，音乐出版社，1963。

5.《中国传统艺术》，顾建华主编，中南工业大学出版社，1998。

6.《中国音乐通史简编》，孙继南、周柱铨主编，教育出版社，1991。

7.《世界艺术》，陈朗主编，台湾建宏出版社，1997。

8.《中国乐理》，秦德祥、杜亚雄著，上海音乐学院出版社，2007。

9.《中国戏曲史》，第四册，孟瑶著，台湾传记文学社，1970。

图书在版编目（CIP）数据

父母是孩子最好的音乐老师 / 郑又慧 著. -- 修订
本. -- 北京：作家出版社，2014.9（2021.7重印）
　ISBN 978-7-5063-7401-9

　Ⅰ. ①父… Ⅱ. ①郑… Ⅲ. ①音乐教育 - 儿童教育 -
家庭教育　Ⅳ. ①G78

中国版本图书馆CIP数据核字（2014）第112229号

父母是孩子最好的音乐老师：修订本

作　　者：郑又慧
责任编辑：郑建华　李　雯
特约编辑：唐　静　王　艳
装帧设计：曹全弘
出版发行：作家出版社有限公司
社　　址：北京农展馆南里10号　　　　邮　　编：100125
电话传真：86 - 10 - 65067186　（发行中心及邮购部 ）
　　　　　86 - 10 - 65004079　（总编室 ）
E-mail:zuojia@zuojia.net.cn
http://www.zuojiachubanshe.com
印　　刷：三河市北燕印装有限公司
成品尺寸：170 × 240
字　　数：370千
印　　张：22
印　　数：72001 - 82000
版　　次：2012年9月第1版
　　　　　2014年9月第2版
印　　次：2021年 7 月第9次印刷
ISBN 978-7-5063-7401-9
定　　价：68.00元